Monika Helmke Hausen

DAS MAGISCHE WISSEN
VOM MOND

MONIKA HELMKE HAUSEN

DAS MAGISCHE WISSEN VOM MOND

*Entfalte deine ganz
persönlichen Mondkräfte*

Verlag Hermann Bauer
Freiburg im Breisgau

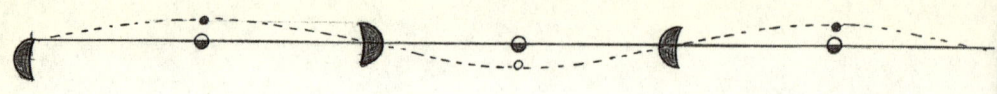

Die Deutsche Bibliothek – CIP-Einheitsaufnahme

Hausen, Monika Helmke:
Das magische Wissen vom Mond : entfalte deine ganz
persönlichen Mondkräfte / Monika Helmke Hausen. –
1. Auflage – Freiburg im Breisgau : Bauer, 1998
    ISBN 3-7626-0531-9

Mit 12 Zeichnungen und Erarbeitung der Mondkalenderdaten
von Erwin Müller

1. Auflage 1998
ISBN 3-7626-0531-9
© 1998 by Verlag Hermann Bauer KG, Freiburg im Breisgau
Einband: Spirits of Art – Ananda Kurt Pilz, Stolberg / Agentur Holl
Satz: CSF · ComputerSatz GmbH, Freiburg im Breisgau
Druck und Bindung: Druck- und Verlags-GmbH Wiener Verlag, Himberg
Printed in Austria

INHALT

ERSTER TEIL

ZWEITER TEIL

SONNE UND MOND IN DER ZEIT

Dritter Teil

Der Mond im Jahreskreislauf

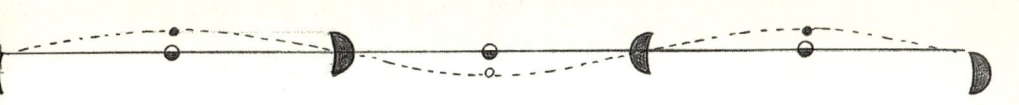

ERSTER TEIL

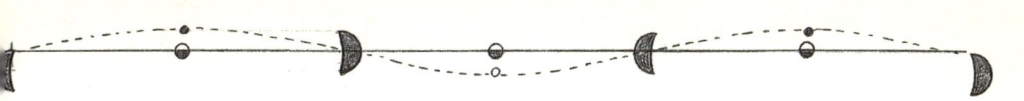

Wie dir dieses Buch nützlich sein kann

Hast du dich nicht schon einmal darüber gewundert, woher es kommt, daß du in manchen Zeiten vor Energie nur so sprühst und dir dann auch das Leben mit Gelegenheiten und Möglichkeiten entgegenkommt, und daß es Zeiten gibt, in denen du dich mutlos, antrieblos und traurig fühlst? Hast du dich nicht schon gefragt, womit es wohl zusammenhängt, daß du zuzeiten frisch wie der junge Morgen aus deinem Bett hüpfst und dich auf den Tag mit seinen Aufgaben freust und daß es Zeiten gibt, in denen du mit schmerzenden Gliedern und Zerbrochenheitsgefühl aus ebendiesen Federn kriechst und gar nicht weißt, wie du den Tag überstehen sollst? Ein Urstrom des Lebens nimmt dich dann das einemal leuchtend in seine Arme und schenkt dir eine farbige Sichtweise, Pulsation und Spannung, während er dir an einem anderen Tag »gegen den Strich« läuft. Das sind dann die Tage, an denen wir uns spannungslos und grau fühlen und die Dinge zu persönlich nehmen. Der große Weltenstrom, der durch seine kosmische Elektrizität wie ein Supra-Leiter alles magnetisch gepolte Leben in uns mit *außerhalb* von uns und wieder mit *uns* verbindet, läuft dann vermutlich etwas eigenwillige Bahnen. Er lehrt uns, daß das Leben gerade durch die Polaritäten Spannung bekommt: ohne Leid halt kein Freud, sondern schon eher langweilige Taubheit.

So kannst du also mit den hier beschriebenen Zeitkräften und den Botschaften, die der Mond für dich bereithält, den elektromagnetischen Strömungen in deinem Körper näherkommen und das Leben freudvoller genießen. Du bekommst Zeitschlüs-

In *Sonne und Mond auf ihrer Zeitreise durch den Körper* findest du weiteres hierzu.

Siehe auch: *Ein lebendiger Strom*

Mehr darüber in *Dem mondischen Zeitrad nachspüren*

11

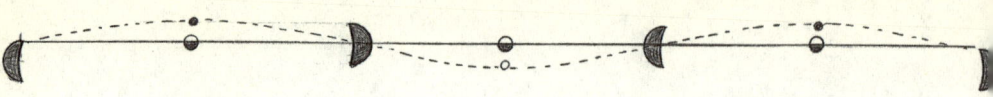

sel in deine Hand, mit denen du die Naturkräfte magisch erwecken und dich bewußt in die neue Zeit hineinschwingen kannst. Du kannst farbiger, strahlender und neu geordnet werden und das Leben mit mehr Begeisterung durch dich pulsen lassen. Und du erfährst, wie du mit Ritualen dein Leben spannender machen kannst.

Die Zeit erwecken

Wir Menschen sind elektromagnetische Wesen, eingebettet in die Natur dieses Planeten, durchströmt von den Kräften des Universums; wir sind verwoben mit allem Sein, erreichbar von atmosphärischen Kräften und auch deren Verschmutzungen, betroffen von technischen Wechselfeldern, Strömen und dem Wellenchaos des modernen Lebens. Wir sind aber noch viel mehr: wir sind Zeitwesen, die in der Vergangenheit ihre Wurzeln haben, aus denen wir unser *Jetzt*, wie auch Teile unserer möglichen Zukunft beziehen. Wir sind durch unsere körperlichen Ahnen bestimmt, denn deren Erbanlagen tragen wir in unserem roten Blut, und wir sind durch unsere himmlischen Ahnen bestimmt, denn deren Erbe tragen wir in unserem weißen Blut, unserer Lymphe. Wir sind Geist durch Wissen, Lernen, Erkennen und aufgrund unserer geistig göttlichen Herkunft und wir sind Erde durch die Möglichkeiten, uns hier mittels unseres Erdenkörpers zu bewegen, uns weiterzugeben, uns kraftvoll und bewegend auszudrücken und uns und unsere erworbenen Fähigkeiten auch mit anderen zu teilen.

Wir müssen uns heute durchaus auf wachsam sensible Weise *einmischen*, auch kämpfen, um uns und unseren samtblauen Planeten für das kommende Äon vorzubereiten, um uns und unseren Kindern die Erde zu erhalten. Die vielen Unheile der Vergangenheit werden zunehmend offenbar. Die Gifte, die den Planeten verschmutzen, bekommen neuartige Auswirkungen, denn die Erde hat begonnen, denen ihre Giftigkeiten zurückzugeben, die ihr diese zugefügt haben. Ein Zeitalter des Ausgleichs bereitet sich vor.

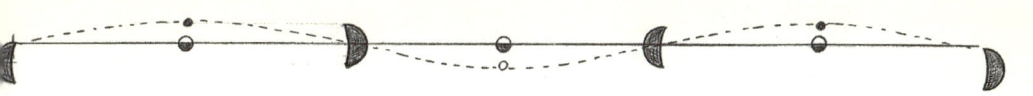

Die Spielregeln ändern

Geistige Gifte durch falsches Denken überschwemmen sint-
flutartig den Ätherraum der Erde und es ist an uns, unsere
Hoffnungen zu begraben, um anstelle dessen selbstschöpferisch an den neuen geistigen Realitäten mitzuwirken. Es ist an
uns, Abhängigkeiten und Destruktives mit zu beenden und ein
magisches neues Zeitalter mitzugestalten. Es geht kein Weg
daran vorüber: Wir müssen Magierinnen und Magier werden
heute. Wir müssen erwachen, das Spielfeld Erde auf neue
Weise betreten, die Spielregeln ändern; wir müssen das Spiel
mitbestimmen, klug und inspirativ sein, die Zeitkräfte nutzen,
zu unseren Gunsten.

Hilfreiche Anre-
gungen dazu im
Literaturver-
zeichnis

Es wird eine Zeit, in der wir lernen sollen, immer autarker zu
werden, uns selbst zu heilen, Zeitgesetze und Stömungen abzu-
fühlen und mit diesen zusammenzuschwingen, weil wir es dann
leichter haben. Es wird eine Zeit, in der wir auf neue Weise
zusammenhalten und eine neue Erde bilden werden, innerhalb
der alten. Wir werden uns ein eigenes *Avalon*, eine Art von
geistiger Arche erbauen können inmitten des Untergangs alter
Werte, alter Kräfte, alter Strukturen, auch alten Wissens. Das
Alte kann nicht erhalten werden »einfach so«, es muß schon
erst über eine Art »Klinge« springen und der Wassermannzeit
seinen Tribut zollen, muß sich manchmal zerbrechen lassen.
Viele von uns, die zur Avantgarde der neuen Erde gehören,
haben dieses »Zerbrochenwerden« bereits hinter sich und können ein Lied – den *Gesang der Knochenfrau* – davon singen; für
viele beginnt es aber auch jetzt erst. Was gut war, von all diesem
Alten und von all dem Zerbrochenen, das nehmen wir zum
Aufbau der neuen Erde jetzt wieder hinzu, geben es als geistigen Wirkstoff dem neuen Zeitalter zum Geschenk. Im Kapitel
über den Fischemond findest du weiteres über die Themen, mit
denen wir und die Erde jetzt konfrontiert sind.

Siehe auch im
Fischemond

Siehe: Büchertips

Die neue Zeit prägt höchstmögliche Vereinzelung des Indi-
viduums und zugleich höchstmögliche Gemeinschaft *der neuen
Art*: sie geschieht dann nicht mehr durch die Macht von Institu-
tionen und Religionen, die Menschen unter ihre Dogmen
zwingen, sondern aufgrund von ätherischen und geistigen
Kräften kosmischer Übereinstimmung. Das Individuelle bleibt
unangetastet. Der übergeordnete Gruppengeist der Wasser-

13

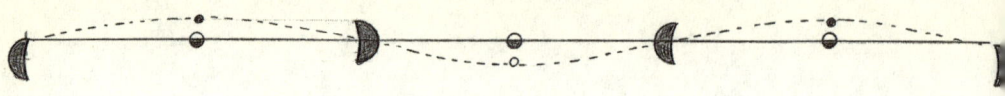

mannzeit braucht keine neue Religion oder Philosophie zu erfinden, denn er durchdringt als der neue Jahrtausend-Zeitgeist den Planeten und wirkt sogar über unser Sonnensystem hinaus.

Mit dem Zeitgeist zusammenschwingen

Siehe auch: *Mit dem Zeitgeist zu-sammenschwingen* sowie Büchertips

Zeiten haben Zeitgesetze. Sie sind in der Genetik der Wesen verankert. Die Zeit samt ihren Gesetzen, Informationen, Inhalten bewegt sich durch unsere Erbanlagen, unsere DNS hindurch, berührt hier bestimmte Stationen, belichtet Knotenpunkte dieser kosmischen spiraligen Strickleiter. Wie ein Wasserrad auf jede seiner Schaufeln eine bestimmte Menge Wasser mit bestimmten Informationen einfüllt, wenn es den Wasserstrom berührt, und wie es eben dieses Wasser wieder entleert, sobald es in die Position des Entleerens getrieben wird, ebenso beinhaltet die Zeit Energien, Informationen, Kräfte, Bilder, die sie in jeweils ganz bestimmten Zeit-»Schubladen« ein- und auslädt. Kosmische Bilder und Programme sind es, seit Äonen immer wieder aufs neue wartend auf ihre Entladung. Und heute wird es eben wieder eine Zeit, daß wir diese Bilder beachten, ihrer bewußt werden und sie entschlüsseln können – denn damit öffen wir Dimensionstüren. Türen zu einer völlig neuen Art, mit der Zeit an sich, mit Erbanlagen, mit Vergangenheit und Zukunft umzugehen. Unser *Jetzt* erweitert sich.

Nun gibt es unglaublich viele solcher Bilder. Die gesamte Schöpfung besteht aus Bildern und Imaginationen, an welche Ideenkräfte gebunden sind, die zur Verwirklichung streben. Die Natur ist angefüllt mit Materie gewordenen Bildern, ja, sie spiegelt überall solche Schöpfungsbilder in Pflanzen, Bäumen und Früchten, in Wald und See, Kies wie Sand, in Erde, Weizen und Moos. Und der Wind überträgt die göttlichen Gedanken in unser Herz, wenn wir es zulassen.

Dem mondischen Zeitrad nachspüren

Irgendwo müssen wir beginnen, die Zeitgesetze zu entschlüsseln und sie für unser Leben verwertbar zu machen. Um leichter und frischer das Leben durch uns auszudrücken. Danach können wir uns an die – magische – Aufbaustufe begeben. So

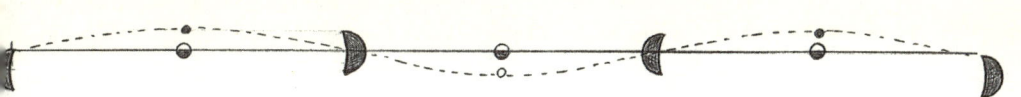

will dir dieses Buch also zunächst einmal von den Jahreszeiten und ihren natürlichen Ordnungen erzählen und dich ermuntern, diesen mit offenen Sinnen nachzuspüren; es will dich weiterhin mit den Monat um Monat wechselnden Sternzeichen im Sonnenlauf vertraut machen, um dich anschließend mit den zwölf Prinzipien des mondischen Wasserrades, seinen zwölf »Schaufeln«. So kannst du mit zum Erbauer der neuen Zeit werden, in dir selbst und durch dich selbst.

Die Sonne wandert im Jahreslauf durch die zwölf Tierkreiszeichen, und sie berührt dabei die kosmischen »Schlüssel« der magischen Räume ganz bestimmter Sternengeister. Jedesmal, wenn die Sonne in ihrem Lauf die Tür solch eines Sternzeichenraumes berührt, gibt sie uns einen Schlüssel in die Hand, diese Tür bewußt zu öffnen, hineinzuschauen, das verborgene Zimmer dahinter mit unserem Menschengeist zu beleuchten und zu entscheiden, auf welche Weise wir mit der Ausstattung dieses Raumes umgehen wollen. Jedes Sternzeichen hat so seine ureigene Ausstattung, und der darin wohnende Sternengeist bietet sie dir durchaus bereitwillig an, damit du sie nutzt. Du kannst natürlich auch dein Gesicht abwenden und sagen: »Das interessiert mich nicht.« Dennoch ist zu der Zeit, in der die Sonne in einem speziellen Zeichen wandert, diese Tür einen Spalt offen, auch wenn du gar nichts davon wissen willst und den Schlüssel des bewußten Erkennens nicht benutzt.

Der spezifische Raum eines Tierkreiszeichens entleert seine Energien auf die Erde, in die Natur, in deine Zellen hinein, und in diesem Fall geschieht das Ganze dann eben unbewußt. Deine Blutkörperchen ziehen ihre Bahnen in einem bestimmtem Rhythmus, der sich wandelt, wenn ein neues Zeichen betreten wird. Die elektromagnetischen Ströme, die dich und deine Zellen ja überhaupt erst zu einem Ganzen zusammenschweißen und verbinden, schwingen in einer anderen Melodie, einem anderen Takt, haben unterschiedliche Strömungsrichtungen, verbinden unterschiedliche Ufer deiner Zellen, Blutgefäße, Nerven und Organe untereinander, eben je nach der Zeitenergie.

Die geistige Sonne beleuchtet dich dabei einmal von oben, einmal mehr von unten, einmal energetisiert das Licht deine Schilddrüse, einmal andere Chakren und die dazu gehörenden Hormondrüsen, einmal bist du mehr auf Rotsichtigkeit einge-

15

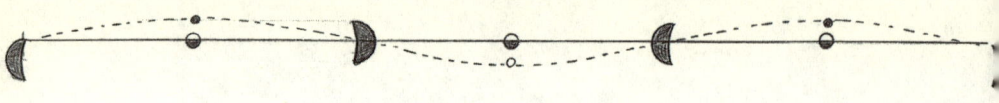

stellt, einmal empfängst du mehr die blauen oder gelben Wellen und Schwingungen. Einmal sind deine Enzyme und Biokatalysatoren auf Power geschaltet, du fühlst dich in Hochform, ein anderes Mal zieht dich die Erde in ihren Schoß zurück, und du fühlst dich nur gut, wenn du weißt, wie du damit umgehst.

So gibt es noch vielerlei Kräfte und Ideen, die sich wandeln im Lauf des Jahres. Die alten Feste und Feiertage, die auch in unseren heutigen Festtagen noch einen Ausdruck haben, erzählen von den Stationen, die das Sonnen- und das Mondlicht auf seinem Kreislauf durch das Jahr beleuchtet.

Sonnenjahr und Jahreskreislauf, ebenso wie Mondmonat und Monatskreislauf werden durch energetische Ströme bestimmt. Immaterielle und unsichtbare, dennoch nicht minder vorhandene Höhen und Tiefen, eine Art energetischer Felswände und Staumauern unterbrechen zu bestimmten Zeiten das alles irdische Leben auf biophysikalische Weise durchfließende Strömen des universellen Weltengeistes, so daß dieser Strom einmal gemächlich dahinfließt, ein andermal hohen Wellengang hat, einmal gestaut wird und einmal über Abgründe dahinstürzt. Durch Ionisation, Atmung und Zellatmung wird alles miteinander wieder verbunden, genau wie in der Natur. Wie die Natur eben überhaupt ein Gleichnis für die Zeit und für das Unsichtbare ist. Der Jahreskreislauf hält inne zu manchen Zeiten. Er macht einen Ruck. Er feiert. Er bekräftigt. Er verbindet sich mit anderen Kräften. Er ist verliebt. Er hat Spaß und empfindet Lust. Er feiert Hochzeit. Er reift, bildet Frucht, gibt sich weiter. Er fällt ab. Er wird müde und kehrt zurück in den Schoß der Dunkelheit. Dort erfrischt er sich wieder für einen neuen Jahreskreislauf.

Sternenherkunft und Überbewußsein

Nun gibt es nicht nur unseren Tages- und Sonnenkreislauf, sondern eben auch einen nächtlichen Kreislauf der Zeit, und hier herrschen zusätzlich andere Gesetze. Die Kräfte der Nacht, des Sternenhimmels und des Mondes haben etwas Magisches an sich, was jeder fühlende Mensch erspürt, wenn er sein Gesicht zum vollen Mond hoch wendet. Das nächtliche Universum ist noch viel stärker mit Kräften angefüllt, als es uns die Sonne ahnen läßt. Du kennst sicher die Geschichte vom

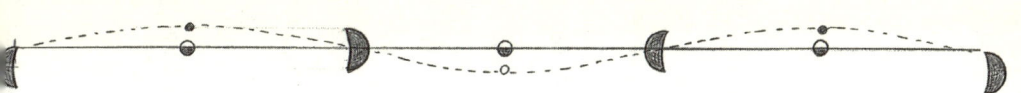

Unterbewußtsein, das mit einem Eisberg verglichen wird. Er ist riesig, und die Spitze, die herausschaut, ist – im Verhältnis gesehen zu seinem verborgenen Teil – so winzig, daß sie kaum erwähnenswert ist.

Genauso kannst du dir das Verhältnis von Nacht und Tag vorstellen: Die Nacht enthält unser gesamtes Unterbewußtsein, unsere Sternenherkunft, unseren Urbeginn als göttliche Menschenwesen, den Sturz in die Materie, unser irdisches Dasein als Mineral, Alge, Moos, als Fisch, Lurch und Wurm, als Pflanze, als Baum, als fliegendes Tier. Alles Wissen, alle Triebe, alle Ängste, alle Weisheit sind darin verborgen. Der Kampf ums Leben auch. Das nächtliche Universum enthält aber zugleich unsere Zukunft als Gott, unser Überbewußsein oder das *Hohe Selbst*. Und wann und wie und wie umfangreich wir unser Gottsein erkennen und ausdrücken, hierzu können wir im Lauf der Zeit eine ganze Menge tun. Nachts strömen die Energien der Sterne auf unseren Planeten und in unsere Zellen, in unsere Atome und unsere DNS herein. Nachts können wir mit unserem Bewußtsein keinen Widerstand leisten und sagen: »Das interessiert mich nicht.« Nachts sind wir offen für unsere Engel und für unsere eigene geistige Vergangenheit, genauso aber auch für die Dunkelmächte und für diejenigen Kräfte, die wir selbst einmal in einem anderen Leben – oder auch in diesem – in die Welt gesetzt haben. Kein Gedanke und keine Tat gehen je verloren; sie befinden sich alle irgendwo, denn es sind ja Energien, und keine Energie kann jemals verlorengehen. Sie können sich nicht ohne unser Zutun – unser Gebet, eine Anrufung, den Segen einer Energieübung oder Meditation – auflösen; weswegen wir uns mit ihnen beschäftigen müssen, und das geschieht eben oft im Schlaf. Es geschieht, daß unsere Engel und unsere »Bengel« auf uns zukommen, uns heilen oder uns zwicken, je nachdem, auf welche Weise wir das Land der Nacht, der Träume und des Schlafes betreten.

Nachts leuchten die Sternenwelten in unser Sein, die Galaxis steuert unsere Hypophyse, und die Sternbilder öffnen Bereiche unserer DNS. Nur: hier geht das Ganze viel schneller als im Sonnenlauf. Hier strömt die Zeit im Zweieinhalb-Tage-Takt: Die Sternbilder werden durch den Mond in unser Herz und in unser Wesen, in unsere Seele hinein übertragen. Dort steuern sie an Wasser gebundene seelische Vorgänge. Ihr göttlicher

DNS ist die Abkürzung von Desoxyribonucleinsäure, sie ist Träger unserer Erbsubstanz und *messenger* biologischen Lebens. Siehe Büchertips im Anhang.

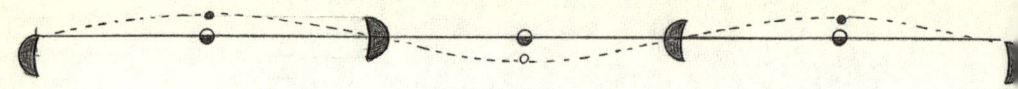

Siehe auch: *Urkräfte des Universums*

Urgrund ist der Wasserstoff, aus dem alle Sterne und das Licht aller Sonnen, unserer eigenen Galaxis und ferner Galaxien überhaupt erst entstehen konnten. Der göttliche Hauch des Lebens wird in unserem Universum durch den Wasserstoff und die Nachfolgegenerationen dieses Atoms übertragen, und das Leben im Raum unserer Seele wird davon genährt und immer wieder aufs neue erweckt. Der Mond ist ein Überträger dieser Kräfte. Er hat geistige, seelische, wie höchst reale Auswirkungen, denn er schwingt seine Botschaften direkt in das Erbmaterial unserer DNS, den Träger irdischen Lebens ein.

Die Sternbilder werden aber zugleich im Rhythmus von Stunden in unseren Körper mit seinen elektromagnetischen Fließsystemen – dem Blut, der Lymphe, den Nerven übertragen.

Der Mond als Zeitgeber

Die Chinesen haben uns die ihnen seit uralten Zeiten bekannte chinesische Organuhr überliefert, und von nichts anderem sprechen sie hierbei: daß es Zeiten gibt, in denen wir *genährt* werden, und daß es Zeiten gibt, in denen wir *geleert* werden; Zeiten der Öffnung und des Empfangens von Energie, Zeiten des Aushöhlens und der Leere. Kein Organ, keine Zelle, kein Blutkörperchen könnte sonst leben, wenn diesem Lebensgesetz der Fülle und Nährung und der Entleerung, Entgiftung und Entlastung nicht Rechung getragen würde! Dieses wechselvolle Füllen und Leeren vermittelt der Mond, sowohl im Lauf eines Mondmonates als auch im Ablauf des Tages. Unsere Zellen würden sonst ersticken, denn an eben diese Gesetze sind auch Atmung und Zellatmung gebunden, die uns mit allem Leben verbindet, dem Leben des Planeten, dem Leben der Pflanzen, dem Leben der Engel, dem Leben unserer eigenen Vergangenheit und dem unserer möglichen Zukunft.

Die Vergangenheit ähnelt den Wurzeln eines Weltenbaumes, und die Zukunft ähnelt seiner Krone. Im *Jetzt* sitzen wir sozusagen im *Kanal* des Baumstammes und richten unsere Augen und unser Bewußtsein auf bestimmte Bereiche der Baumkrone aus; sehr zutreffend wird es ja auch *channeln* genannt, wenn sich Menschen in besonderer Weise mit kosmischen Botschaften verbinden und sich in den – zu manchen

Zeiten hohlen – Lebensbaum mit seinen Mondausblicken eingeklinkt haben, diese empfangen können.

Mondische Computersprache

Wir sind nicht machtlos, was unser Schicksal angeht, sondern wir haben heute zunehmend die Möglichkeit, uns selbst in diesen *Mondkanal* zu begeben, für uns selbst Botschaften zu empfangen und vor allem auch selbst wieder magisch zu werden. Nicht nur magisch darauf bezogen, daß wir des Tages tüchtig und erfolgreich sind und unser Leben bewältigen, sondern eben auch magisch darauf bezogen, daß wir an den »Sternenknöpfen drehen« und die Richtung mitbestimmen, die die Zukunft für uns und den Planeten nehmen soll.

Nun ist das natürlich nicht so einfach, wie es sich hier so schreiben und lesen läßt – es ist schon einige Mühe damit verbunden. Magie zu erlernen und seine Schöpfungsmacht wieder mit der Natur und dem Universum zu verbinden, die Möglichkeiten der Beeinflussung und Öffnung seiner eigenen DNS wahrzunehmen, dafür sind schon einige Jahre des Lernens erforderlich. Lassen wir uns von der Fülle der Möglichkeiten und Aufgaben nicht bange machen, sondern fangen wir einfach mal an. Beginnen wir dabei, die Sternzeichen und ihre Energien wahrzunehmen, wie der nächtliche Tierkreis sie uns über den Mond und der Tag sie uns über die Sonne überträgt.

Die Sonne ist ein Träger von Leben und feurig verbrennendem Stoffwechsel, und sie strahlt uns die Kräfte des Tierkreises prinzipiell lebensbereichernd und nährend zu. Der Mond hingegen ist der große Katalysator: Er aktiviert Prozesse und hat großen Einfluß auf unsere Chakren, die damit verbundene Farbwahrnehmung, die Wahrnehmung von Zeit und auf unsere Drüsen. Er öffnet und schließt die kosmischen Sternzeichen-Räume im Zeitabstand von etwa zweieinhalb Tagen, während er sie jeweils durchläuft, und damit zugleich aktiviert und deaktiviert er unsere zugeordneten Chakren und die dazugehörigen Drüsen mit ihren Hormonausschüttungen. Die Chakren sind *Zeit-Räder*, die unser gesamtes Leben katalysieren.

Wenn wir also den Mondzeiten und den Sonnenzeiten nachspüren, draußen in der Natur und drinnen in unserer Menschennatur, dann können wir auch dem Konzert der Chakren-

Katalysatoren sind Substanzen, die Reaktionen beschleunigen und sich dabei nicht verbrauchen, denn sie können sich selbst regenerieren!

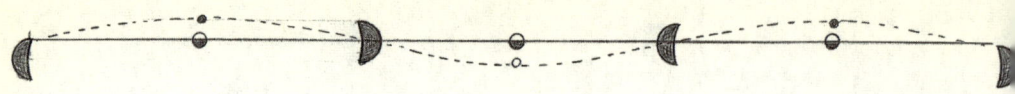

aktivierungen, der Drüsensteuerungen, der Hormonausschüttungen nachspüren. Ein Anfang ist damit gemacht, auch für eine – später einmal – nachfolgende willentliche und bewußte Veränderung.

Der Mond ist mit einem Computer, besonders auch mit einer Computer-Diskette zu vergleichen: Er sammelt kosmische Ströme, Ideen, Bilder und Kräfte, speichert sie auf elektromagnetische Weise in seine Tierkreiszeichen-Ordner und untergeordneten Dateien ein; und er entlädt die gespeicherten Kräfte und Botschaften, wenn diese Räume mit dem Magnetismus der Erde, mit Mineralien, Metallen, Salzen und mit der Erde in uns (Silicium) in Berührung kommen. Daher haben sowohl die Metalle (Natrium, Kalium, Calcium, Magnesium, Eisen, Silber, Quecksiber, Gold u. a.), aber auch die Salze, Säuren und Basen – sobald sie in Wasser gelöst sind – eine elektrische Leitfähigkeit. Aus diesen biophysikalischen Phänomenen heraus beziehen organisches Leben und Menschsein pulsierende Vitalität. Es sind elektromagnetische Entladungs- und Ladungsvorgänge, die hier stattfinden. Auf solche Weise wirkt der Mond.

Salze als Mikromotoren

Unser körperlicher Organismus ist in sich selbst aufgrund flutender Salze in Lymphe und Blut und des daran »geknüpften« Elektromagnetismus verbunden und tauscht sich hierdurch aus. Der Körper wird durch elektromagnetische Pulse erhalten, aktiviert und deaktiviert; er wird durch Säuren, Basen und Salze, die den elektrischen Strom leiten und wie kleine Mikromotoren in uns herumschwimmen, am Leben gehalten. Der Mond ist mit dem salzigen Meereswasser unseres Planeten verbunden und bewirkt so in seinem Umlauf um die Erde die Wechsel von Ebbe und Flut; dies geschieht in »Zusammenarbeit« mit den Anziehungkräften der Erde, welche wiederum einer höheren Ordnung wie auch einem Zusammenspiel vielfältiger Kräfte unseres Sonnensystems unterstellt sind. Sogar auch auf der kristallinen (festen) Erde laufen diese wechselhaften, dem Mondlauf unterworfenen pulsierenden Geschehnisse ab, was durch zahlreiche Untersuchungen, etwa an Kleintieren, bestätigt ist.

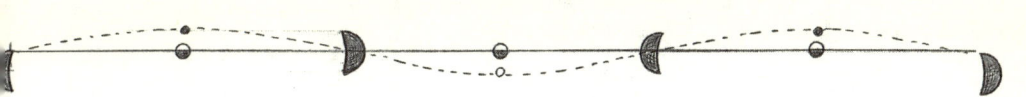

Was sich auf dem Planeten Erde »abspielt«, geschieht in ähnlicher Weise in unserem Körper, weswegen das mondische Geschehen unglaublich starke Einwirkungen auf uns hat. Unser Blut ist *die* magische Flüssigkeit, in welcher mineralische Salze herumschwimmen, und das Blut verbindet alles mit allem. Wir können es lernen, uns mit diesen Strömen, den Räumen und Pulsen bewußt zu verbinden, weil wir dann deren magische Kräfte für uns verstärken oder abschwächen können, wenn wir das wollen. Wir brauchen nicht mehr zur falschen Zeit gegen die Naturkräfte zu steuern, jedenfalls nicht ohne Not. *Mit* der Qualität einer Zeit zu schwingen tut uns gut, denn wir selbst sind Zeitwesen und wir tragen in unserem Organismus die gesamte Schöpfung – alle Räume, alle Zeiten, Vergangenheit und Zukunft. Mit der Natur resonant zu schwingen macht uns freier, gibt uns mehr Verständnis für unsere Mitmenschen – wo sinnvoll – und läßt uns mit der Vielfalt arbeiten. Wir werden klarer, weil wir uns nicht mehr so täuschen lassen, sondern den Dingen gelassener ins Auge schauen können; weil wir die Schöpfungsideen, die vom Raum eines Tierkreiszeichens getragen werden, sinnvoll in unser Leben integrieren können. Und weil wir im Mitschwingen erstarken können, zur jeweils adäquaten Zeit. Wir werden nicht etwa abhängiger von solcher Einstimmung und solchem Einfühlen, sondern wir erkennen eben die Naturkräfte, wie sie auch durch uns hindurchströmen und was alles sie dort gerade bewirken.

Solchem Einfühlen und schrittweisen Bewußtwerden soll dieses Buch dienen. Es erzählt von den Prinzipien und Kräften, die ein Zeichen durchströmen. Damit das Größere, wie es vom Kleineren weitergetragen wird, gleich mit bewußtgemacht wird, erzählt es von Schöpfungsbildern und Energien, wie sie den Jahreskreislauf durchweben. Im Mondlauf findest du diese Bilder dann wieder, gespiegelt und verändert in mancherlei, im Prinzip des jeweiligen Raumes jedoch sich gleich. Du kannst das Jahr mit neuem Bewußtsein begleiten, alte Feste in dir selbst neu erspüren, sie zum Ausdruck bringen, und du kannst den Mondlauf mit Aufmerksamkeit begleiten. Du kannst auch die Tage mit neuem Blick betrachten: kannst die Wintersonnenwende und die Weihnacht um Mitternacht erspüren und die Sommersonnenwende um 12 Uhr mittags (natürlich ohne die Sommerzeitverschiebung). Die Frühlingstagundnachtgleiche findet morgens um 6 Uhr ihre energetische Zuordnung und die Herbsttagundnachtgleiche um 18 Uhr am späten Nachmittag. Die übrigen Zeiteinschnitte des Jahres *übersetzt* du dir selbst.

Die Festtage konnte ich nur hier und da ein wenig beleuchten, davon soll ein anderes Buch handeln. Auch kosmisches und Sternenwissen konnte nur hier und da angedeutet werden. Der Schwerpunkt dieses Buches liegt auf den Stimmungen der mondischen Energiefelder, die du mit Hilfe dieses Buches immer eindeutiger in dir selbst erfühlen und anschließend in eigene Magie übersetzen kannst.

Deine Energieschlüssel finden

Natürlich solltest du bei alle diesem bedenken: Deine Geburt ist einzigartig. *Wann* du diesen Planeten betreten hast, zu welcher Ideensekunde, zu welcher Kraftzeit, zu welcher Planetenstunde, zu welcher Mondidee, an welchem Ort, zu welcher Aufgabe und welchem Plan, das alles ist für dich einzigartig. Dein Inneres nur weiß davon, und es will zu sich selbst erweckt werden. Zur Identität. Zum Eigenwissen. Zur eigenen Weisheit, eigenem Schöpfertum. So können die Besprechungen dieses Buches dir Schlüssel für kosmische Empfindungsräume sein. Im Einzelfall können sie jedoch von deiner Geburtszeit und den in dir seit diesem Geburtsaugenblick laufenden Zeituhren verändert, überdeckt, übermalt und überzeichnet werden. Sie können Schwankungen unterworfen sein, Einbrüchen in der Zeit, anderen Stimmungen, anderem Befinden. Dann geht es dir nicht anders als jedem von uns, mir selbst auch: Unseren eigenen Rhythmus müssen wir eben finden, wenn wir glücklicher und freudvoller leben wollen!

Dieses Buch vermittelt die zwölf kosmischen Grundprinzipien, mit denen du im Lauf der Zeit deine Zeichenkombination – *deinen* kosmischen Schlüssel – bilden kannst, um den Tresor deines eigenen Wissens irgendwann knacken zu können. Dazu findest du heilende Rituale und heilende Mittel und kannst einen Anfang machen, deine eigenen Mondkräfte magisch zu entfalten. Viel Freude also beim Herantasten an deine kosmische Bestimmung!

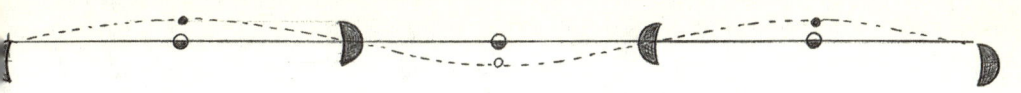

Magie, die menschliche Schöpferkraft

Magisch zu sein ist Menschenbestimmung. Magie wird unentwegt gewirkt, von jedem von uns, denn Magie ist jedes Gedankenbild, jede Vision, jede schöpferische Willensausübung und Kraft. Nur: oft wissen wir es gar nicht, wenn wir solche Magie – auch auf unbewußte Weise – betreiben; besonders wenn wir Tag für Tag so unsere Gedanken weben und zu magischen Gebilden zusammenknüpfen und glauben, das wäre halt »einfach nur so«. Jeder Gedanke hat letztlich schöpferische Wirksamkeit, denn keine Energie geht jemals verloren. Aus den Tausenden von Gedanken eines Tages webt der Mensch sein Schicksal mit, auch wenn sich diese noch so unausgerichtet melden und so oft sogar gerade das Gegenteil von dem bewirken, was wir wirklich wollen. Denken wir also in negativer Weise über Probleme nach, so stärken wir diese nur und bewirken so eben auch negativ ausgerichtete Magie.

Wenn wir jedoch unseren Willen fokussieren, hinzu eindeutige und konzentrierte Gedankenkraft mit bildhaft imaginativen Vorstellungen und entsprechender Handlung verbinden und stetig aufrechterhalten, können wir ein Ziel auch erreichen. Dann sind wir magisch – weil bewußt schöpferisch tätig.

Magische Lehrwerke findest du im Literaturverzeichnis.

Wenn wir das allerdings erreicht haben, was wir so dringend wollten, konfrontiert uns das Erreichte oft auch mit seinem Janusgesicht, mit seiner dunklen und polaren Seite. Und manchmal mögen wir dann gar nicht mehr, was wir da magisch konzipiert und erschaffen haben und haben alle Hände voll zu tun, unsere eigene Magie wieder aufzulösen.

Magisch ist das Leben auf unserem Planeten für jeden Menschen. Die Gedanken sind immer noch frei, kein anderer kann sie verbieten. Magisch wirken unsere Hände an unserem und anderer Wesen Leben. Magisch schauen und wirken wir in die Natur und in den Kosmos hinein. Magisch ist *jede* Religion, sogar auf augenfällige und kraftvolle Weise – leider nicht immer nur zum Vorteil der betreuten Menschen, sondern oft eher jener der Erhaltung der jeweiligen religiösen Institution. Dennoch sind die christlichen, besonders die katholischen Rituale, in welchen hohe Mysterien verschlüsselt sind, dabei immer noch sehr kraftvoll und wirksam. Jede Taufe beispielsweise ist Magie – solche des Wassers, in welches der Geist einströmt und

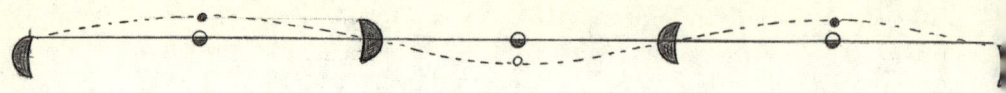

das Leben des Täuflings mit himmlischen Gedanken und göttlichen Prinzipien verbindet. Jede rituell geschlossene Hochzeit ist Magie – solche des Bindens, und die Worte des Priesters sind durchaus nicht einfach »nur so« in den Raum gesprochen. Sie haben haftende und bindende Eigenschaft in höheren Welten, gleichgültig ob die beteiligten Menschen nun daran »glauben« oder nicht. Und wenn eine Ehe wieder aufgelöst wird, so haften die magischen Worte oft immer noch in geistigen Bereichen, sofern sie durch ein Gegenritual nicht wieder aufgelöst werden.

Neue Magische Modelle entwerfen

Wenn wir also die Magie nicht mehr nur anderen Personen unserer Gesellschaft überlassen wollen, müssen wir lernen, uns zu schützen und unsere eigene – eine neuartige, mehr weibliche und natürliche, eine Leben neu aufbauende und es bewahrende –, von Gefühl getragene Seelen-Magie zu entwickeln.

Auch heißt es zu lernen, Magie bewußt zur Gestaltung des eigenen Lebens einzusetzen und sie mit Gleichgesinnten zu teilen. Das Schicksal des ganzen Planeten hängt davon ab, ob die Ausgebeuteten und bisher magisch *Benutzten*, diejenigen, die immer nur gedient haben und die sich auch als energetische Nahrung immer wieder bereitgestellt hatten, dies begreifen. Und es abstellen. Wenn wir wollen, daß die Kräfte sich auf dem Planeten auch in unseren menschlichen Beziehungen umpolen, wenn wir einen Beitrag leisten wollen, daß sich auch durch uns selbst eine neue Gerechtigkeit auf den Planeten herabsenkt, dann müssen wir lernen, unsere eigene Magie zu schützen, sie für uns selbst und die zu uns Gehörenden zu bewahren und sie gezielt und sehr bewußt einzusetzen.

Wir sind nicht allein; glücklicherweise. Wir sind verbunden mit Sternen und Universen über uns, in uns und jenseits von uns. Wir sind verbunden mit den geistigen und irdischen Wesen göttlicher Hierarchien. Wir können alle diese Kräfte nutzen, denn sie sind ja dafür da, uns ihren Segen zu senden und uns heiler werden zu lassen.

Ich kann doch ohne dich nicht leben!, ein Buch zum energetischen Lösen von Beziehungen. Du findest es im Literaturverzeichnis.

Siehe: Büchertips

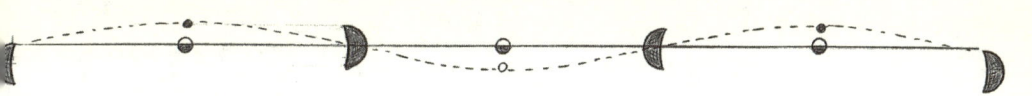

Rituale selbst wiederbeleben

Um das Aufbauen eines magisch wirksamen Feldes, einer rituellen Schwingung zu erreichen, gibt es viele Möglichkeiten; rhythmische Wiederholung ist eine von ihnen. Eine noch so kleine Tat, ein noch so kleiner Satz, ja ein einziger Laut, ein Mantram, immer wieder wiederholt, kann solch ein Feld aufbauen. Zuvor muß allerdings ein schützender Kreis, ein geistiger Hort, eine Schutzhülle geprägt werden, in welches hinein das höhere Feld sich auch aufbauen kann; oder es muß eine entsprechende Natursubstanz eingesetzt werden, in welche dieses Feld sich hineingestalten kann. Dort wird es aufbewahrt und abrufbar. Kugelförmige Natursubstanzen sind beispielsweise hierfür besonders geeignet, doch auch anderes kann zum Empfänger und Träger für höhere energetische Schwingungen werden: ein Stab, besonders ein solcher mit Runensymbolen, ein Kelchgefäß mit Wasser, Kristalle und Edelsteine, eine Nuß, ein Stein u. a. Alle solchen Kontaktknüpfungen mit unseren Geisthelfern fallen unter das Thema »Naturmagie« und haben doch dabei einen höchst wissenschaftlichen Hintergrund: Kristalle etwa werden ja auch in der Technik zur Informationsübertragung benutzt. Auch seit alters verwendete Zauberkräuter, magische Pflanzen, Zauberpilze und psychedelische Substanzen haben aufgrund ihrer einzigartigen Schwingung die Kraft, die kosmische Grenze zwischen irdischer und geistiger Welt zu überspringen; weswegen sie aber auch eine prinzipielle Gefahr in sich enthalten und sogar töten können, denn auch in manchen geistigen Reichen findet sich noch die Polarität – eben das Gegengeistige. Die Schamanen haben solcherart Zauberkräuter deshalb nur nach intensiven Reinigungs- und tagelangen Vorbereitungsriten benutzt.

Auch wir werden noch so mancherlei Kräfte geistheilsamer Pflanzen entdecken, denn die Erde wartet darauf, daß wir mit ihrer Hilfe unsere DNS öffnen und bewußte Reisen in die Dimensionen des neuen Zeitalters machen. Die Erde wartet darauf, daß wir die zwölf Energieräume mit den Schlüsseln, die sie uns gibt, öffnen. Sie wartet auf den Evolutionssprung und das Glück, das die Erweiterung von Bewußtsein dich und sie in einem erfahren läßt.

Wenn wir unser Wollen, unsere Gedanken und unsere

Zum Thema *Naturmagie* gibt's allerlei Büchertips.

Siehe: Literaturverzeichnis

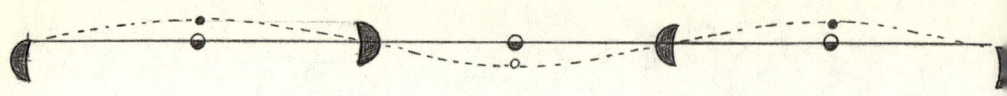

menschliche Schöpfungskraft ohne die Hilfe von Naturmagie mit dem Geist der Schöpfung verbinden wollen, müssen wir andere Gesetze beachten. So müssen wir auf die rechte Zeit, den rechten Ort, die rechte Umgebung, die rechte Verfassung, kurz, die rechte Energie achten, um erfolgreich zu sein. Und wir müssen mit einem Kraft-Überträger arbeiten: einem spürbar von Geistatem durchdrungenen Gebet, einer kraftvollen Anrufung, einem geistaktivierenden und -übertragenden Buch, einem heilsamen Channel, einem religiösen Ritus. Die Huna-Magie etwa hat sich der Erforschung und Anwendung wirksamer Gebete gewidmet und aus den Büchern zu diesem Thema kannst du viel lernen. Um wirksame Gebete zu senden, muß ein magisch-energetisches Feld aufgebaut werden, das die Helfer aus höheren Reichen auch wirklich erreicht; nur so können wir dann auch Hilfe, Heilung oder Inspiration empfangen. Auch sind die Gesetze der Zeit in der Formulierung des Gebetes zu beachten: Ein magisch wirksames Gebet sollte das Gewünschte stets in die Gegenwart verlegen; manchmal ist es sogar noch besser, für das Erbetene bereits zu danken. Der Dank hat viel höhere Erfüllungsqualität als die Bitte. Ein Dank an die Schöpfung macht uns froh, schon während wir einen solchen denken oder sprechen. Probiere es aus!

Siehe: Büchertips

Geist, magisch an Natursubstanzen gebunden, erfordert wohl ein wenig Umdenken, doch haben wir es so leichter, den Kontakt zu all den wartenden Heilkräften zu schließen. Wir müssen uns jedoch – wenn wir beginnen, mit solchen zu arbeiten – aufschreiben, welche Riten wir erfunden und entwickelt und worum wir gebeten haben; auch, an welche Substanzen welche Gebete gebunden wurden, weil wir sonst nämlich nach kurzem ein heilloses Durcheinander haben und nicht mehr wissen, worum es bei all diesen Nüssen und Kristallen und Wässern und Kräutern denn nun eigentlich ging!

Wie du deine persönlichen Mondkräfte entfaltest

Das heißt also, wir müssen lernen, auch hier gezielt vorzugehen und uns lieber zuerst nur eine einzige Art von Ritual aussuchen – du findest in diesem Buch Anregungen – und bei diesem erstmal zu bleiben, bis auch Ergebnisse zu sehen sind. Morgens zu meditieren, dann Yogaübungen durchzuführen, dann ein

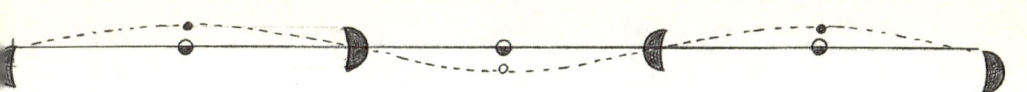

Gebet zu senden, dann mit einem Stein zu sprechen, dann ein Wasserritual zu machen, etwa beim Baden oder Duschen, zu Mittag mit den Früchten oder Kräutern oder Salaten zu kommunizieren, am Abend, jeden Abend ein anderes Ritual durchzuführen und des Nachts die Sterne und den Mond in seinem Lauf zu beobachten und all die Magie dabei auch noch im Gedächtnis zu behalten, die wir daran geknüpft haben – das dürfte die Kräfte der meisten von uns überfordern! Und die Zeit auch.

Deshalb: fang klein und gemächlich an. Such dir eine Zeit aus, wo du dich wirklich wohl fühlst, indem du dich im Mondlauf beobachtest und dir aufschreibst, welche deine besten Zeiten sind. Such dir ein Ritual aus, bei dem du dich schon beim Lesen schon wohl fühlst, oder laß dich zu einem ganz anderen inspirieren. Damit beginnst du dann, und dabei bleibst du dann mal eine ganze Weile.

Willen, an Irdisches gebunden, ist aber erheblich kraftvoller und magischer als der Willen allein, denk daran. Schließlich: was tun die Priester anderes? Sie binden in der Taufe den Geist an Wasser, in der Kommunion den Geist an Kerzenmagie, Brot und Wein, in der Konfirmation die Liebe der Schöpfung an Wein und Brot; in irdischer Hochzeit von Mann und Frau die alchymische Hochzeit von Himmel und Erde an irdische Ringe; in der letzten Ölung den Geist des Heimkehrers an Öl.

Beim Schütze-mond findest du hierzu ein schönes Ritual.

Wirksam sind sie alle, diese Rituale, durch ihren Symbolgehalt und ihre universelle Kraft und ihren evolutions-geschichtlichen magischen Hintergrund. Wir können sie im Rahmen einer Religion nutzen, doch machen sie uns an die Hand des Priesters gebunden und stärken nicht unseren eigenen Willen und unsere eigene Freiheit, mit der wir dann auch den Planeten verändern.

Deinen Weg mußt du dir selbst erspüren, auch, inwieweit du dich gesellschaftlichen und religiösen Normen, Gesetzen und Gegebenheiten unterstellst, unterwirfst oder mithilfst, sie transparenter und lebensfreudiger zu machen. Nur, wenn du dich wohl fühlst bei deinem Weg, deiner Art, ins neue Zeitalter aufzubrechen, wenn deine Seele dabei mit deinem Wesen und deiner Inkarnation in Übereinstimmung ist, kannst du etwas bewirken.

Hast du dich mit den grundsätzlichen Zeitenergien der zwölf

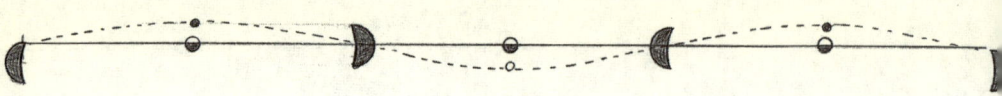

Räume einmal vertraut gemacht und hast du dir die generelle Fähigkeit zur Konzentration und zur Einstimmung erworben, kannst du dann anschließend auch die herrschenden Kräfte lenken und leiten und so erste magische Schritte tun. Dann kannst du im Nachfolgeschritt auch die verschiedenen Räume der Zeit willentlich betreten, allein durch deine meditative und energetische Einstimmung darauf. Das ist die zweite Stufe zur Naturmagie und zum Schöpferischsein. Die erste sollte aber nicht übersprungen werden. Im dritten Schritt kannst du lernen, die hier webenden und waltenden Kräfte auch verfügbar zu machen und sie in dein Leben hineinfluten lassen. So wirst du schließlich die in einer Zeit und einem Raum enthaltenen Energien vollkommen zeitunabhängig wahrnehmen, dich mit ihnen verbinden und sie heilend einsetzen können.

Anhaltspunkte zum Umdenken kann ich dir hier einige geben. Herausfinden aber, was dich mit dir selbst in bessere Übereinstimmung bringt, dich authentischer, zielsicherer und magischer macht, mußt du allein. Darum beginne zu »zaubern«: Zaubere dich selbst kraftvoller und glücklicher, indem du erspürst, was deine Seele denn wirklich von dir will und wo du denn mithelfen kannst, den Planeten zu erneuern. Lerne also das Zaubern wieder, lerne, die Magie deines Menschseins, die Kraft deiner Gedanken bewußt und zur Verbesserung des Lebens einzusetzen, deines eigenen, wie das anderer Wesen.

Einige Hilfen dazu findest du in diesem Buch. Es will dir eine Einstimmung zu dir selbst geben und hat keinen Anspruch auf Vollständigkeit. Im Gegenteil: es ist ein Anfang. Fang also an damit und mach dein Leben wieder zu einem spannenden Abenteuer!

Zweiter Teil

Sonne und Mond in der Zeit

URKRÄFTE DES UNIVERSUMS

Unsere Herkunft als Mensch ist göttlich und irdisch zugleich, und wir haben viele Möglichkeiten, unserem Ursprung nachzuspüren und uns damit zu beschäftigen. Ich will dich nun ein wenig mit einem Wissen um universelle Kräfte, den Kräften der Zeit, denen des Sonnenlaufes und denen des Mondlaufes bekannt und vertraut machen, wie ich es meditativ erfahren habe: denn aus diesen Kräften bist auch du erschaffen. Schauen wir uns einmal eine der Urfragen an, die der Mensch gestellt hat, seit er begonnen hat, zu denken und Fragen zu stellen: »Woher sind wir gekommen? Wohin gehen wir?« Vielleicht magst du mich begleiten auf einer kleinen Reise in die Evolution, in der wir uns gemeinsam die Freiheit nehmen, spirituelles Wissen mit wissenschaftlichem Wissen zu verbinden?

Dein irdischer Körper ist aus Sternenstaub und aus den Salzen des Meeres gewebt, denn die Erde, unsere Heimat, ist aus dem Universum geboren worden, und das Meer wiederum ist die Wiege des Lebens auf unserem Planeten. Deine unsterbliche Seele ist aus dem *Wasserstoff* erschaffen, der weiblichen Urkraft und Göttin, die unser Universum durchatmet. Deine aktiven und schöpferisch zeugenden Kräfte hingegen verdankst du dem *Helium*, dem zweiten Urelement unseres Universums, das sich durch Kernverschmelzung aus der großen *Wasserstoffmutter* gebildet hat. Mit dem Prozeß der Kernverschmelzung wurden neue Sonnen geboren, wurde immer wieder ein neuer Stern »angeschaltet«. Das Urelement *Helium* hat auch dem

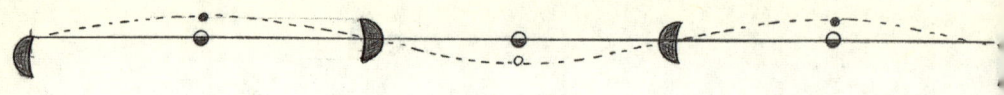

christlichen *Heliand* (dem *Heiland*), wie dem griechischen Sonnengott *Helios* als Namensgeber Pate gestanden.

Siehe: Literaturverzeichnis

Aus diesen beiden Urbausteinen sind alle schwereren Elemente unseres Universums im Lauf der Evolution einmal hervorgegangen und haben zur Bildung unseres Heimatplaneten beigetragen. Auch heute noch sind, wie zum Beginn vor Millionen von Lichtjahren, 999 von 1000 Atomen im Universum entweder Wasserstoff oder Helium. Nur ein einziges unter tausend ist ein schwereres Atom, und auch das war damals gleich wie heute: Das Element Wasserstoff ist im gesamten Universum um *Verbindung* bemüht; die polare Schöpfungsidee des Elementes Helium hingegen ist *Aufbruchskraft*. Dies gilt sowohl für das atomphysikalisch-chemische wie auch für das geistige Grundprinzip, im äußeren Universum wie in dir.

Dein irdischer Körper trägt den Anfang und die gesamte Geschichte des Universums durch die Zeit in all seinen Zellen. Du selbst enthältst in deinen materiellen Atomen, Verbindungen, Zellen, Geweben und Organen die gesamte Evolution, und zwar auf eine biochemisch-physikalische wie geistseelische Weise. Deine zellularen Bausteine *erinnern* sich an alle Geschehnisse ihrer Entwicklung, und sie wiegen sich im Tanz des Universums. Sie wissen von der Geburt von Galaxien, Sonnen und Planeten, unserer Erde, dem Mond und unserem Sonnensystem; sie schwingen und pulsieren im Rhythmus des Universums.

In deinen körperlichen Atomen befinden sich eingesiegelt die Mythen des gesamten Erdkreises, denn von nichts anderem erzählen diese ja, als von dem Geschehnissen in der Evolution unseres Universums. Sogar die Namen der atomaren Elemente unseres Planeten – aus denen alle Materie erbaut ist – tragen teilweise mythologische Namen. Du, genau wie ich und jeder Mensch, trägst alle Elemente der evolutionären Bildung von Leben in dir. Deine Zellen wissen von einem Dasein als Mineral, Pflanze und Tier, vom Leben im Meer, vom Verlassen dieser ozeanischen Heimat und vom Betreten des Landes, vom Dasein als Wurm und als Schlange, von den Zeitaltern der Echsen und der ersten Wirbeltiere, vom ersten Vogelflug und schließlich vom Aufrichten aus der Erdgebundenheit und Erwachen zum Menschsein. Irgendwann einmal hat ein erster irdischer Mensch sein Antlitz zu den Sternen erhoben und sich

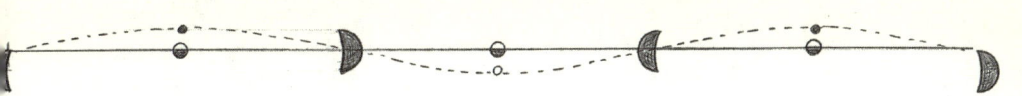

seiner kosmischen Herkunft erinnert; hat begonnen, die Kräfte zu studieren, die Himmel und Erde bewegen, um diese auch in eine menschliche Zuordnung zu bringen. Säen und ernten und vielerlei anderes geschahen in alten Zeiten in Übereinstimmung mit den Rhythmen der Sonne, des Mondes und der Sterne und eingebettet in die Natur, denn nur so war das Leben – ohne moderne Technik – überhaupt zu bewältigen.

So, wie sich draußen im Universum die Planeten um die Sonne und der Mond um die Erde bewegen, dreht sich unser Sonnensystem um das Zentrum unserer Galaxis – unsere Milchstraßenheimat –, und diese wiederum erhält ihre Energie von noch höheren Kräften und geistigen Sonnen. Dabei ist alles mit allem verbunden. Alles, was je war und alles, was sein wird, in seinen Möglichkeiten, ist mit einem kosmischen Lebensfaden untereinander verwoben. Diesem Netzwerk, das sich auch in jeder Minute unseres Lebens ausdrückt, wollen wir in diesem Buch ein wenig auf die Spur kommen.

Der Mond überträgt die Kräfte des Universums auf unsere Erde, wobei wir dies mit den Speicher- und Abrufverfahren eines Computers vergleichen könnten: So verwendet der Mond für die Botschaften jedes Tierkreiszeichens je eine »Computerdiskette«, insgesamt also zwölf solche Disketten, mit Mengen von Informationen und Botschaften. Lassen wir uns doch einfach einmal von zwölf solchen »Monddisketten« durch das Sonnenjahr und auch durch einen Mondlauf begleiten, und haben wir unsere Freude dabei!

Dein irdisches Leben hat also eine universelle Vorgabe, und es baut auf einem Plan auf, welche die Grundausrüstung deines jetzigen Menschseins bildet. In einem Horoskop ist diese »Ausrüstung« mit kosmischer Schrift aufgeschrieben. Denn der Ort und die Minute deiner Geburt haben dich unverrückbar und höchst präzise in das universelle Weltengetriebe, besonders das unseres Sonnensystems, eingebunden. Durch die psychologische Analyse deines Horoskopes kannst du einiges von den Bedingungen und Grundvoraussetzungen, vom höheren Plan deines Lebens erkennen. Es gibt aber noch andere Möglichkeiten, dich selber in deiner mondischen und kosmischen *Ausrüstung* für dieses Dasein wahrzunehmen.

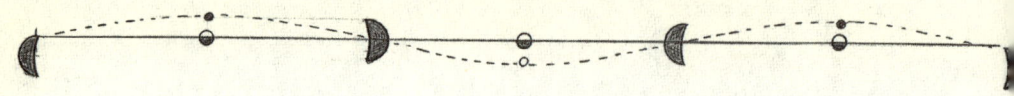

Den Seelenzugang wählen

Ein kosmisches Band am Himmel gab seit uralten Zeiten den Menschen Einblicke in ihre Bestimmung: das Band des Tierkreises mit seinen zwölf Tierkreiszeichen. Jedes dieser zwölf kosmischen Zeichen trägt ganz bestimmte Energien. Die Sonne benötigt ein ganzes Jahr, um die Tierkreiszeichen zu durchwandern, und wenn sie in eines dieser Zeichen hineinwandert, übermittelt sie auf ihre wärmende und aktivierende Weise dessen Kräfte.

Der Mond hingegen durchläuft diese zwölf Felder bei seinem Umlauf um die Erde und benötigt dafür insgesamt etwa 28 Tage. Auf seiner Reise durch die Zeit überträgt er die Kräfte der Tierkreiszeichen auf eine zurückspiegelnde und seelenverbindende Weise in alle Natur, auch in *deinen* biologischen Organismus. Die Evolution und die Seele des gesamten Universums zugleich sind darin verschlüsselt. Der Mond befindet sich in jedem Tierkreiszeichen also etwa zweieinhalb Tage lang und »sendet« dessen Kräfte in deine Seele und in deine Zellen. Du spürst diese zwölf Kräfte ganz eindeutig, wenn du dich mit ihnen beschäftigst und dich beobachtest! Deine Atome und deine Zellen *erinnern* sich dabei an bestimmte Ereignisse der Evolution, die – wie in einem Computer – abgerufen werden. Diese Energien und die kosmischen Erinnerungen drücken sich dann auf ganz individuelle Weise in dir und durch dich in der entsprechenden Zeit aus.

Der Mond wandert im Laufe eines Sonnenjahres etwa dreizehnmal um die Erde. Ein Jahr hat also zwölf Monate, aber dreizehn »Monde«. Wir beschäftigen uns in diesem Buch mit den zwölf Urprinzipien des Tierkreises und lassen die dreizehnte *Mondin* – die uns von mythologischem und weiblichem Wissen, von Verzauberung und Entzauberung, von erlösenden Helden und erlösten Prinzessinen, von Heilsfiguren und von der Gralslegende erzählen kann, unberücksichtigt – denn sie kann im Rahmen dieses Buches nicht besprochen werden.

Zur *Mondin* findest du weitere Büchertips.

Wenn du die zwölf Grundprinzipien zusammenfügst, hast du eine »Grundausstattung« deines Menschseins. So kannst du einen neuen Zugang zu Sonne und Mond in der Zeit, zu den Strömungen in der Natur, zu deiner Tatkraft wie auch zu deinen Stimmungen und Träumen und ein erweitertes Bewußtsein

34

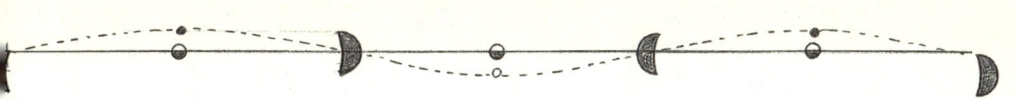

deiner selbst bekommen. Am stärksten spürst du die jeweilige Kraft eines Tierkreiszeichens, wenn die Sonne und der Mond im *gleichen* Zeichen stehen, wobei allerdings zugleich eine hohe, oftmals stressige Spannung zwischen den gegensätzlichen (solaren und lunaren) Ausdrucksformen derselben Tierkreisenergie herrscht.

Natürlich bist du, wie wir alle, aus allen zwölf Grundenergien »zusammengebaut«. Eine Energie für sich allein kann nicht existieren. Doch auf der Reise von Sonne und Mond durch die Zeit gibt es spezifische Schwerpunkte, und sicherlich werden dir Auslöser für mancherlei Lebensthemen bewußt.

Zu alldem zeigt uns der Mond sein ständig wandelndes Gesicht, ist einmal hell und rund sichtbar, ein andermal unsichtbar, und zwischen diesen beiden Zuständen erzählt er uns mit seiner sichtbar zunehmenden und abnehmenden Sichel vom unaufhörlichen Wandel des Lebens. Die mondische Energie ist – dem ersten Urprinzip der Schöpfung, der großen *Wasserstoffmutter* entsprechend – eher ganzheitlich und seelenverschmelzend angelegt. Die solare Kraft hingegen hat mehr mit Initiative und strahlender Aufbruchskraft zu tun, denn sie entstand ja aus dem zweiten kosmischen Urprinzip, dem des Sonnensohnes und *Heliand*. Aus beidem gestalten wir unser Leben.

Göttergestalten als personifizierte Kräfte

Seit alter Zeit haben die Menschen die himmlischen Kräfte der Sterne und der Sternzeichen mit dem Göttlichen in Verbindung gebracht und sie haben diesen Kräften einen Namen gegeben. Durch den Namen gaben sie der weiblich-lunaren wie männlich-solaren Energie eine Identität und eine Mitsprachemöglichkeit in ihrem irdischen Leben.

Was einen Namen trägt, wird persönlich. Das Göttlich-Unbegreifbare im Universum und in den Naturerscheinungen wurde so faßbarer und verständlicher. Aus solcher Identifikation und Personifizierung heraus entstanden die Götterwelten unserer Vorfahren. Jede der vielen Göttinnen- und Gottesgestalten der Völker standen nun für ein Prinzip und für eine schöpferische Idee und wurden damit in die stoffliche Welt herabgezogen.

Wie du als Mensch unserer heutigen Zeit mit diesen Ideenkräften umgehen willst, bleibt ganz dir selbst überlassen: Du kannst sie als mythologische Figuren betrachten, du kannst dich zeitweise mit ihnen identifizieren und dir ihre Kräfte so magisch zur Verfügung bringen. Du kannst sie als Teile deiner selbst betrachten oder auch als elementare Botschaften und Symbolgeschichten eines alleinigen christlichen Gottes – die ganze Bibel spricht von nichts anderem, als von solchen evolutionären Ereignissen, in Symbolgeschichten verschlüsselt – und noch viel mehr. Alles das bleibt ganz dir selbst überlassen. Ich habe in den Texten mal die magische, mal die christliche, mal die mythische Form des Umgangs mit diesen Kräften gewählt – was du aber von Fall zu Fall ganz anders übersetzen oder handhaben kannst.

Die zwölf Zeitstimmungen erfühlen

Sonne und Mond sind somit Lebenskraftüberträger, und die Planeten sind weitere Vermittler eines universellen Plans für alles Irdische. Alle diese Grundkräfte wünschen sich, von dir – im Ablauf der Zeit – erkannt, belebt, gefühlt und mit Wissen und Seele durchdrungen zu werden. Tue dies, wie es dir gefällt, zu dir paßt und wie es dich anspricht! So kannst du, wenn du dieses Buch liest, dir die Kräfte und Stimmungen der Tierkreiszeichen, der Sonne und des Mondes im Lauf der Zeit immer besser erfühlen, dich mit ihnen in Einklang bringen und deinen Nutzen daraus ziehen. Du kannst dich selbst neu und bewußter dabei erfühlen und kraftvoller und authentischer werden. Alles, was du hier findest, ist von mir aus innerer Sicht und aus dem Vereinigen mit der *Göttin Natur* und der jeweiligen Zeitenergie erarbeitet worden. Falls du astrologisch etwas bewandert bist, aber auch gerade dann, wenn du bereits astrologisch, psychologisch oder naturheilkundlich arbeitest, wirst du das hier zu findende Wissen zu dem, was bei dir bereits vorhanden ist, hinzunehmen und es nutzenbringend einbauen können. Bei etlichem wirst du sicherlich Übereinstimmung mit dem seit alter Zeit bekannten und in der Erfahrung bewährten Wissen finden, vieles wird dir neu sein und dich zu eigenen innovativen Gedanken und Beobachtungen anregen – was von mir auch so beabsichtigt ist.

Wenn du dich mit den Zeitstimmungen des Mondumlaufes

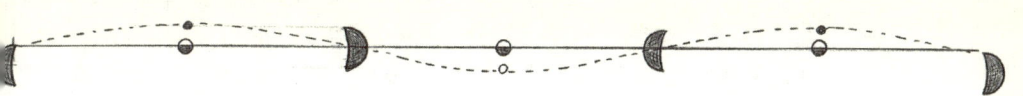

verbindest und dich darauf einläßt, solcherart geistig-seelische und körperliche Erfahrungen zu erspüren und sie zu beobachten, so denk daran, daß dein persönlicher, dein individueller Geburtsmond, dein Horoskop überhaupt, ganz entschieden einen Einfluß auf deine persönliche Wahrnehmung der Zeitenergien hat. So kann eine Zeitenergie verstärkt, vermindert, verändert oder ganz ausgeschaltet sein, vielerlei ist hier möglich. Da es mir aber darauf ankommt, dir Hilfe zu geben, wie du aufmerksamer, unabhängiger, kurz bewußter du selbst werden kannst, kann sich gerade eine solche persönliche Modifizierung und Färbung als von großem Nutzen für dich erweisen. Besonders dann, wenn du dir deine Beobachtungen aufschreibst und dir ein *kreatives Mondtagebuch* anlegst!

Wenn du dich in deinen mondischen Stimmungen im Lauf der Zeit immer besser zurechtfindest, kannst du beginnen, dein Leben hier und da auf diese Zeitenergien abzustimmen. Wenn du etwa rechtzeitig genug Termine verabredest, so kannst du selbst magischen Einfluß darauf nehmen, zu welchen passenden Zeitenergien du etwa zum Friseur oder zur Kosmetikerin gehst, wann zum Zahnarzt, wann du einen Eingriff oder gar eine Operation durchführen läßt (sofern keine Notoperation!), wann du eine Entgiftungskur, eine Heilbehandlung beginnst, wann du dir die Nägel schneidest, eine Diät beginnst, wann etwa die beste Erholungsmöglichkeit für einen Kurzurlaub ist und vieles mehr. Denk aber auch hier daran: *deine* Erfahrungen sind für dich wesentlich!

... findest du beim Skorpionmond!

Ein lebendiger Strom

Es gibt einen elektromagnetischen Urlebensstrom, der das Universum wie auch deinen menschlichen Organismus durchströmt und durchatmet. Dieser Strom ist ätherischer Natur. Es ist der Uratem des Lebens oder das Prinzip des Geistes in der Schöpfung. Er verbindet alles Leben miteinander und untereinander, kann aber in unserem an Zeit gebundenen biologischen Organismus nur innerhalb von Abschnitten und in zeitlichen Sequenzen (wie in einem Lichtbilderkino) wahrgenommen werden. Der *ätherische elektromagnetische Strom* ist – jedenfalls was seine Einwirkung auf unseren Organismus angeht – mit den wechselvollen Phasen des Mondes und seinem Aufent-

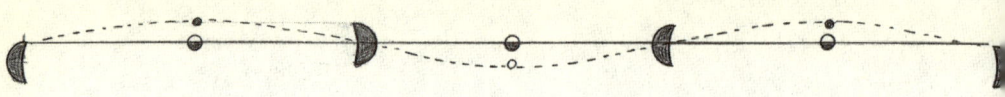

halt in den zwölf Tierkreiszeichen verbunden, und sein Wirken kann *gefühlt* werden. Wenn du in diesem Buch den Begriff *Elektromagnetismus* findest, so ist damit stets seine ätherische Ausprägung angesprochen. Die Prinzipien des irdischen Elektromagnetismus sind dem Ätherischen analog.

Selbststrahlende Atome und neues Bewußtsein

Ein neues Bewußtsein bereitet sich vor. Dies geschieht auf allen Ebenen, in der gesamten Natur, in allen Atomen und ihren Verbindungen, im makrokosmischen Universum wie im Mikrokosmos, dem Menschen als dem *Bild* der Gottheit. Die Atome und Naturelemente *erinnern* sich an ihre uralten selbststrahlenden und magischen Fähigkeiten. Sie *erinnern* sich an ihr einstiges Weltenwissen, sie öffnen sich und befreien – langsam zunehmend – die neuartige Strahlung des Wassermannäons. Dies tun sie in der Art, wie ein Vogel seine Federn aufplustert und damit mehr Wärme- und Schutzraum zwischen seinen Federn bildet. Genauso bildet die sich entfaltende atomare Materie ätherische Schutzräume, in denen die neuartige Kernstrahlung sich – immer noch weitgehend unbemerkt – aufhalten kann. Ein geistiges und *radio-aktiv* selbststrahlendes Zeitalter beginnt damit. Die magnetischen Kern- und Bindekräfte des Irdischen werden aufgelockert und damit *demagnetisisert*. Atome und Molekülverbindungen werden lockerer, sie entdekken ihre eigenen magischen Kräfte, sie werden wie ein kleiner Vogel langsam *flügge*. Sie entfalten zunehmend Eigenbewußtsein und beginnen, auf neuartige Weise untereinander zu kommunizieren. Damit werden sie zugleich dem Bewußtsein des Menschen zugänglicher.

Die neue Zeit steht mit diesen beginnenden Phänomenen sozusagen in *geflügelten Zauberschuhen* bereit und wartet darauf, daß du *deine* magischen Fähigkeiten genauso wieder entdeckst, wie die Atome gerade damit beschäftigt sind. Deshalb wird es zunehmend leichter, mit den atomaren, zellularen, organischen oder welchen Bewußtsein (und ich formuliere sie mit Absicht so) auch immer, in dir selbst wie in aller Natur zu kommunizieren. Es wird zunehmend leichter, einander heilsame Hilfe für den Aufbruch ins neue Zeitalter zu geben. Und es wird zunehmend leichter, willentlichen, also magischen Einfluß zu neh-

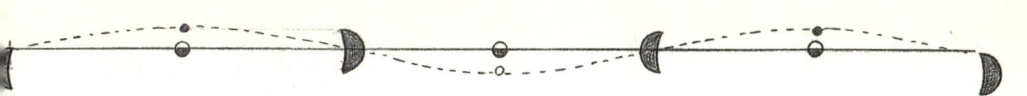

men, sofern du dich auf die Sprache der Natur einläßt und dich *mit* ihr und nicht gegen sie entfaltest! Vielerlei Natursubstanzen, wie Kräuter, Wurzeln, Früchte, Edelsteine, Heilwässer, warten darauf, dir bei deinen Bemühungen zur *Demagnetisierung* hilfreich zur Seite zu stehen. Und mit Hilfe von Energieübungen, Meditationen, Yoga und anderem kannst du sowohl deine Sensibilität schulen und dein *Auge der Einsicht* öffnen, wie auch dein Bewußtsein und deinen magischen Willen entfalten.

So laßt uns also die sich entfaltenden selbststrahlend *radioaktiven* Kräfte des Zeitgeistes annehmen und unsere Magie wieder entdecken! Damit können wir dann nicht nur freudvoller und lebensströmender werden, sondern auch die Herausforderungen bewältigen, mit denen uns der Planet auf allen Ebenen konfrontieren wird.

Die Elemente und ihre Beziehung zum Körper

Das Universum wird durch vier Urelemente geordnet. Es sind die Lebensprinzipien *Feuer, Wasser, Luft und Erde*, die sich aus dem fünften und übergeordneten Element des Weltenäther heraus gebildet haben, von diesem durchströmt und erhalten werden und in den sie wieder zurückkehren. Das Element Feuer entspricht dem elektrischen Sonnenprinzip und das Element Wasser entspricht dem magnetischen Mondprinzip. Das Element Luft hat verbindend neutrale Funktion, und durch das Element Erde werden alle Ideen und Prinzipien in eine *Abbildung* und somit irdische Sichtbarkeit gebracht. Aus diesen vier Urelementen haben sich auch die zwölf Grundprinzipien des Tierkreises herausgestaltet.

Dem *elektrischen Feuerprinzip* gehören an:
Widder, Löwe und Schütze und die Grundfarbe Rot.
Dem *magnetischen Wasserprinzip* gehören an:
Krebs, Skorpion und Fische und die Grundfarbe Blau.
Dem *neutralen Luftprinzip* gehören an:
Zwilling, Waage und Wassermann und die Grundfarbe Gelb.
Dem *Erdprinzip* gehören an:
Stier, Jungfrau und Steinbock und die Grundfarbe Grün.
Alle Elemente mischen sich im Erdprinzip. Als übergeordnete Zuordnung findet sich
    das *Feuer*prinzip in Kopf und Willen,

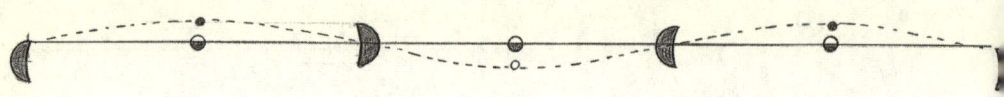

das *Luft*prinzip in Brust und Atmung,
das *Wasser*prinzip in Bauch und Verdauung und
das *Erd*prinzip in Geschlecht, Sexualität und Fortpflanzung.

Die Sonnen- und Mondbilder der Tierkreiszeichen wollen dir auf eine seelengestimmte Weise auch elektromagnetische Felder und -Ströme, Kraftrichtungsordnungen, Ladungs- und Entladungsvorgänge nahebringen. Falls du astrologisch bewandert bist, mögen dir manche Zuordnungen vielleicht ungewohnt vorkommen, und so bitte ich dich, daran zu denken, daß alle Texte von mir in Einstimmung auf *Göttin Natur* und unsere Zeit *Jetzt* erarbeitet worden sind.

Sonne und Mond auf ihrer Zeitreise durch den Körper

In jedem der zwölf Kapitel findest du eine Rubrik, in welcher Bereiche des Körpers den zwölf Tierkreiszeichen zugeordnet werden. Das Wissen um solche Zusammenhänge ist uralt, und es gibt etliche astrologische Werke hierzu. Wenn sich die Sonne für etwa einen Monat in einem der zwölf Zeichen befindet, werden damit auch die zugehörigen Körperbereiche feurig energetisiert, aktiviert und durchwärmt. Die sonnigen Kräfte sind allerdings nicht so leicht wahrzunehmen, da sie nicht ursächlich an Empfindungen, sondern eben an *Tatkraft* gebunden sind.

Wandert der Mond hingegen durch die zwölf Tierkreiszeichen, reist er so ebenfalls durch unseren Körper, wobei wir ihn dabei über unsere Sensibilität ganz klar wahrnehmen und begleiten können, denn die mondischen Kräfte sind an *Empfinden* gebunden. Der Mond »belichtet« auf jeder seiner Reiseetappen von zweieinhalb Tagen die den Zeichen entsprechenden Körperbereiche und hat hierbei weitreichende Auswirkungen auf unseren Organismus (der zu 60% bis 70% aus salzhaltigem Wasser besteht und damit auf den Mond optimal eingestimmt ist!). Hierbei gilt:

* In dem Zeichen, in dem sich der Mond gerade befindet, sind die zugehörigen Körperbereiche auf den Weltenäther *eingestimmt* und daher in höchstmöglicher Resonanzbereitschaft. Geben wir diesen Körperbereichen dann adäquate Heilin-

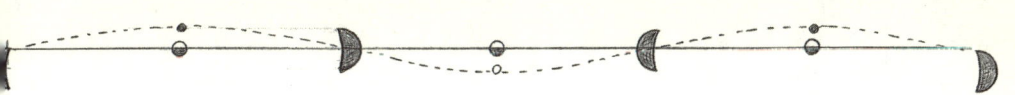

formationen, so nehmen sie diese auch besonders sensibel an. Wenn sich der Mond also beispielsweise durch das Zeichen der Fische bewegt, sind die hier u. a. zugeordneten Füße sehr dankbar für Heilbehandlungen. Die jeweiligen Heilschwingungen – Homöopathie, besonders auch homöopathisierte Salze und Metalle, Massagen, Berührungen, Meditationen, heilende Worte, liebevolle Zuwendungen und vieles andere – prägen sich jetzt auf höchst resonanzbereite organische Schwingungsfelder auf. Dies gilt entsprechend für alle Körperzuordnungen (und natürlich auch für die Seele).

* Umgekehrt gilt allerdings dasselbe: Negative Einwirkungen, besonders Eingriffe und Operationen in den zugeordneten Körperbereichen verletzen jetzt nicht nur den Bioorganismus, sondern sie »verstimmen« die Lebenskraft und stören den ätherisch-mondischen Strom, der die Zellen gerade durchatmet. Die Absicht, mit einer Operation etwas Heilsames zu bewirken, spielt hierbei eine untergeordnete Rolle. (Notoperationen sind hiervon selbstverständlich ausgenommen und unterstehen einem anderen Gesetz!) Befindet sich der Mond beispielsweise im Zeichen des Löwen, so ist dies die ungünstigste Zeit für Herzoperationen, denn das Herz ist dem Löwezeichen zugeordnet.

Deshalb sagte schon Hippokrates, der geistige *Vater* aller Ärzte: »*Berühre nicht mit Eisen jenen Teil des Körpers, der von dem Zeichen regiert wird, das der Mond gerade durchquert.*« Und weiter: »*Wer Medizin betreibt, ohne den Nutzen der Sternenbewegungen zu beachten, der ist ein Narr.*«

Der Mond auf seiner Zeitreise durch die Seele

Im Seelenbereich wirken die Zuordnungen nun ganz genauso, wie du sicherlich schon nach Beobachtung weniger Mondzyklen und aufgrund des Notierens in deinem Mondtagebuch feststellen wirst. Reist der Mond beispielsweise durch das Zeichen des Krebses, so wirst du dich bei dir selbst wohlgeborgen und stark fühlen, denn hier findet sich eine Zuordnung zum Solarplexus und damit auch zum Magen. Deshalb wird dir zur Krebszeit kaum so schnell »etwas auf den Magen schlagen«! Du wirst vermutlich auch noch an die Menschen in deiner Nähe genug Seelenwärme abgeben können. Als positive »Anwendung« könntest du in dieser Zeit etwas unternehmen, was den Zusammenhalt deiner Familie stärkt.

Oder umgekehrt: Reist der Mond beispielsweise durch das Zeichen des Zwilling, so ist dein »Nervenkostüm« in Richtung Spannung, Diskussionen, Auseinandersetzungen, Angriff und Verteidigung hin orientiert. Wenn du dich ausgerechnet während dieser Zeit auf dein »Recht« berufst, deinen Kopf durchsetzen oder ein Problem bereinigen willst, verstärkst du die Probleme meist nur und fügst womöglich dir selbst oder anderen eine (zusätzliche) seelische Wunde zu. Eine positive »Anwendung« wäre dann, nicht ausgerechnet in dieser Zeit deine derzeitigen Kommunikationsprobleme lösen zu wollen, sondern im Gegenteil diesen besser aus dem Weg zu gehen. Am Ende kommst du darauf, daß es sich als nützlich erweist, gerade jetzt etwas geistig Anregendes, Interessantes oder auch etwas Entspannendes zu unternehmen, aber dann bitte allein oder mit einem unproblematischen Kommunikationspartner!

Oder: wenn es gilt, aus der Überschau heraus eine Ordnung in deine Angelegenheiten zu bringen, wenn es um eine Lebensveränderung, einen Zusammenschluß oder eine Trennung geht, dann könntest du die Kräfte des Steinbockmondes oder des aufsteigenden Mondknotens nutzen. Und der Stiermond gibt dir hierzu noch den Tip, daß du die Angelegenheiten, die einer Veränderung bedürfen, schrittweise angehst und nicht alles auf einmal erreichen willst!

Berühren zum rechten Zeitpunkt

Und noch etwas zur nützlichen Anwendung deines sich entfaltenden magischen Mondwissens solltest du bedenken:

Der Zeitpunkt, zu dem du etwas oder jemand berührst, hat eine prägende Qualität auf den damit verbundenen Handlungsablauf. Es findet eine mondische Kraft- und Ideen-Übertragung statt, die über den Augenblick des Kontaktschlusses hinausgeht und eine ganze Mondzeitreise lang anhält. Der Augenblick der Berührung hat somit eine Auswirkung auf Beginn, Verlauf und das mögliche zu erreichende Ergebnis eines Vorhabens. Wenn du ein bestimmtes Ziel erreichen, eine Absicht verwirklichen willst, solltest du – so möglich – daran denken, deinen Plan zu der jeweils passenden Mondenergie zu *beginnen*,

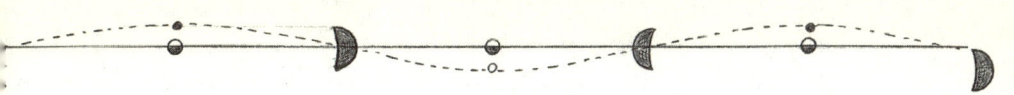

damit dich die glückvollen Kräfte des Universums bei der Verwirklichung deines Vorhabens begleiten!

Ein Bild hierzu: Stell dir vor, du willst mit dem Zug eine bestimmte Stadt erreichen; der Zielort steht hierbei für dein Vorhaben. Dieser besondere Zug hat zwölf Waggons, die alle unterschiedlich aussehen und ausgestattet sind. Jeder Waggon hat eine andere Farbe, eine völlig andere Inneneinrichtung und einen sehr individuellen Fahrgast. Du kannst so, je nachdem, in welchen der Waggons du einsteigst, darin auf höchst unterschiedliche Weise die Zeit bis zur Ankunft in deinem Zielort verbringen. Jeder Waggon dieses mondischen Zeitreisezuges fährt auf derselben Strecke zum gleichen Ziel, aber *wie* die Reisezeit dabei verbracht wird, hat höchst individuelle Qualität.

Der Zug ähnelt zudem in seiner Fahrtweise einem Paternoster: er fährt langsam an dir vorbei und gibt dir die Gelegenheit, dir den für dein Vorhaben passenden Waggon auszusuchen. Du brauchst lediglich darauf zu achten, daß du zur rechten Zeit einsteigst, denn jeder Wagen kommt natürlich zu einer anderen Zeit an dir vorüber.

Falls du in den gelben Waggon einsteigst, so findest du hier eine grazile und luftig-leichte Einrichtung, und der darin befindliche Fahrgast wird sich mit dir auf eine geistvolle Weise unterhalten, so daß du munter und mit geschärften Sinnen dein Ziel erreichst. Der dunkelblaue Waggon hingegen ist sehr edel eingerichtet und sein Fahrgast ein weiser Patriarch oder eine herrschaftliche alte Dame. Du wirst dich vielleicht in eine frühere Zeit zurückversetzt fühlen und die Unterhaltung verläuft eher unterkühlt und streng. Beim Ankommen an deinem Zielort wirst du dich womöglich eingeschränkt fühlen und feststellen, daß du dich trotz der kühlblauen Ruhe nicht sonderlich entspannen oder kreativ entfalten konntest. Wählst du etwa den roten Waggon, so wirst du dich darin erhitzt, vielleicht ungeduldig bis aggressiv fühlen und die Zeit bis zur Ankunft wird dir deshalb lang, zumal der Fahrgast auch noch unentwegt auf dich einredet. Am Zielort angekommen, könntest du feststellen, daß du deine Pläne für die Fahrtstunden – gemütlich lesen, die Landschaft betrachten, etwas überdenken – nicht verwirklichen konntest.

Auf eine ähnliche Weise steigst du in den *Zug der Zeit* ein, und die Energie eines Tierkreiszeichens begleitet dich für die

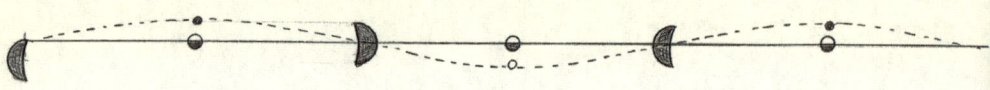

gesamte Dauer eines Handlungsablaufes. Es ist deshalb klug, wichtige Projekte zur rechten, weil zu dem Projekt passenden Zeit zu beginnen!

Falls du jedoch feststellst, daß du die falsche Zeit – den unpassenden Waggon gewählt hast – und dein Projekt dies zeitmäßig zuläßt, kannst du auch wieder aussteigen, einige Waggons an dir vorüberfahren lassen, in einen anderen Wagen einsteigen (also erneut beginnen) und dein Ziel so mit der passenden Begleitenergie erreichen.

DIE MONDPHASEN SINNVOLL NUTZEN

Den Bereich der Mondphasen findest du vergleichsweise sehr kurz besprochen, denn der Schwerpunkt dieses Buches liegt auf den mehr geistig-seelischen Bereichen der Tierkreiszeichen. Was du nachfolgend findest, ist ebenfalls – wie alles in diesem Buch – auf meditative Weise erarbeitet. Auch wenn es recht reale Botschaften sind, ist mir nicht bekannt, ob diese bereits einen wissenschaftlichen Hintergrund haben oder nicht, und ich bitte dich, die Informationen entsprechend einzuordnen. Vor allem aber ist alles, was du hier findest, als Anregung gedacht, damit du eine gewisse Grundlage hast, um darauf aufbauend deinen *eigenen* Empfindungen und Beobachtungen zu vertrauen!

Die Mondphasen haben einen sehr unmittelbaren Erd- und Körperbezug. Der Mond läßt im Zusammenhang mit seinen Phasen die salzigen Wasser der Meere steigen und fallen, führt zu den Erscheinungen von Ebbe und Flut – und genau dasselbe geschieht im menschlichen Körper. Auch hier bewegen die Mondphasen die salzigen Gewässer deines gesamten Bioorganismus, besonders die deiner Lymphflüssigkeit und deines Blutes. Ohne diese Wechsel und Wandel wäre ein Leben auf unserer Erde, so wie wir es heute kennen, gar nicht möglich.

Zudem hat der Mond eine ganz besondere Zuordnung zum roten Blut, sowohl zur Blutbildung wie zu den biologischen Funktionen des roten Blutes, auch zum Wiederabbau der roten Blutkörperchen. Und natürlich ist, wie jeder weiß, das gesamte weibliche Biosystem der »Periode« mit dem Mond aufs innigste verknüpft. Das weibliche Mysterium, biologisches Leben weiterzugeben, ist mit dem Mond in vielerlei Weise verbunden:

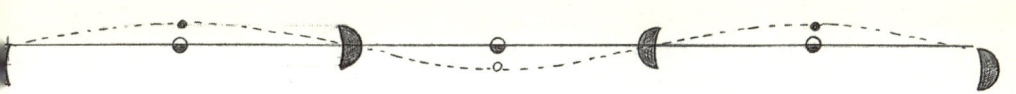

einen neuen Erdenbürger zu empfangen – dessen Geschlecht im Moment der Zeugung vom Aufenthalt des Mondes in den Zeichen bestimmt wird –, das wachsende Menschlein *zehn Monde* (nicht Monate!) lang in sich selbst zu nähren und auszutragen und es, ebenfalls weitgehend dem Mond unterstellt, dann zu *seinem Inkarnationszeitpunkt* zur Welt zu bringen.

Alle diese wundersamen Bereiche des Menschseins und der weiblich biologischen Verbindung von Blut und Mondzyklen, auch die gesamte Magie des Blutes an sich sollen jedoch im Rahmen dieses Buches nicht weiter besprochen werden.

Vollmond

Bei Vollmond sind die organischen Zellen auf maximale Füllung und einen hohen Innendruck hin ausgerichtet. Die salzige biovitale Flüssigkeit innerhalb der Zellen – das Bioplasma – hat kaum Möglichkeiten, sich mit den Bereichen außerhalb der Zellen auszutauschen. Das biophysikalische Fließgleichgewicht zwischen Zellen, Geweben, Lymphe und Blut ist nahezu »abgeschaltet«. Es gibt eine hohe elektromagnetische Spannung innerhalb der Zellen, die aber nicht abfließen kann. Diese Stauung kann bis zu Blockaden, Verstopfungen, Schmerzen hin führen. Die Vitalenergie fließt jetzt nicht, und die angesammelte Spannung innerhalb des elektromagnetischen Feldes von Zellen und Geweben kann sich nicht entladen.

ACHTUNG! Dies ist deshalb die denkbar ungünstigste Zeit für Eingriffe und Operationen.

Es ist aber eine Zeit, in der man gut seine ersten magischen Schritte tun kann, denn ein Ritual oder eine magische Anrufung, mit der man etwas Spezielles erreichen will, *lädt* ihre Energie nicht nur in einen ätherischen Raum, sondern auch in die zu Vollmond prall gefüllten organischen Zellen hinein. Entlädt sich bei abnehmendem Mond dann die gestaute Zellspannung, entladen sich auch die einprogrammierten magischen Anrufungen gleich mit und strömen ins Leben. Eine Magie, welche die körperliche Ebene einbezieht – und das geschieht eben sozusagen automatisch bei Vollmondmagie –, hat deshalb hohe Verwirklichungskraft.

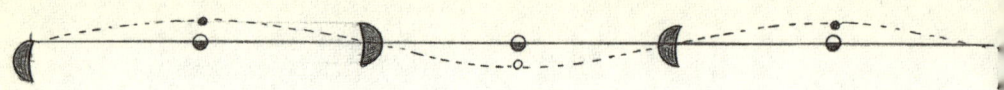

Abnehmender Mond

Beginnt der Vollmond wieder abzunehmen, kann sich die angesammelte elektromagnetische Zellspannung entladen, und ein neues Fließgleichgewicht kann sich bilden. Die sich austauschenden Ströme des Lebens fließen wieder im menschlichen Organismus, und auch die Natur regnet sich gerne aus in dieser Zeit.

* Schon einen bis zwei Tage nach Vollmond können deshalb Projekte begonnen werden, die auf Ausleeren, Abnehmen, Entstauen, Entkrampfen, Entgiften, Reinigen und Wenigerwerden hin ausgerichtet sind, in welchem Bereich auch immer.
* Auch wenn eine Firma oder ein Projekt, ein Konzept »gesundgeschrumpft« werden muß, Menschen entlassen werden müssen, Kürzungen durchgeführt werden sollen, gilt es, sinnvoll diese Zeit zu nutzen.
* Jetzt kann man leichter abnehmen, eine Fasten- oder Reinigungskur beginnen, denn der Stoffwechsel funktioniert schneller, und alle Vitalströme im Organismus fließen flinker.
* Auch Ordnungmachen und Saubermachen gehen leichter von der Hand.
* Klärungsprozesse auf allen Ebenen geschehen leichter.

Neumond

Zu dieser Zeit findet sich eine Art von existentieller »Griffigkeit«, Wärme, Existenzsicherung, Kraft und Güte; hier ist Heimat, der häusliche Herd, die dampfende Suppe darauf, Nährkraft. Hier ist eine gewisse abgeschlossene Schutzzone, eine verborgene Urheimat, aus der wir immer wieder neue Kraft schöpfen können.
* Zu Neumond können wir auftanken, wenn wir müde sind oder energielos, wenn wir uns depressiv fühlen, wenn wir verletzt sind und unsere Wunden »lecken« müssen. Hier ist mütterliche Nährung, Kraft und Fülle. Unsere Verletzungen, gleich welcher Art, besonders seelische Wunden, können hier heilen.

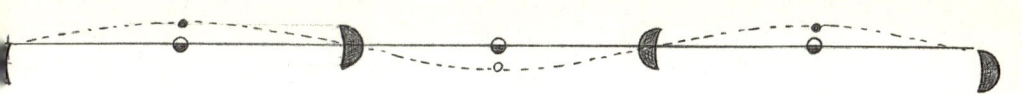

Zunehmender Mond

Wenn der Mond wieder zunimmt, heißt es dann, wieder nach außen aufzubrechen, uns wieder in der äußeren Welt zu bewähren. Neu gestärkt können wir auch vieles tragen und bewältigen. Zudem ist es, als würde uns Mutter Erde noch anschieben und uns mit jedem Schritt begleiten und uns dabei stetigen Kraftzuwachs und Schubkraft geben.

* Deshalb ist dies die Zeit des Aufbauens, Kräftigens, für sich selbst wie auch für andere,
* die Zeit auch für eigene wie für gemeinsame Projekte,
* und es ist auch eine Zeit, sich gegenseitig Hilfe und Schutz zu geben und das Leben gemeinsam zu meistern. Nährung fließt jetzt in alles ein, was wir tun und besonders auch in das, was wir weitergeben und also mit anderen teilen.

Krafteinwirkungen kombinieren: Aus den Mondphasen sowie aus dem Aufenthalt des Mondes in den Tierkreiszeichen ergeben sich die vielfältigsten energetischen *Netzwerke*, die zudem vom Stand der Sonne und der Planeten in den Zeichen und ihren Beziehungen, den Jahreszeiten und anderem beeinflußt werden. Wenn du einmal angefangen hast, solcherlei Krafteinwirkungen zu beobachten und zu kombinieren, wirst du viele interessante psychologische Erfahrungen machen!

DER TIERKREIS:
EIN STERNENBAND VON BILDERN

Die Sonne und die Planeten beschreiben am Himmel Jahr um Jahr einen scheinbaren Weg innerhalb eines Kreisbandes von Fixsternen. Dieser Pfad wird Sonnenlaufbahn oder *Ekliptik* genannt. Zu beiden Seiten der Sonnenbahn sind Gruppen von Fixsternen zu sehen, die den Kreis zu 360 Grad in zwölf Abschnitte zu je 30 Grad unterteilen. Das Kreisband selbst wird *Zodiak* oder *Tierkreis* genannt. Der himmlische Kreis besteht aus zwölf gleichgroßen Sektoren zu je 30 Grad und ist somit die in zwölf Stationen unterteilte Sonnenbahn. Die Astrologie arbeitet nicht mit den astronomischen Sternbildern, sondern mit den Graden des Kreises, in welchen sich Sonne, Mond oder

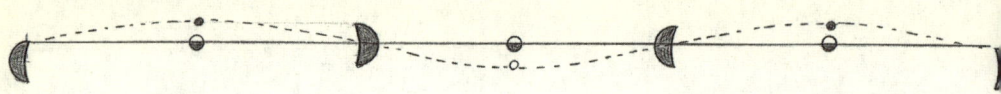

Planeten gerade aufhalten. Jedes der Kreisband-Abschnitte von 30 Grad ist mit symbolischen Sinnbildern ausgestattet, den zwölf Tierkreiszeichen. Der gesamte Tierkreis ist eine symbolische Darstellung! Die zwölf Energieräume wollen von Sonne, Mond und den ihnen entsprechenden Planeten auch regiert werden – denn ein leeres Haus, das wird im »Himmel« nicht anders angenommen als auf Erden, entbehrt seines Sinnes. Deswegen ist jedem Tierkreisabschnitt – dem Energieraum – ein Planetenherrscher, ein bestimmtes Metall, bestimmte Pflanzen, Heilmittel, Homöopathie, Edelsteine, Salze und vielerlei mehr zugeordnet, welche die Kräfte des jeweiligen Zeichens fokussieren und diese – weil geordnet – heilsam zu den Menschen zu leiten vermögen.

Der Begriff *Zodiak* kommt aus dem Griechischen und heißt übersetzt: *Heilsame Bilder.* Es sind tier-menschliche wie kosmisch-menschliche Symbole, die hier ihren energetischen Ausdruck finden. Die damit verbundenen Heilmöglichkeiten aber sind vorrangig an das Bewußtsein des Menschen gebunden und rufen diesen auf, mit diesen kosmischen Kräften auch irdisch sinnvoll umzugehen und sie damit erst zu ihrer potentiellen Heilsamkeit zu erwecken. Durch die zwölf Tierkreissymbole werden deren Energien in die irdische Begreifbarkeit herabgezogen, um – vom Menschen – mit dem beseelenden Atem des Lebens durchwärmt zu werden. *Zodiak* und Ekliptik bezeichnen somit nahezu dasselbe, und mit diesem Grundwissen ausgerüstet, können wir gleich noch ein wenig auf die beiden Mondknoten schauen und uns mit diesen höchst sensiblen Schnittpunkten »der Zeit« beschäftigen.

Ekliptik und Mondknoten in der Zeit

Der sogenannte aufsteigende und der absteigende Mondknoten bezeichnen die Schnittpunkte der Mondbahn mit der Sonnenbahn, also Ekliptik. Diese Schnittpunkte sind bedingt durch die Neigung und »Verkantung« der Mondbahn von 5 Grad gegenüber der Ekliptik, und sie liegen einander gegenüber. In seinem Erdumlauf von etwa 28 Tagen schneidet der Mond auf seiner Bahn somit zweimal die ekliptikale Ebene: eben in den beiden Mondknoten.

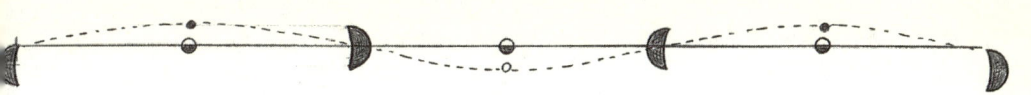

Die Mondknoten im Monatslauf

Zu den beiden Mondknotentagen strömt nun – jeden Monat zweimal – die *übergeordnete* Energie deiner Mondknotenstellung im Geburtshoroskop mit ein, um zu helfen, zu heilen, zu schützen und Nutzen zu spenden. Sagen wir es so: Die beiden Mondknotentage im 28-Tage-Kreislauf zeigen dir eine Zeit an, in der du dich ganz besonders gut mit dir selbst – und zugleich auch mit den Energien deiner Inkarnation, dieses deines Lebens eben – beschäftigen kannst. Eine Integration von Geist, Seele und Körper, von Überirdischem ins Irdische kann hier somit stets wieder aufs neue stattfinden. Warum sollten wir solche Möglichkeiten ungenutzt vorbeigehen lassen? Wenn du bereits eine Horoskopzeichnung besitzt – heute wird sie preiswert mit Hilfe eines Computers erstellt –, kannst du dich mit deinen darin ausgedrückten Lebensthemen recht spezifisch beschäftigen oder auch beraten lassen. Und wenn nicht, so macht das auch nichts, denn du weißt nun, daß du zu den beiden Mondknotenzeitpunkten auf verschiedenste Weise immer wieder mit deinen ganz besonderen Lebensthemen in Berührung gebracht wirst. Du kannst dich und deine Umwelt diesbezüglich besonders aufmerksam auf dich wirken lassen und deine Empfindungen, Gedanken und dein Tun sensibel beobachten. Kurz: Du kannst an diesen beiden Tagen ein Stückchen wacher werden, was immer wiederkehrende Problemthemen oder Fragestellungen in deinem Leben, besonders auch in Beziehungen angeht, und du kannst dir selbst leichter auf die »Sprünge« helfen. Wenn du dein Mondtagebuch dazu nimmst und dir deine Beobachtungen und Gedanken aufschreibst, so kannst du von Mondknoten zu Mondknoten vergleichen und dich in eine bessere universelle Abstimmung bringen. Die Seelenbilder des Tarot passen optimal dazu! Soviel zum Übergeordneten und Kosmischen, das hier wie aus einem Lichtkanal in dein Leben strömt, und nun noch zum Spezifischen:

Aufsteigender Mondknoten im Monatslauf –
Willen und magische Verursachung

Der Tag und besonders die Stunde, in welcher der Mond jeweils die *Ekliptik* im aufsteigenden Mondknoten durchschnei-

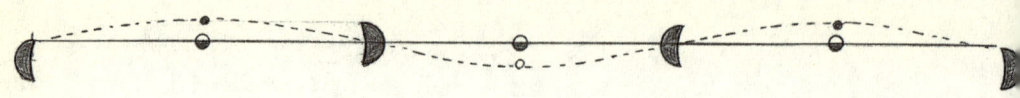

det, ist *die magische Stunde* des Mondes überhaupt. Die Magie dieser Stunde, wie die des gesamten Tages, besteht in der Konzentration auf dich selbst, auf deine imaginativen Ideen (*imago* heißt: das Bild) und auf alle daraus entstehenden Resultate. Hier befindet sich der stärkste magische Punkt im ganzen Mondkreislauf!

Zu dieser Zeit kannst du auch am besten zwischen *Ich* und *Du* unterscheiden, dein Innenleben mit deinem äußeren Leben abstimmen, dir deiner Kräfte bewußt werden, diese zentrieren, deinen Träumen nachlauschen, sie erinnern, aufschreiben und sie mit deinen Tätigkeiten im Außen in einen Abgleich bringen. Hier kannst du besonders gut magisch arbeiten und deinen Willen in die kommenden vierzehn Tage einprägen. Hier kann zudem besonders gut Resümee gezogen, abgerechnet, neu betrachtet und realitätsangemessen und sinnvoll geplant werden.

Jetzt erhältst du auch eine hohe Konzentrationskraft auf deine Wirbelsäule – deine Lebensachse, und damit wird deine Idendität- und Ichkraft auf natürliche Weise gestärkt. Du befindest dich jetzt energetisch gesehen genau in der Mitte zwischen dem unbewußten und dem bewußten Raum, zwischen Innenwelt und Außenwelt. Jetzt, wenn du dich für einen Tag lang mitten auf dieser *Lebensachse* befindest, kannst du deine Kräfte besonders gut bündeln und dann fokussiert einsetzen. Hier können auch gut Konzepte, Checklisten, Bauanleitungen, Programme etc. erstellt werden. Du kannst jetzt besonders klug nachdenken, deine Angelegenheiten überdenken, Überschau halten, dich selbst realistisch und täuschungsarm betrachten und für die Zeit der nächsten 14 Tage bis zum absteigenden Mondknoten diese konzentrierten Kräfte besonders nützlich anwenden.

Im aufsteigenden Mondknoten geht es also um deine ganz persönlichen Willenskräfte und um deren Bündelung, um Erkenntnis, Zielorientierung und klug geplanten Einsatz. Was etwa an diesem Tag durch konzentratives Nachdenken und »Nabelschau« erarbeitet und aufgeschrieben wird, bekommt im Moment des Analysierens und zu Papierbringens eine übergeordnete magische Schubkraft, die sich auf die etwa 14 Tage bis zum absteigenden Mondknoten erstreckt. Dort endet diese Schubkraft.

Natürlich ist dir bewußt, daß jede willentliche Handlung,

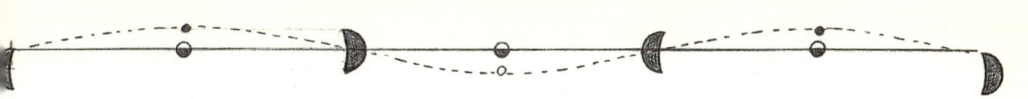

Magie oder Aktion, für sich selbst gesehen, als Ursache wirkt. Jede Ursache wiederum hat eine Wirkung. Nach diesem physikalischen Gesetz, das natürlich auch ein kosmisches Gesetz ist, bekommst du somit stets Antwort auf eine Handlung (oder Nicht-Handlung), wann in der Zeit, durch wen und wodurch auch immer, gleichgültig wie du dieses Phänomen benennen magst.

Absteigender Mondknoten im Monatslauf – ANTWORTEN GESCHEHEN LASSEN

Zum Zeitpunkt des absteigenden Mondknotens durchstößt der Mond erneut die Ekliptik. Hier kann besonders gut eine stille Stunde des Bedenkens und Überdenkens im Sinne einer Rückschau gehalten und aufgeschrieben werden, wie die Energien des aufsteigenden Mondknotens verwirklicht werden konnten. Es könnten rückschauend Notizen bezüglich Korrekturen und Veränderungen gemacht werden, die dann zur Zeit des aufsteigenden Mondknotens in die Überlegungen für die nächsten 14 Tage einbezogen werden.

Die Zeit des absteigenden Mondknotens ist aber noch mehr: Während der nächsten 14 Tage wirst du mit Wirkungen konfrontiert und du bekommst Antworten aus den Verursachungen deiner Vergangenheit. Zu dieser Stunde tut es dir gut, dich auf die nächsten 14 Tage möglichst vorurteilslos einzustimmen und dich den wirkenden Kräften im Kosmos, in der Natur, deinem Karma oder Schicksal – das in deinen Erbanlagen, deiner DNS gespeichert ist – und den Strömungen des jeweiligen Zeitgeistes anzuvertrauen. Dies ist somit eher eine Zeit der Hingabe an einen höheren als den eigenen Willen, eine Zeit, in welcher himmlische Ströme (genauso wie irdische Gewässer) ihren eigenen Gesetzen folgen wollen, indem sie Hindernisse umströmen, Abgründe auffüllen, aber auch höhere Heilsfelder ins irdische Leben einweben wollen.

Hier haben Kräfte auf dich Einfluß, die du selbst weniger gut steuern kannst. Somit liegt dir der »Griffel« der Selbstbestimmung nicht so fest in der Hand. Deshalb ist es jetzt klug, die Dinge etwas mehr *geschehen* zu lassen, Ereignisse auch einmal durch sich hindurchtreten zu lassen, sie nicht festzuhalten, nicht zu bewerten, sondern zu akzeptieren – denn sowohl im

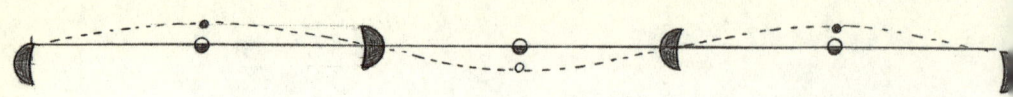

Tun als auch im Nichttun zur rechten Zeit kann Schicksal gewendet werden. Jetzt sollte man also nicht gerade »mit dem Kopf durch die Wand wollen«, sondern lieber auch hin und wieder aus einem ätherischen Weltenmeer und auf meditative Weise Lebenskraft schöpfen.

Nähern wir uns dann dem aktuellen aufsteigenden Mondknoten wieder, so bildet sich eine »einsaugende« Energie, die den Menschen sozusagen wieder auf den Punkt bringt. Hier kann er sich schütteln wie ein Hund, der durchs Wasser geschwommen ist, kann die ganzen Weltenwasser und die ätherischen Elemente abschütteln, kann in sich selbst wieder eine kraftvolle Verbindung zwischen Hals, Kopf und Füßen herstellen und sich wieder mehr auf sich selbst besinnen.

Du hast also die Möglichkeit, dich 14 Tage lang etwas mehr im Willen, in der Identität und in der Kraft deines irdischen Menschseins und 14 Tage mehr im Nichtwillen und in der Akzeptanz höherer Kräfte zu üben. Diese Grundprinzipien sind weitgehend unabhängig von den Tierkreiszeichen, in denen die Mondknoten sich jeweils befinden, weswegen sie in diesem Buch auch nicht weiter besprochen werden sollen.

Natürlich bist du, wie jeder von uns, in deine persönlichen und beruflichen Lebensabläufe hineingegeben und kannst nun nicht jeden halben Monat lang alles einfach »laufen« lassen und nur herumträumen! Was du im Zusammenhang mit den Mondknoten hier besprochen findest, will deshalb nicht mehr, als dir eine gewisse Leitschnur für deine persönliche Lebensgestaltung anbieten. Wenn du jedoch um kosmobiologische Zusammenhänge weißt – und dies gilt genauso für alle im folgenden besprochenen Stimmungen des Mondes in den Tierkreiszeichen –, so kannst du deine Intentionen des Handelns ein wenig darauf abstimmen. Auch unsere diversen seelischen Stimmungen mit ihren Hochs und Tiefs bekommen dadurch vielleicht etwas mehr Unbeschwertheit. Denn schließlich brauchen wir mit diesem Wissen ja keineswegs *tierisch* ernst umzugehen, sondern im Gegenteil: Es will uns hier und da in etwas mehr Mühelosigkeit geleiten!

Siehe auch: Literaturverzeichnis sowie Informationen.

Nachfolgend die Tage für das Jahr 1999, an denen der Mond die Ekliptik durchstößt.

Der Aufsteigende Mondknoten (☊) ist am: Di 5. Januar, Mo 1. und So 28. Februar, So 28. März, Sa 24. April, Fr 21. Mai,

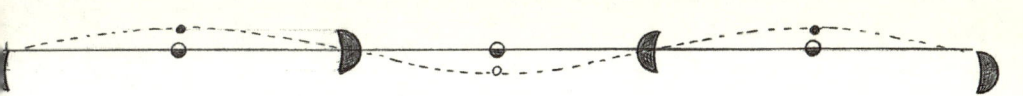

Do 17. Juni, Mi 14. Juli, Mi 11. August (totale Sonnenfinsternis),
Di 7. September, Mo 4. und So 31. Oktober, Sa 27. November
und am Sa 25. Dezember.

Der Absteigende Mondknoten (☋) ist am: Di 19. Januar,
Mo 15. Februar, Mo 15. März, So 11. April, Sa 8. Mai, Fr 4. Juni,
Do 1. und Do 29. Juli, Mi 25. August, Di 21. September,
Mo 18. Oktober, Mo 15. November, Sa 12. Dezember.

DRITTER TEIL

DER MOND IM JAHRESKREISLAUF

Der erste Mond
im Skorpion
Wachstum

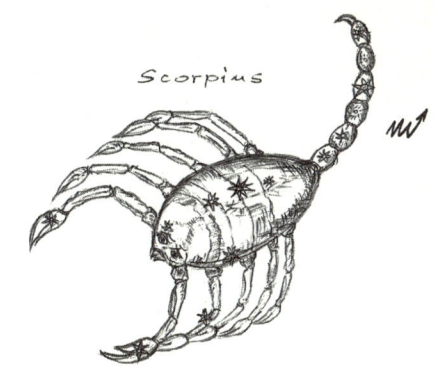

Scorpius

23. Okt. - 22. Nov.

Deine Grenzen sprengen
Raum und Energie für dich

Mit *Samain*, der uralten heidnischen Feiernacht, beginnt zum
1. November der Kreislauf des Mondjahres. Es waren in früheren Zeiten die Nächte, in denen die weiblichen Gottheiten
geehrt wurden. Es waren die Sonnen und die Planeten am
nächtlichen Himmel, die gefeiert wurden, und der Mond als
der uns nächste Überträger kosmischer Ideen wurde als Sender
guter Gaben geehrt. Als Mondgöttin kam sie den Irdischen in
vielerlei Verkleidungen entgegen, und so will sie auch heute
wieder unser Bewußtsein für die weibliche Seite der Gottheit
erwecken und unser Leben begleiten.

Jeder Stern, den du gegen den dunkeln Himmel strahlen
siehst, ist eine Sonne und kündet uns davon, daß wir nicht allein
sind auf diesem Planeten und daß das Licht vieler Bewußtsein
uns begleitet. Nur die *Wandelsterne* – wie die Alten sie genannt
haben –, die Planeten, sind keine selbststrahlenden Sonnen und
machen davon eine Ausnahme. Viele Sonnen sind es, die dich
des Nachts mit deiner Vergangenheit und mit deiner Zukunft
verbinden wollen, um dir dein *Jetzt* erträglicher zu machen und
um dich deine Stofflichkeit fühlbarer, mit Sternenstaub und
Geistlicht durchtränkt, empfinden zu lassen.

Bei Tage hingegen herrscht die Sonnenkraft unseres Tages-
gestirns vor und überstrahlt dabei mit patriarchaler Macht und
Ausschließlichkeit die nächtliche mütterliche Vielfalt. In der
Nacht erzählen uns die Sonnen des Universums – eine Anzahl
davon auch zusammengefaßt zu Sternbildern – von uralten und
fernen Geschicken der Lebewesen und von einer Zeit, als die
Göttinnenkraft noch auf der Erde herrschte und die Menschen
die weibliche Seite des Lebens fühlend erleben ließ. Heute

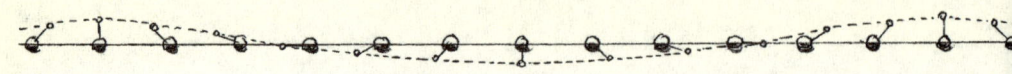

kehren die uralten Gottheiten in der Seele des Menschen wieder, um ihn zu mahnen, daß er zur Tagesseite irdischer Verstandestätigkeit die nächtliche Seite des Empfindens wieder hinzunehmen sollte, um heil zu werden. Zwist und Spaltung können nur über das Empfinden von Leben gelindert und langsam wieder geheilt werden. Krieg, Folter und Unterdrückung können nur aufhören, wenn dem Gefühl im Leben wieder der rechte Platz zugeordnet wird. Die Leben zerstörenden Auswirkungen patriarchaler Gesellschaften können nur durch das Wiederkehren matriarchalen Bewußtseins wieder in Lebensaufbauendes umgewandelt werden. Ohne Gefühl, ohne die weibliche Seite, gerade auch des Göttlichen in unserer Seele ist das Gestalten einer lebensvollen Zukunft hier im Jetzt nicht möglich. Gehen wir also diesen Archetypen in uns selbst und im nächtlichen Sternenhimmel entgegen. Versuchen wir, die Botschaften in unserer Seele erklingen und unser Leben von diesem Klang durchweben zu lassen. Tun wir das Unsere dazu, der GÖTTIN durch uns selbst Ausdruck zu verleihen.

Stärken wir in uns selbst die unendliche Vielfalt der Sonnen des Universums, der Galaxien und die Kräfte der Nacht. Die große Mondin ist uns von all diesem am nächsten. Sie hilft uns, uns selbst langsam besser zu verstehen, wenn wir diesem Anteil eben auch die Zeit, die Energie und die notwendige Hinwendung widmen.

Fühlen wir also zunehmend eine neue Art unseres Lebendigseins, und fühlen wir dem Fluten der salzigen Meere in unserem Körper nach. Spüren wir den Elektromagnetismus, der sich durch unseren Körper bewegt. Spüren wir dem Lebensstrom nach, der durch unseren Körper strömt und dabei den Kopf mit den Füßen, die Hände mit dem Gehirn und überhaupt alles mit allem verbindet. Auf diesem elektropysikalischen und elektrochemischen Strom des Lebens beruht die Kraft der Tierkreiszeichen und Sternbilder, die vom Mond in wechselvollem Fluten und Austausch und in stetiger Veränderung in unserem Körper induziert und übertragen werden.

Nehmen wir die Erfahrungen unseres eigenen Körpers, lauschen und spüren wir unseren Gefühlen nach, wie sie sich im Laufe der zweieinhalb Tage, in denen der Mond ein Zeichen durchläuft, mit der Mondenergie verändern und wie sie im Wechsel der Zeichen zu ähnlichen Gegebenheiten wiederkeh-

Siehe auch: *Salze als Mikromotoren, Mondische Computersprache* und *Ein lebendiger Strom*

ren. Genau gleich sind sie sowieso nie, denn der Strom des Lebens ist sich selbst niemals wieder gleich. Wäre auch schön langweilig sonst!

Alles, was du in diesem Buch findest, will dich aufmerksam machen für diese elektrochemisch-physikalischen Ströme, die gebunden sind an Salze, welche in deinem Blut und in deinen Geweben in mikrofeiner Verdünnung schweben, an denen der Strom *befestigt* und durch die er weitergetragen wird. Lausche ihnen also nach, dann wirst du's leichter haben, weil du nicht mehr so sehr – und hoffentlich bald immer weniger – gegen diese Lebensströmungen zu arbeiten brauchst. Ändern kannst du sie sowieso nicht. Aber du kannst dich ein wenig mehr nach diesen Prinzipien, den Lebensströmungen mit ihren Übertragungsbildern und mannigfaltigen Botschaften ausrichten. Dann wird's dir leichter, dein Leben.

Die Mondgöttin ehren

In den Nächten zum 1. und 2. November – oder auch in den Skorpionmonden, d. h., wenn der Mond das Tierkreiszeichen Skorpion durchläuft – kannst du die dunkle Seite der Mondgöttin ehren. Die universelle, magische und heilsame Zahl Drei wurde in einigen der alten Feste gleich mit geehrt; indem eben drei Nächte, aber nur zwei Tage hintereinander gefeiert wurde, wie du es etwa im Osterfest oder an Weihnachten heute noch findest. Die drei Nächte symbolisieren die göttliche Dreiheit, die zwei Tage hingegen den Zwiespalt des Verstandes.

Feste über Feste gibt es so, die nicht nur das Jahr und seine Jahreszeiten miteinander verbinden, sondern die ganz genauso im Ablauf eines Mondmonates und in seinen Sternzeichen betrachtet, erspürt und hier und da gefeiert werden können. So kannst du den Beginn des Mondjahres jedesmal wieder nachempfinden, wenn der Mond im Skorpion steht; die Adventszeit findest du jedesmal, wenn der Mond im Schützen steht; die Weihnacht findet sich, wenn der Mond das Zeichen des Steinbock betritt; Mariä Lichtmeß leuchtet in dir, wenn der Mond in den Fischen wandelt; und Ostern erkennst du am magischen Wirken, wenn der Mond die Kräfte des Widder in dir zur Erneuerung und zur Blüte bringt.

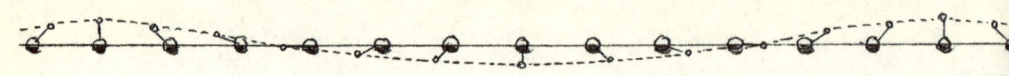

Siehe beim Stiermond

Ein halbes Jahr später – in der Nacht zum 1. Mai – wurde dann die helle Seite der großen Mondin gefeiert. Etliche der alten Feiernächte und Gebräuche, die der Ehre weiblicher Gottheiten dienten, wurden bei der Christianisierung in die neue Religion übernommen; allerdings wurden die Festnächte auf den Tag verlegt und umgetauft – genauso wie die Menschen. So sind aus diesen Festen zum Mondjahresbeginn die christlichen Feiertage *Allerheiligen* und am 2. November *Allerseelen* geworden.

In den Alpenländern werden der *Percht* – wie die lichte Göttin hier genannt wird – des Nachts nahrhafte und süße Speise, Getreidebrei, Süßigkeiten und Früchte vor die Haustür gestellt, und glücklich darf sich preisen, wenn das rituelle Opfer von ihr angenommen wurde. Welche Tiere sie wohl stellvertretend schickt, die sich an solchen Leckereien dann erfreuen? Die *Percht* ist jedenfalls niemand anders, als die Mondgöttin aus alter Zeit; als Frau Holle kommt sie uns in den Märchen entgegen, mächtig, gerecht, belohnend und bestrafend. Für den Schutz und die Nährung, die sie den Menschen aus den unsichtbaren Reichen her angedeihen läßt, geben ihr diese im Austausch ein symbolisches Opfer: sie bieten ihr irdisch nährende Speise.

Zu *Allerseelen* werden auch im christlichen Glauben die Seelen der Toten geehrt; die Wand zwischen den Welten ist jetzt durchsichtig. Unserer Großmütter und Großväter können wir an diesem Tag besonders gedenken, denn die Ahnen sind uns nah und die Seelen Verstorbener wandern durch die Welten hindurch, um Zwiesprache mit uns zu halten, wenn wir uns darum bemühen. Wir können sie jetzt um Hilfe, Schutz und Führung bitten, wenn wir zu einer dieser Seelen eine besonders innige Beziehung fühlen. Die große Göttin bezieht an diesem Feiertag nicht nur die Lebenden in ihre Fürsorglichkeit ein, nicht nur diejenigen, die mit einem Erdenkörper bekleidet sind: ihr mütterliches Herz und ihr wärmendes Nest beherbergt – über die Grenze des Todes hinaus – auch die körperlosen Seelen, die zu uns und unserer Ahnenreihe gehören. Wir können mit ihnen Kontakt aufnehmen, weil das Irdische durchsichtig geworden ist in diesen Nächten, während wir warm und weich in diesem fürsorglichen Nest nebeneinander kuscheln und um unsere Seelengemeinschaft wissen. Auch zu allen Skorpion-

monden können wir einen solchen Kontakt aufbauen, an diesem weiterweben und mit der Hilfe unserer Ahnen unsere irdischen Grenzen überwinden.

Samain – so habe ich es meditativ erfahren – waren auch die Nächte und Tage, zu denen in früheren Zeiten die weisen Hexen, die Kräuterfrauen, die Magierinnen und heilkundigen Hebammen gerne zusammentrafen. Hier wurde ein Wissen, das seine Existenz der Tiefe und Dunkelheit der Erde verdankt, gefeiert, aber es wurden auch einfach Erfahrungen ausgetauscht; über die Gift- und Heilkräfte der Kräuter und die rechten Dosierungen, über magisches Wirken und über Mondzauber wurde gesprochen. Das besondere Wissen wurde vereint, miteinander abgeglichen, und auch die Erfahrungen mit den Bewohnern der dörflichen Gemeinschaften wurden – zum eigenen Schutz, denn es waren grausame Zeiten für Heilerinnen – in der Runde weitergegeben.

IM ZEITGEIST DES SKORPION

Das Wissen um mystische und verborgene Dinge der Natur hat hier im Skorpion seinen Raum, seine Zeit und sein urständiges Energiefeld. Wenn du dich also heute wieder mit heilerischem Kräuterwissen, mit Mystischem (=Verborgenem) oder mit Magie beschäftigen willst – was nicht jedermanns Wissen, Wunsch und Vorstellungswelt ist –, so ist es notwendig, dir hierfür einen Raum, einen geschützten Ort und die notwendige Zeit zu erschaffen. Es ist erforderlich, dir auch der Besonderheit deines Wissens, deines Tuns und Andersdenkens, auch der Kraftfelder deiner Geburt, die dich hierzu drängen, ganz klar bewußt zu sein. Du mußt wissen, wann es zu sprechen und wann es zu schweigen gilt; wann du Wissen weitervermittelst und wann du heilende Fähigkeiten und Magie anwendest und wann du deinen besonderen Energieplatz vor profanen Gedanken, Blicken, Berührungen, Belächeln oder gar Angriffen Unwissender schützt. Sonst ist womöglich alle Magie und Heilkraft dahin, mindestens lebst du in Schwächung deiner Anlagen und besonderen Kräfte.

Magie ist Schöpfungskraft pur, und das bedeutet, daß das Heilige – mit Hilfe der Natur – auf die Ebene irdischer Wirk-

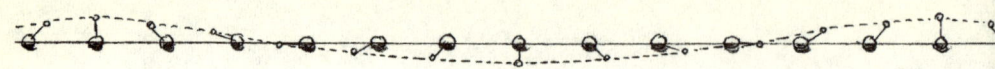

kraft herabgeholt wird. Es bedeutet, daß magische Energiefelder mit einer eiförmigen Schutzhülle, einem magischen Kreis, einer elementaren oder auch geistigen *Haut* umgeben werden müssen. Denn nur innerhalb eines schützenden Kreises, einer Lichtkugel kann sich dein Energiefeld dann immer stärker aufbauen und in der Nachfolge auch weiter entfalten. Innerhalb des Schutzkreises lädt sich die gerufene Energie magisch auf; danach kann sie sich ausbreiten und ihren Auftrag erfüllen, den du ihr schöpferisch gegeben hast. Das sind magisch-geistige Grundgesetze, die du beachten mußt, wenn du zu deiner schöpferischen Kraft erwachen und dich aus deinen Begrenzungen befreien willst.

Siehe auch Büchertips

Ein solches aufgeladenes Kraftfeld kannst du dann in der Folge auf Menschen, Tiere, Räume, Orte, Gruppen, Ideen übertragen, zu heilerischen und welchen Zwecken auch immer. Natürlich wirst du wohlüberlegt und nur mit dem Segen deiner Engel beginnen, magisch zu arbeiten, denn was du rufst, mußt du auch selbst verantworten, die Antwort des Schicksals also aushalten können.

Wenn du über dieses nachfühlst, wirst du dir nun vielleicht einen besonderen Raum für deine naturmagischen und heilerischen Bemühungen, für dein Lernen und Studieren, für das Wachsen deiner eigenen Energien und dein zunehmendes Wissen erschaffen wollen.

DIE BOTSCHAFTEN UND KRÄFTE
DES SKORPIONMONDES

Wenn Skorpionzeit ist und besonders auch, wenn sich der Mond im Skorpion befindet, entwickeln sich oft machtvolle Gravitationsfelder, die stärksten im Jahreskreislauf und im Mondzyklus; diese Energie schottet ab, schließt ein, dichtet ab und schützt. Die Skorpionenergie kann allerdings auch dort abdichten und etwas versperren, wo du dies nicht so gut gebrauchen kannst. Darum ist es klug, von den zur Skorpionzeit wirkenden Energiefeldern zu wissen und deine Tätigkeiten entsprechend einzurichten; dann kannst du eben selbst etwas dazu tun, daß die manchmal entstehenden Druckphänomene nicht allzu stark in ihrer Auswirkung sind.

62

Dort, wo ein Innendruck ein Übermaß erreicht, gibt es Ausbrüche, Eruptionen; auf der Erde sind das etwa Vulkanausbrüche oder auch radioaktive Unfälle. Und auch im Seelenleben der Menschen kann es in der Skorpionzeit zu ähnlich gearteten Explosionen kommen. Manchmal ist es gut, daß sich hierbei tief untergründig gestaute Emotionen Bahn brechen, wenn es in deinem Leben etwas zu verändern gilt. Die Kräfte des Mondes sind jetzt sehr magnetisch, weswegen Wasser und Seelisches schwer und dicht werden und in die Tiefe ziehen können. Eine skorpionbetonte Seele neigt dann – gerade zu Skorpionmonden – zu recht wilden, archaischen und für andere oft unverständlichen Ausbrüchen. Zugleich aber ist das Wässerige dieser Zeit von hellstem Licht und tiefster Heilkraft durchdrungen, so daß man wirklich sagen kann, daß im Skorpion die maximalen Pole des Lebens aufeinander stoßen und oft genug auch miteinander ringen. Wenn du also einen guten Zugang zu deiner Seele hast und dich auch bemühst, dein im Skorpion ausgeprägtes metaphysisches Empfinden ins Bewußtsein zu integrieren, so kann dich dieser Mond sehr inspirieren. Bist du aber mehr ein Verstandesmensch und läßt deine Gefühle wenig zu, so wird dir diese Zeit wohl nicht so ihre Kräfte schenken; du wirst dir vielleicht eher abgeschottet von der Welt vorkommen und dich vielleicht frustriert fühlen, ohne im Eigentlichen zu wissen, wieso. Der Skorpion ist keine einfache Zeit im Jahreslauf und im zweieinhalbtägigen Mondlauf schon gar nicht.

Das ist die Botschaft dieses Mondes, die Lehre auch, die er dir im Skorpion vermittelt: Menschlicher Geist, der sich über die Natur und über Ganzheit, über Intuition und Empfinden *weitergibt*, hat heilende Wertigkeit. Er macht heil. Er tröstet, er macht ganz, er führt heim, er verzeiht und er öffnet dein Bewußtsein in dem Maß, wie du es vertragen kannst, nicht mehr. Er läßt dich ganz dich selbst sein. Er will dich nicht schöner, schneller, besser und schon gar nicht geistreicher machen. Er benötigt keine Sieger.

Im Skorpionmond ziehen sich die Kräfte zusammen und konzentrieren sich im Bereich des Chakras, das mit der Bewältigung irdischer Angelegenheiten, aber auch mit Sexualität zu tun hat. Es befindet sich am Ende der Wirbelsäule. Dies ist deshalb auch der Punkt der Magie an sich. Während eines

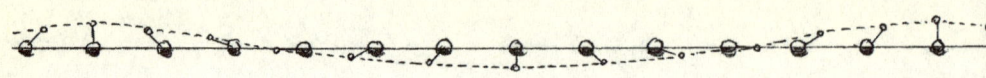

Skorpionmondes kannst du deshalb besonders gut deine magischen Kräfte schulen, Rituale durchführen und willentlich bewältigende und realisierende Kräfte zum Ausdruck bringen. Auch die Sexualität gestaltet sich jetzt besonders aktiv, wobei jedoch nicht unbedingt Liebe im Spiel zu sein braucht. So ist denn mit dem Skorpionmond auch ein gewisser Trieb und ein Wille zur Durchsetzung nicht immer nur sinnvoller und guter Lebensbereiche verbunden; dies kann sogar ein exzessives Ausmaß annehmen und den menschlichen Geist mit negativen Bereichen verbinden, und es kann schon fast eine Manie damit verbunden sein.

Bei Mond im Skorpion – besonders auch bei dieser Stellung im Geburtshoroskop – sollte man sich dieser Gegebenheiten bewußt werden, um eine Anlage klug und zum Wohle zu steuern. Mond im Skorpion will vom höheren Menschengeist geführt und gehandhabt werden. Eine animalische Wildheit will gezähmt werden, Wucherndes will beschnitten werden, Negatives will ausgeräumt werden.

Menschen, die im Skorpionmond geboren sind, beschäftigen sich deshalb oft mit destruktiven Energien oder deren Heilung, mit Verbrechen und Giftmorden (Detektive, Schriftsteller), aber auch mit Atomenergie und Atombomben. Auch kann ein Drang zum Erforschen des Themas Blut- und Geschlechtskrankheiten vorhanden sein, zur Beschäftigung mit Blut generell, aber auch mit Ausscheidungsprozessen und mit Abwässern.

HEILSAMES

* *Das Positive des Skorpionmondes ist stets die Ausräumung des Negativen.* Deshalb ist der Skorpionmond höchst geeignet für Operationen, die ein Übel, eine schwärende Wunde, eine Krebsgeschwulst entfernen. Furunkel können geöffnet werden, Gifte und Vergiftungen können optimal angegangen werden. Destruktives und Giftiges im Körper kann durch das Messer (das geistige Prinzip) geöffnet und entfernt werden. Eine Mandeloperation beispielsweise kann am besten in dieser Zeit durchgeführt werden sowie alle Blutentgiftungsverfahren. Im Skorpionmond ist stets eine Tendenz zu guter, leichter und narbenarmer Heilung vorhanden. Die Energie

dieses Mondes ist kühl, fast erfrischend, bis kalt und zwar bis in die tiefsten Wurzeln des Lebens hinein, was der Grund für das gute Gelingen von Entgiftungs- und Entlastungsoperationen ist. In eine bestehende akute Entzündung hinein wird natürlich grundsätzlich nicht operiert; was auch für den Skorpionmond gilt.

Der Skorpionmond ist ein günstiger Zeitpunkt für eine erforderliche Amputation; den furchtbaren Phantomschmerzen wird so vorgebeugt und eine schnelle Heilung wird möglich. Eine zum Skorpionmond durchgeführte Brustamputation – sofern unumgänglich notwendig – neigt weit weniger zur Streuung von Krebszellen und Metastasierung und heilt so gut wie nur irgend möglich.

ACHTUNG!

Die Mondphasen sind den Stellungen des Mondes im Tierkreiszeichen – bezogen auf Eingriffe und Operationen – übergeordnet! Im letzten Drittel des zunehmenden Mondes und bei Vollmond sollte man grundsätzlich nicht operieren, es seien denn Notoperationen. Bei schweren Operationen und Amputationen sollte man, so irgend möglich, den Operationstermin auf den abnehmenden Mond bis – optimalerweise – zum Neumond hin legen.

* Auch Karies kann zum Skorpionmond leicht ausgebohrt werden, Zahnfleischtaschen behandelt und Zahngranulome operativ entfernt werden; auch Wurzelbehandlungen können günstiger durchgeführt werden.

Die – nur unter Schutzverfahren vorzunehmende – Entfernung von Quecksilber-Amalgam-Füllungen allerdings ist jetzt nicht optimal, denn Quecksilber ist ein leichtes, flattriges, »nerviges« Gift; nicht umsonst heißt es auf lateinisch *Mercurius* und wird dem luftigen Planeten Merkur zugeordnet. Quecksilber also wird am besten zum Zwillingsmond entfernt; und das homöopathische *Mercurius* ist – neben anderen Mitteln – zur Ausleitung dieses Nerven- und Zelltoxins geeignet. Der Skorpion aber hat mit dem Blut und mit Blutentgiftung zu tun; hier geht es um schwere, tiefe Gifte und ebensolche tiefliegenden Seelengifte.

* Auch im Seelischen ist diese Zeit besonders gut geeignet, sich von einer Sucht, einer üblen Angewohnheit, einer destrukti-

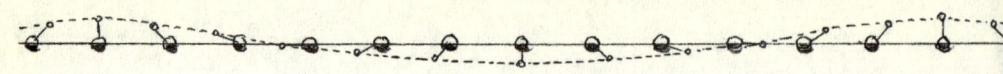

ven Beziehung, einer sexuellen Hörigkeit, einem Arzneimittel-Mißbrauch und ähnlichem zu befreien und die jeweiligen Hilfsmittel hierzu sehr gezielt einzusetzen. Das homöopathische *Zincum valerianicum*, etwa in einer D6, ist bei solchen Prozessen dann – zusätzlich – stets sinnvoll; denn es hilft mit, den Geist, der sich mit dem Niederen verbunden hatte, von allerlei Süchten zu entbinden. Der Skorpion ruft geradezu nach der Schneide des Geistes, nach Entscheidung, nach Willenskraft und nach Handhabung eines – symbolischen – Schwertes. Der Trieb zum Giftigen sucht seinen Beherrscher, den Höheren Geist. Im Skorpionmond bist *du* die Heilung. Werde du zur Heilung für andere, darin wirst du dann auch selbst Kraft finden.

Die Avocado (oder Butterbirne, eine Frucht, kein Gemüse!) unterstützt dies ebenfalls! Siehe: Büchertips: *Die Botschaft der Früchte*

Soviel zu den schweren Themen, die mit dem Skorpionmond verbunden sind. Doch nun zu Leichterem:

Im Fischemond findest du eine homöopathische Hausapotheke.

* Falls du dich aber jetzt einfach *nur* dunkel, antriebslos und grau fühlst, so nimm öfters am Tag jeweils einige Tabletten *Ferrum phosphoricum* D6 in heißem Wasser und geh mal zwischendurch spazieren – an einem Gewässer, im Wald und so hoch und so licht wie möglich –, und nimm die Natur in dich auf. Das phosphorsaure Eisen gibt dir wieder Antriebskraft, und die Natur baut dich auf, trotz all der Schwere und Dunkelheit, die sie in diesen Tagen selbst besitzt.

WAS DIR GUTTUT . . .

* Wenn du dich mit dem Transzendenten beschäftigst und das Heilige in deinem Leben Raum nehmen läßt.
* Wenn du dich mit deinen Empfindungen vertraut machst.
* Wenn du dich mit Kräuterwissen, magischen Grundübungen, heilerischen Fertigkeiten, alchymischen Wandlungsprozessen aller Art beschäftigst.

Siehe: Büchertips
* Wenn du helle lichtvolle Nahrung, besonders Äpfel, Zitronen und Zitrusfrüchte bevorzugst. Auf Fleisch und tierische Produkte zu verzichten wird dir jetzt sehr guttun.
* Wenn du jetzt in deinem Leben Ruhe, Beständigkeit und

Ursprünglichkeit Raum einnehmen läßt und wenn du dir deiner Herkunft und deiner Wurzeln bewußt wirst.
* Wenn du Erdrituale durchführst.
* Wenn du jetzt Samen und Körner ißt: Das Samenkorn eines Baumes enthält seine schöpferische Idee für Wurzeln, Stamm und Krone zeitlos in sich eingeprägt, und so beschützt der Geist der Skorpionzeit alle Samen, alle Körner und Getreide, deren in sich selbst ruhende Abgeschlossenheit und Geborgenheit, aber auch die Grenzen sprengende Heilkraft der Keime und Sprossen. So könntest du zu Skorpionmond-Zeiten etwa ein Ritual mit Weizenkörnern zelebrieren.

Du findest es beim Schütze-mond.

. . . UND WAS DICH STÄRKT

Alles, was die Massigkeit, Dichte und Schwergewichtigkeit dieser Zeit auflöst, wie etwa

* Atemtherapien, Yoga-Atemübungen,
* dich auf den dir erreichbar höchsten Bergen und im Gebirge aufzuhalten,
* Einatmen von Räucherwerk, von Fichten-, Tannennadelduft,
* ätherische Öle generell und alles Durchsichtige, Durchscheinende, Klare, Ätherische, Lichtvolle,
* wenn du zu einem Durchblick gelangst in Angelegenheiten, die an dich herangetragen werden; wenn du das Falsche erkennst und eine Lüge und Intrige durchschaust. (Deshalb sind im Skorpionmond und bei Neumond sowohl gründliche Menschen mit oft heilerischen Fähigkeiten, Chirurgen, Dompteure, Detektive – aber auch »Halsabschneider« und auch Henker geboren.)

Siehe: Büchertips

. . . findest du beim Steinbock-mond

Siehe: Bezugs-quellen, Adressen, Büchertips

WAS DU MEIDEN SOLLTEST . . .
. . . UND WAS DICH SCHWÄCHT

* Wenn du dich in niedere, dumpfe, lichtlose, beschwerende Energiefelder herabziehen läßt, niederschwingende Menschen in deiner Nähe hast,

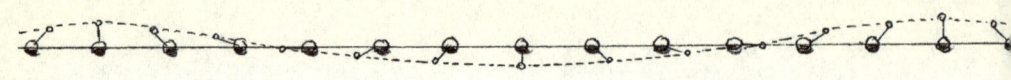

* wenn du ungute Gedanken hegst, oder
* wenn du schwere und animalische Nahrung zu dir nimmst.

KÖRPERZUORDNUNG

Die Zähne; das am Ende deiner Wirbelsäule gelegene Steißbein und das hier zugeordnete erste Chakra; das Innerste der Knochen; das rote Knochenmark als die Keimstätte deiner roten Blutkörperchen; die Lymphe; alle Membranen und inneren Häute deines Körpers, auch das Zwerchfell und das Rippenfell.

Alle diese Teile unterstehen während dieser Zeit starken, von außen kommenden Druckfeldern und stehen gleichzeitig unter einem entsprechend starken inneren Gegendruck. Der Körper hat dadurch eine gewisse Massigkeit, aber auch Kraft und Stärke; er regeneriert sich jetzt optimal und bekommt feste, starke Knochen und einen kraftvollen Körperbau. Alle Keimdrüsen sind zur Skorpionzeit auf hohe Regeneration hin programmiert. Diese starke und gute existentielle Regenerationsfähigkeit gilt lebenslang, ganz besonders aber, wenn du in dieser Zeit oder auch in diesem Energiefeld (Sonne oder Mond im achten Haus) geboren bist.

EIN SCHÖPFERISCHER RAUM FÜR DICH

Wenn du bereits einen Raum ganz für dich hast oder dir relativ leicht einen solchen gestalten kannst und wenn du dazu Menschen um dich hast, die deine Intentionen mit dir teilen oder diese respektieren, dann freue dich! Denn viele müssen sich ihren persönlichen und zeitlichen Freiraum für die Beschäftigung mit sich selbst, mit Natur, Ritualen und Magie und für ihre spirituellen Bedürfnisse zuerst einmal erschaffen und sicher oft genug erst erkämpfen.

Aber auch ohne magische Absichten magst du dich vom Skorpionmond vielleicht dazu anregen lassen, dir einen Raum für dich ganz allein zu erschaffen, der deiner Kreativität oder auch zum Meditieren, für Yoga- und Energieübungen, zum Schreiben oder Lesen dient. Die entsprechenden Voraussetzungen wirst du dir selbst erschaffen, auch gegen Schwierigkei-

ten. Bedenke, Kreativität und Schöpfertum beweisen sich dort ganz besonders, wo Einschränkungen und Hindernisse zu bewältigen sind. Betrachte diese als Herausforderung zu persönlichem Wachstum und setze deine besten Kräfte ein, eine befriedigende Lösung zu finden!

Nimm eine Grundrißzeichnung deiner Wohnung, genügend Papier und Bleistift, deine auf festes Papier maßstabsgerecht gezeichneten und ausgeschnittenen Möbel, und mach dich an die Arbeit, dir dein ganz persönliches Refugium zu kreieren. Sorge schon hierbei für Ungestörtheit – vielleicht magst du diese Arbeit auch an einem schönen Ort in der Natur, bei einer Freundin oder in einem ruhigen und inspirativen Café machen? Vielleicht ist dies ein Anlaß, dich einmal auf die Suche nach einem Lieblingsplätzchen zu machen, das dir zu einem interessanten und vielleicht zusätzlichem schöpferischen Ort werden kann.

Sieh dich nach einem solchen Platz in der Natur deiner Umgebung oder in einem Park um, an dem du vielleicht mit einem Baum, der dich anspricht, eine Kommunikation beginnst. Du kannst einen solchen Baum auch nach seinem Namen fragen, und du wirst in deinem Herzen wissen, wie du ihn nennen kannst. Über den Namen kannst du dann später auch von jedem beliebigen Ort aus mit dem Baumgeist kommunizieren. Durch solche Naturkontakte wird sich deine Welt erweitern und bereichern, denn die gesamte Natur ist von Devas und Geistwesen bevölkert. Nutze diese Kräfte, sie warten auf dich!

Falls du das Café vorziehst: Die unkonventionellsten und anregendsten Cafés gibt es in Bibliotheken, Kunst- und Kulturstätten, in einem Museum, einem kommunalen Kino, einem Jugendhaus, einem Haus der Begegnung, einer kommunalen, konfessionellen oder sonstwie öffentlichen Seminarstätte, in einem Theater, in einem Parkschlößchen, einem Palmengarten, einer Orangerie oder in Gebäuden, die wechselnden Ausstellungen dienen und ähnlichem. Sieh dich um, in deiner Nähe und in der nächsten größeren Stadt, hole dir Stadtführer und Prospekte aller Art. Erkundige dich auch bei jungen Leuten und Studenten, geh auf Entdeckungsreise. Da gibt es die interessantesten Möglichkeiten zu entdecken, von denen du womöglich nicht einmal geahnt hast, daß sie existieren.

Hast du ein schöpferisches Plätzchen entsprechend deinen Ambitionen gefunden, dann magst du dort vielleicht dein Lieb-

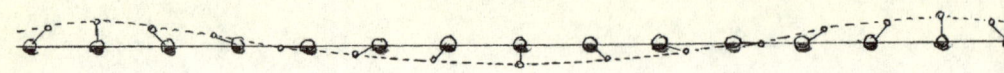

lingsgetränk genießen oder dir eines kreieren; und nun pack deine Papiere aus, und beschäftige dich mit den Räumen, die du umgestalten wirst. Betrachte die zur Verfügung stehenden Gegebenheiten mit dem Blick einer kreativen Architektin und dich selbst als deren Klientin. Das gibt Abstand und holt dich aus eingeschliffenen Denkmustern heraus.

Wenn dein Kreativplatz außer Haus sich bewährt hat, so kannst du auch hieraus schon ein kleines Ritual gestalten: Immer, wenn du eine besondere Idee oder Inspiration suchst, kommst du hierher (laß dir ein Info geben, in dem die Öffnungszeiten etc. zu finden sind und hefte es in deinem *kreativen Mond-Tagebuch* ab).

Du kannst nach Möglichkeiten suchen, jedem in der Familie seinen privaten Raum oder Bereich zu ermöglichen, indem etwa die Allgemeinräume vermindert oder verkleinert werden, das Schlafzimmer umgestaltet wird, die Küche vergrößert und zu einem zentralen Raum für alle gemacht wird, eine Tür neu gesetzt oder anderswo eine verschlossen oder als Einbauregal umfunktioniert wird; indem die Seitenwand eines Raumes entfernt wird oder etwa eine Eßecke, zusammen mit Küche oder Diele zum gemeinsamen Aufenthaltsort wird. Vielleicht aber auch hast du eine Veranda, die zu einem gemeinschaftlichen Raum umgebaut und umgestaltet werden kann? Oder du planst einen Anbau, einen Wintergarten, überdachst einen Balkon? Vielleicht aber ist das auch der Anlaß, einen fälligen Umzug in Angriff zu nehmen und eine Wohnung zu finden, die dir und deiner Familie besser entspricht?

Nimm dir aber noch mehr Zeit für diese Arbeit. Wenn Umbauten notwendig sind, hole dir Auskunft von einem Fachmann. Überlege dir auch, ob die Umbauten in Freundschaftsarbeit durchgeführt werden können, und frage, wer mithilft, was die Materialen kosten oder ob du fachliche Hilfe brauchst. Am besten läßt du dir einen Kostenvoranschlag machen. Schlafe und träume auch über dein Projekt, und fühle dich in deinen neuwerdenden Energieplatz ein. Fühlst du dich gut da? Vielleicht schläfst du einmal oder auch öfters auf deinem geplanten neuen Schlafplatz: Hast du gute Träume? Wachst du frisch und ausgeruht auf? Meditiere auch einmal an deinem geplanten Platz: Fühlst du dich wohl? Stimmt die Energie da? Kannst du dich gut entspannen?

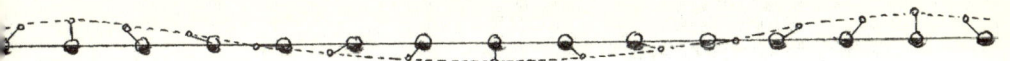

Falls du aber krank bist oder dich vom Schlafen im Lauf des Tages erst langsam erholen mußt – das gibt es öfter, als du denkst! –, solltest du dir für die Planung deines persönlichen Raumes einen guten Rutengänger holen und dich – mindestens dann – kompetenter Hilfe versichern.

Wenn du zu keinem Ergebnis kommen solltest, mit dem du dich rundherum zufrieden fühlst, so ist es besser, du läßt dein Projekt noch etwas reifen. Und denk daran, daß auch deine Familie genügend Zeit zum Umdenken braucht. Hab keine Angst: wenn du wirklich dein eigenes Reich haben willst, wirst du's dir erschaffen. Wenn es in deiner Familie sowieso allerlei Klärungsbedürftiges gab, so kannst du sicher sein: Bei dieser Aktion wird sich sicherlich so manches klären!

Siehe: Adressen

Dein ganz persönlicher Schrank

Wenn das aber alles nicht geht oder dir zuviel Aufwand ist, dann könntest du dir ein persönliches Refugium durch einen Schrank oder einen ganz persönlichen Bereich erschaffen, den du vom übrigen Raum abtrennst. So könntest du etwa einen Schrank diagonal in eine Zimmerecke plazieren oder dir einen begehbaren Schrank bauen (lassen). Eventuell planst du einen integrierten Schreibtisch, der dir auch als eine Art von Altar dienen kann? Dieser Schrank sollte verschlossen werden können. Darin befinden sich die Utensilien, die du dir im Laufe der Zeit sicherlich für deine Rituale besorgen willst, die du in der Natur findest oder auch solche, die du dir selbst herstellst. Darin finden deine persönliche Meditations- oder spirituellen Bücher, dein kreatives Mondtagebuch und dein Traumbuch einen geschützten Aufenthaltsort; vielleicht magst du auch dein Fußbänkchen oder Sitzkissen, ein Kräuterkissen, deine Meditationsmatte und -decke, vielleicht eine besondere Kleidung, deine warmen Socken, dein persönliches Ritualschreibzeug oder deine ganz persönlichen Disketten – falls du dein Tagebuch mit einem Computer schreibst – hier unterbringen? Auch ein Schild *Nicht stören! Ich bin jetzt für niemanden zu sprechen!* kannst du in deinem Zeremonienschrank aufbewahren.

Ein Ritual für ein Kräutertraumkissen findest du beim Krebsmond.

Dein Räucherwerk, deine getrockneten Kräuter können darin Platz finden, die Federn, die du in der Natur findest oder

71

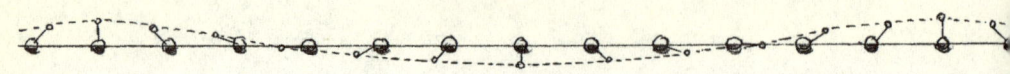

Siehe: Büchertips

Beim Schütze-
mond findest du
mehr dazu.

vielleicht vom Urlaub am Meer mitbringst und auch die besonderen Steine, die du im Lauf der Zeit sammelst. Alles, was für
dich wichtig ist, kannst du hier unterbringen. Ein magischer
Medizinbeutel etwa findet dort ebenso seinen Platz, wie dein
ganz persönliches magisches Messer, mit dem du Kräuter
schneidest und vielleicht Runen ritzt; ein magischer Stab, den
du vielleicht mit Bändern und Kristallen versiehst und der dich
deine Kraft auf neue Weise erfahren läßt; ein magischer Kessel,
in dem vielleicht rituelle Getränke gekocht und besondere
Schalen, aus dem diese getrunken werden; farbige Kerzen und
Streichhölzer und besondere Kerzenhalter für das spirituelle
und magische Verwenden von Kerzen. Alle diese Werkzeuge
verbinden sich durch den rituellen Gebrauch energetisch mit
dir und sollen nur von dir selbst berührt werden. Wurden sie
energetisch und rituell aufgeladen, dürfen sie nicht mehr für
profane Zwecke verwendet werden.

DEIN KREATIVES MONDTAGEBUCH

Bereite dir ein Ringbuch mit Einlageblättern als Tagebuch vor:
den Einband kannst du dir vielleicht mit ausgeschnittenen Bildern, Photos, Zeichnungen, Farben, getrockneten Pflanzen
oder was dir gefällt besonders gestalten. Darüber kannst du
dann noch eine selbstklebende durchsichtige Folie ziehen.
Vielleicht magst du auch den Mondkalender am Ende dieses
Buches kopieren und diese in dein privates Mondtagebuch mit
einheften oder einkleben. Und nun will ich dich inspirieren,
dich zum Lauf des Mondes zu beobachten und dir aufzuschreiben, was dir zu bestimmten Mondzeiten alles auffällt: Wann du
dich wohl, zufrieden und glücklich fühlst und wann das Gegenteil der Fall ist; wann du Beschwerden oder Schmerzen hast;
wann du harmonisch mit anderen Menschen kooperierst und
wann du allein sein willst; wann du hilfsbereit oder ausglei-
chend und wann du streitbar bist. Notiere dir auch, was du an
Heilsamem ausprobiert hast und was dir wann geholfen hat.
Schreibe deine Meditationserfahrungen hinein, die Bilder, die
sich in dir entwickeln, die Botschaften, deine Gefühle dabei.
Gib dir und deinen schöpferischen Gedanken, deinen Visionen
und Ideen hier einen Raum. Schreibe sie auf, denn in deinem

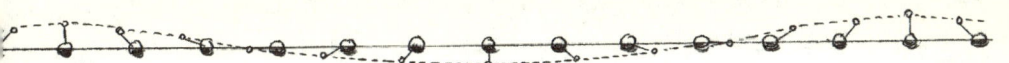

Buch hast du einen Gesprächspartner, aus dem – wie du bald feststellen wirst – dir ungezählte Hilfen erwachsen. Die Disziplin, die du hierfür aufbringen mußt, lohnt sich vielfach und auf vielerlei Ebenen. Falls du gelegentlich das Tarot zu Hilfe nimmst, so könntest du die Legungen und deine damit verbundenen Intentionen hier alle dazu notieren. Auch tut es dir gut, wenn du in deinem persönlichen *Buch der Freundschaft mit dir selbst* auch immer wieder liest. So kannst du vergleichen, beobachten, nachfühlen, Schlußfolgerungen ziehen und zu Erkenntnissen kommen: vermutlich wirst du dich von diversen Einschränkungen befreien, weil du zunehmend bewußter wirst und so Schritt um Schritt wachsen kannst.

Siehe: Büchertips

DEIN TRAUMBUCH

Auch deine Träume kannst du in dein Mondtagebuch schreiben oder dir ein gesondertes Traumbuch kreieren. Sechs Tips zum Träume-Erinnern:

1. Vor dem Einschlafen fest vornehmen und deine Engel bitten, dich jener Träume zu erinnern – auch aufzuwachen –, die für dich wichtige Botschaften enthalten.
2. Das Traumbuch und einen gut schreibenden (Filz-)Stift greifbar neben deinem Bett oder unter deinem Kopfkissen bereit legen.
3. Auf derselben Seite, auf der du zuletzt gelegen und geträumt hast, liegenbleiben und ohne Lagewechsel, halb im Liegen aufschreiben, was du zuletzt geträumt hast.
4. Nicht versuchen, den Anfang des Traumes zu finden, sondern im Gegenteil am Ende, beim letzten Traumbild anfangen: der Traumfilm kann sich nur rückwärts wieder aufspulen und Bild um Bild in dein Bewußtsein bringen.
5. Wichtig: nicht gleich die Flinte ins Korn werfen, wenn es ein paar Tage – oder auch Wochen – dauern sollte, bis es klappt: Übung macht irgendwann den Meister, gerade auch in allen kreativen und spirituellen Bereichen! Denk daran: Niemandem, der innere Bilder oder Träume sehen, Kräfte fühlen und Botschaften empfangen kann, fällt dies ohne eigenes Zutun einfach so in den Schoß. Und wenn

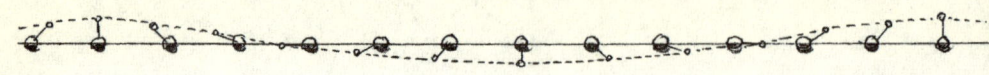

doch, dann gab's in einem vergangenen Leben entsprechenden Arbeitseinsatz, da kannst du sicher sein.

6. Und zuletzt kannst du lernen, auch deine Träume selbstschöpferisch zu steuern: indem du dir entsprechende Themen vornimmst, diese vor dem Einschlafen visualisierst und nicht gerade kurz zuvor Fernsehen guckst!

MAGIE UND RITUAL

* Hast du nun also deinen Zeremonienschrank, deine persönliche Kreativecke, vielleicht auch dein neues eigenes Zimmer für dich allein, so weihe diesen Bereich ein. Nimm dir Zeit, hänge dein Schild an die Tür und sorge für Ungestörtheit. Reinige dich selbst, mindestens wasche dir die Hände und ziehe frische Kleidung an. Wähle ein dir zusagendes Räucherkraut aus und räuchere den Schrank, deine eventuell bereits vorhandenen Ritualgegenstände und den gesamten Raum, besonders die Ecken.
* Setze dich auf deinen Meditationsplatz, stimme dich auf die heilendsten Kräfte des Geistes ein und sprich ein Gebet oder einen Segen, etwa so:

> Ich bitte um Segen.
> Segen ist jetzt bei mir.
> Segen wird wirksam durch mich.
> OM

Experimentiere mit Ton und Sprache, sprich rhythmisch und in immer wieder gleichen Tonlagen, singsangartig, ohne besondere Betonung. Fühle die Resonanz der Laute in deinem Körper. Fühle, wie die Schwingungen der Worte sich am besten und stimmigsten in dir anhören. Und wenn du es herausgefunden hast, dann bleibe dabei. Du kannst dir eine Invokation auf eine Karte schreiben und diese immer sprechen, wenn dir danach zumute ist. Durch die Wiederholung wird dein Raum immer wieder mit heilender Energie und Segen aufgeladen. Dein persönlicher Platz wird zunehmend zu einem Kraftfeld und das wird dir und allen Menschen, mit denen du verbunden bist, Segen bringen.

DER ZWEITE MOND
IM SCHÜTZEN
Heimat

sagittarius

22. Nov. - 22. Dez.

Die Seele heilen
und der Zauber von Kerzenlicht

In die Schützezeit fällt das Fest des heiligen Nikolaus, der, wie die Legende erzählt, einst die Stadt Smyrna vor dem Untergang und ihre Bewohner vor dem Hungertod bewahrte. Zu seinen Ehren hängen die Kinder nach alter Sitte am Abend des 5. Dezember ihre Strümpfe auf oder stellen ihre Schuhe vor die Tür, die dann am Morgen des 6. Dezember mit Äpfeln, Nüssen, Mandeln und mit Leckereien gefüllt sind. Dies zum Gleichnis, daß hier vom »Himmel« nährende Gaben bis in die dunkelste Tiefe der irdischen Welt - symbolisch gesehen die Füße mit Strümpfen und Schuhen, die dem Zeichen der Fische und dem Wassermann zugeordnet sind - verschenkt werden. Auch der Sack des Nikolaus - entsprechend dem Bild des geschulterten Wandersackes DES NARREN im *Tarot* - erzählt uns vom gleichen: daß die Feindschaft innerhalb einer verdunkelten und abgeschlossenen Welt einst besiegt werden kann und daß Heimat wie Genährtsein für alle und Frieden einmal möglich sein werden.

Siehe: Literatur-
verzeichnis

IM ZEITGEIST DES SCHÜTZEN

Hier findet sich ein ganz wunderbares, samtiges und seidiges Licht, das Monde, Sterne und Galaxien des Weltenozeans miteinander vereint und verbindet. Es ist eine zärtliche Liebe vorhanden, eine Verbindung der Gedanken und Gefühle der Seelen untereinander, eine Heilheit. Hier gibt es Verbrüderung, und es ist eine Zeit und eine Energie, in der Wunder geschehen können. Friede ist unter den Wesen, und Friede ist es im Wesen des Menschen.

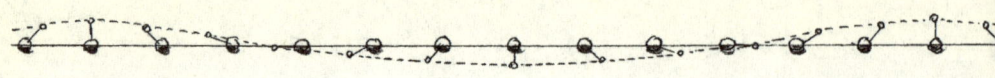

Auch die Einzelidentitäten innerhalb des menschlichen Körpers, die Atome, die Zellen, alle Blutkörperchen, weiße wie rote, die Organe sind in höchstmöglichem Frieden miteinander; denn sie verstehen einander am besten, wenn Schützezeit ist. Sie haben Kenntnis und Kunde voneinander. Und so können auch wir diese Zeit nutzen, um Frieden zu stiften und friedvoll zu leben und voller Frieden zu sein. Wir können des Nachts den Sternenhimmel betrachten, unsere Seele mit unseren Brüdern dort draußen verbinden, um uns mit neuen Ideen, mit Begeisterung und Licht inspirieren zu lassen. Und wir können bei Tage unsere irdischen Brüder, unsere Mitmenschen und andere Naturgeschöpfe mit neuen Augen betrachten und uns in sie einfühlen. Wir können für eine Zeitlang leichter die Welt mit ihren Augen betrachten, uns mit ihren Gefühlen vertraut machen, ihre Gedanken leichter nachvollziehen und so zur Harmonie beitragen.

Im Zeitgeist des Schützen gibt es weniger Zwietracht, und die Spaltung unter den Wesen wiegt leichter. Auch die Spaltung in uns selbst, die jedem Menschenwesen auf seine spezifische Weise eingeboren ist – denn das ist das Erbe, das wir mit der Geburt auf diesem Planeten auf unseren Schultern tragen – wird uns leichter. Wir können uns jetzt besser mit unseren vielfältigen Gespaltenheiten beschäftigen, uns mit diesen anfreunden und in ein neues Einvernehmen bringen. Deshalb ist die Schützezeit eine höchst heilsame Zeit für Geist, Gemüt und Seele und schließlich natürlich auch für den Körper. Da die All-Einheit gerade hier so sehr gefühlt werden kann, ist – wenn es Schützemond ist – eine Glückseligkeit, eine Wonne, eine heimatliche wärmende Zufriedenheit auch im Blut und in den Zellen vorhanden. Ein wundersames Heilsein durchschwingt diese Zeit.

Wenn die große Mondin das Zeichen des Schützen durchläuft, so wird dessen sonst so feurige, auf Expansion drängende Energie zart und sanft. Nichts ist hier mehr präzise, alles fließt wie mit Seidenhändchen ineinander und umeinander. Es wird weich und wonnig hier, und die Seele fühlt sich zufrieden in ihrem ozeanischen Himmelsnest. Wärme und Wohlbehagen sind hier zugleich mit ozeanischer, fast uferloser Weite und dennoch mit »nestigem« Heimatgefühl verbunden. Das *Ich* schmiegt sich zärtlich an eine unnennbare Zahl von *Dus* und hat

somit ständigen Austausch, Veränderung und maximale Kommunikation.

Was dieser Schütze-Ozean aber nicht kennt, das ist: Stabilität, einen Standpunkt beziehen, eine Ortung einnehmen oder auch nur eine Orientierung haben. Hier ist alles aneinander vorbeigleitend, will kontakten, sich freuen, spielen und tanzen. Alles ist absichtslos und wie ohne Sinn, Ziel und Zweck. Es gibt kein Oben und kein Unten, keine Himmelsrichtungen, kein Links, kein Rechts, keinen Anfang und kein Ende. Ein *Ich* und viele *Dus* gibt es wohl, doch selbst der Unterschied zwischen Ich und Du verschwimmt in der unendlichen Vielzahl universeller Seelenkontakte.

Was wir aber besser nicht versuchen sollten zu dieser Zeit, das sind: Verträge zu machen, einen Punkt zu setzen, einen Standpunkt zu beziehen oder sonst irgendwelche strukturierenden Dinge zu unternehmen. Alles was mit Ordnung, Gesetz, Mathematik, Matrizen, Hierarchien, Mustern, Präzision, mit Fokussierung und Konzentration, mit Willenskraft zu tun hat, sollten wir, so möglich, besser in andere Zeiten legen, denn das universelle Auflösungsbestreben des Schützemondes gibt uns nicht gerade einen festen Grund unter unseren Füßen.

... jedoch optimal zum Steinbockmond und zum aufsteigenden Mondknoten!

Bei all seinen beschriebenen Eigenschaften weist das Schütze-Energiefeld zudem eine Art animalischer Unbewußtheit auf, welche noch nicht zu einem reflektierenden Denken und höheren Menschenbewußtsein erwacht ist. So ist denn auch ein altes Symbol für den Schützen der *Kentaur*: halb Mensch, halb Tier, wodurch auch das noch nicht ganz zum Menschen Erwachte ausgedrückt wird.

Im christlichen Glauben werden in der Schützezeit die vier aufeinanderfolgenden Adventssonntage gefeiert, um unter anderem die schrittweise und vierstufige Annäherung an die Grenze dieses in sich kreisförmig geschützten Schütze-Raumes (Adventskranz) aufzuzeigen. Das Reich des Schützen hat eine Umhüllung, eine Grenze, eine »Haut« um sich herum – und je weiter die Zeit fortschreitet, der Wintersonnenwende entgegen, desto mehr entsteht in den Wesen eine Ahnung von einem Einschnitt, von einem Bruch in Zeit und Raum, von einer Veränderung und von einer ursächlichen Neukonzeption von Leben und Erfahrung an sich. Am vierten Adventssonntag ist die maximale Ausdehnung des Schütze-Universums, der

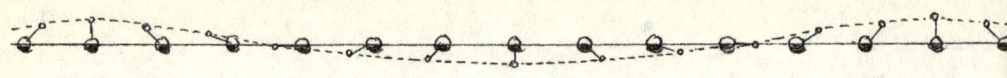

Schütze-Energie und der Schützezeit erreicht. Die Grenze, die umhüllende *schützende* Haut des *Schütze*-Mondraumes platzt auf: ein neues Bewußtsein wird geboren. Mensch und Gott wird in Einem geboren und erscheint als Heilsstern am Himmel wie auf Erden zugleich, um den Weg zu weisen. Um zu verkünden, daß es möglich ist: Göttliches und Irdisches miteinander zu verbinden und das Animalische mit dem Christus-Logos, mit Licht und Geist zu durchdringen. So erwacht der wahre Mensch.

DIE BOTSCHAFTEN UND KRÄFTE
DES SCHÜTZEMONDES

Hier im Schützen ist eine Urheimat der Mondgöttin und alles Seelischen überhaupt; da ist Fülle und Heimatliches, das sich im körperlichen Bereich im Harazentrum manifestiert. Hier ist der Sitz einer urweiblichen Kraft, ja die Göttinnenenergie an sich. Hier ist der ge-*schützte* weibliche Austragungsort für sich neu inkarnierende Erdenbewohner, hier ist die mütterliche *Schutz*zone für das zehn Monde lang heranreifende Embryo.

Der Mond steht im Schützen erhöht, sozusagen in königlichen Würden. Er ist die verborgene Perle des Lebens und so voller Reinheit und mystisch-inniger Kraft wie eine Perle, die verborgen in einer Muschel heranwächst. Der Mond ist *Königin* in Raum und Zeit des Schützen und befindet sich in seinem eigenen Königreich dazu. (In der traditionellen Astrologie wird das Zeichen des Krebs als Heimat bzw. als Haus des Mondes angesehen, was natürlich auch stimmig ist, jedoch einer anderen kosmischen Zeit entspricht.)

Er schenkt dir diese ihm eingeborenen königlichen Kräfte, wenn du ihm die Ehre erweist, die ihm gebührt; wenn du deinem eigenen seelischen Leben und der Weltenseele in aller Natur den rechten Rang zuordnest. So denk daran: Diese mondische Perle ist ein Kleinod – doch du mußt dich selbst mit darum bemühen, es erstrahlen zu lassen.

Der Schützemond wirkt auch als Überträger für all diese beschriebene ozeanische Energie. Er kann unser Lehrmeister werden und uns viele, an Sternenweisheiten reiche, mythische und mystische Geschichten erzählen. Wir können ihm lau-

schen und seine Märchen und Mythen verinnerlichen. So halten wir eine Ahnung von unserem Sternenleben-Beginn in uns wach und können diese wie einen Schatz in einer kleinen Schatztruhe in die anderen Zeiten und Zeitenenergien des Jahreskreislaufs mit hinüber retten – ähnlich wie Moses, im Schilfkörbchen im Nil ausgesetzt, gerettet wurde, um später Führer und Lehrmeister und Heilsfigur für sein Volk zu sein.

Der Schützemond kann unsere Seele öffnen und unser eingeborenes Wissen in uns wieder erwecken. Wir können uns nützlicherweise auch Symbole erschaffen, um uns immer wieder zu passenden Gelegenheiten dieser All-Einheit und der Verbundenheit aller Seelen zu erinnern. Dazu sind uns in allererster Linie die Perlen geschenkt. Jede Perle ist ein Symbol des Heils und der Heilszeit des Schützen. Diese Heilkraft entwickelte sich in der Abgeschlossenheit eines tierischen Lebewesens, diesmal in einem irdischen Ozean, eben in einer Muschel. Deshalb kann eine Perle Botschafter sein für Sternen- und Engelwelten. Sie kann das Licht in unserer Seele wieder hellstrahlend entzünden, wo es betrübt oder vielleicht verdunkelt war. Sie kann die Farbigkeit und die Freude wiederbringen, indem sie uns an die gemeinsame mythische Vergangenheit erinnert und uns anschließt an uns selbst und an den Kreislauf allen Lebens.

Eine Perle muß zu solchen Zwecken jedoch von vollkommenster Schönheit und Reinheit sein, einer Sonne gleich, einem Mond und einem strahlenden kindlichen Weltenei. Nur so kann sie ihr Licht mit uns teilen und unsere Betrübnis vertreiben.

Das Symbol des Schützemondes ist weiterhin auch jede Kugel. Deshalb gelten kugelförmige Steine seit jeher als Glücksbringer. Allerart Kugeln, auch Bälle werden für die vielen Spiele benutzt, die Menschen sich erdacht haben und die Magie in sich enthalten und Freude bringen können. Kugelförmig geschliffene Steine, Edelsteine, Kerzen, kugelig bearbeitete Äste von Bäumen und andere kugelige Natursubstanzen sind stets Mittler für die Schützekräfte. Wir können sie zu vielerlei magischen und heilsamen Zwecken und zur Anrufung unserer Engel nutzen. Jede Kugel ist ein Weiterträger von Botschaften, und wenn wir sie rütteln und schütteln und sie womöglich noch mit mehreren anderen Kugeln – wie dies auch für homöopathische Milchzuk-

Siehe: *Die homöo-pathische Hausapotheke*

79

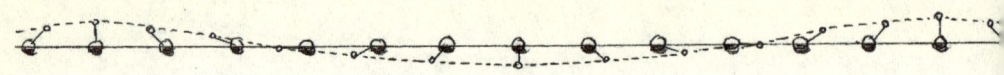

ker-Globuli gilt – untereinander Kontakte schließen lassen, so können wir die ihnen aufgetragenen Botschaften aktivieren und stärken, und diese bis tief hinein in unsere Zellen weitertragen lassen. (Zum Schützemond wirken homöopathische Globuli deshalb besonders weitreichend und tief.)

Wenn Schützemond ist, neigt deine Seele dazu, sich auszubreiten. (Der Körper leider auch, weswegen man hier nicht gerade eine Diät beginnen und auch mit seiner Ernährung entsprechend bewußt umgehen sollte.) Du kannst dich hier viel leichter als sonst mit Pflanzen, Kräutern, Bäumen und der Natur an sich verständigen und in Kommunikation, Aussprache, Austausch bis hin zur Verschmelzung gehen. Die Devas und Naturwesen, die Engel wie die Planetengeister und sonstigen Heilwesen können sich viel leichter mit deinem Empfinden und deinem Bewußtsein verbinden. Dein gesamtes Gefühls- und Empfindungssystem ist auf feurige Aktivität hin »geschaltet«, so daß der Schützemond sich auch besonders gut für zärtliche und sinnliche Spiele und für sexuellen Austausch eignet. Das Lauschen auf die Seelenregungen anderer Wesen ist jetzt viel leichter. Du kannst noch achtsamer als sonst mit den Empfindungen deiner Familie und deiner Mitmenschen umgehen, weswegen sich diese Zeit auch für sensible Aussprachen eignet.

. . . vielleicht einmal mit aphrodisischen Rezepten? Die findest du beim Widdermond und im Literaturverzeichnis.

WAS DIR GUTTUT . . .

* Gute wärmende Seelengespräche, Kommunikation an sich; gemeinsame Aktivitäten mit deiner Familie oder Freunden; Ausflüge, gemeinsames Feiern um ein Lagerfeuer oder einen sonstig vereinenden Mittelpunkt sitzen; etwas tun, was den Gruppengeist stärkt, Verbindung gibt, vermittelt; etwas Ausgleichendes, Harmonisierendes tun; den eigenen Überfluß – und das muß durchaus kein *materieller* Überfluß sein - mit Bedürftigen teilen.
* Sich liebhaben und dies auch zeigen, Wärme vermitteln, streicheln, in den Arm nehmen, »nestig« sein, einen Tag im Bett verbringen und dich bei dir selbst wohl fühlen; ein gemütliches Essen mit einem Fondue oder ähnlichem, das in der Mitte deiner Tafel eine verbindende Funktion auf deine Familien- und Gästerunde hat.

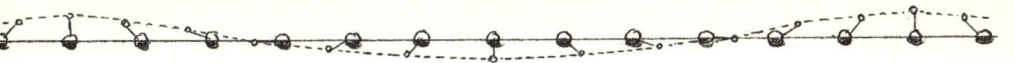

* Alles was mittet und Gegensätze vereint.
* Liebevolle und sinnliche, auch zärtlich sexuelle Zweisamkeit mit deinem Partner, deiner Geliebten.

... UND WAS DICH STÄRKT

* Dir deine Zeit in Ruhe einteilen, dich von nichts und niemandem in Streß oder Hektik versetzen lassen. Dir Zeit für dich und deine Bedürfnisse nehmen, aber auch Zeit haben für die Bedürfnisse der Menschen um dich, mit denen du verbunden bist.
* Sanfte, cremige Farben, gedämpftes Licht; nichts Grelles und Quadratisches, sondern Rundes; dich mit dem Thema der Farben an sich beschäftigen, denn Farben sind es ja, die Seelenfreude spenden, verbinden und besänftigen.
* Ein schönes warmes Sahnebad mit duftenden ätherischen Ölen, besonders in Verbindung mit Rosenöl. Ätherisches Rosenöl hat erwärmende und sinnliche Eigenschaften und vielerlei Heilkräfte, die hier nur umrissen werden können; es schenkt dir wärmende auffüllende Energie, es durchblutet verhärtete Muskeln und Gewebe, es wirkt nährend, befreit von Streß, lindert und entspannt.

... wie wäre es, wenn du dich jetzt einmal bei der Kosmetikerin verwöhnen läßt?

* In diese Zeit gehört der Efeu, mit dem du deine Räume schmücken kannst. Er schenkt dir die Kräfte der Ausdauer, der Beständigkeit und der Würde. *Hedera helix* ist der homöopathische Name für Efeu. Wenn du dir es als Globuli, etwa in der D6, besorgst, so hilft es dir, widrige Umstände durchzustehen und eine Zeit zu überdauern, in denen du deine ganze Kraft brauchst. Nimm dreimal täglich je fünf Globuli für die Zeit von vier Wochen. Was darüber hinaus geht, bedarf therapeutischer Erfahrung oder der Testung.

WAS DU MEIDEN SOLLTEST ...
... UND WAS DICH SCHWÄCHT

Die Willenskräfte fallen in der Schützemondzeit gerne den breitgefächerten Gefühlsbereichen zum Opfer, weswegen wichtige Entschlüsse und Willenstraining nicht gerade auf den

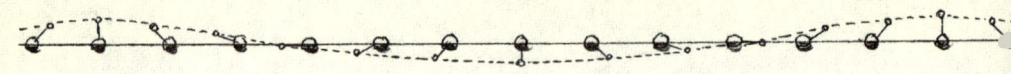

Schützemond gelegt werden sollten; da sind sie nämlich ziemlich sinnlos. Aus dem jupiterhaften Ausbreitungs- und Verströmungsphänomen heraus ist dieser Mond zudem höchst ungeeignet für

* den Beginn einer Abnahmekur,
* den Beginn einer zielorientierten Aktivität,
* für sportliche Höchstleistungen,
* für konzentrative Aufgaben generell,
* für Geschäftsbesprechungen, Meetings etc. und für alle Angelegenheiten, bei denen es auf Fokussierung und Durchhaltevermögen ankommt. Wo das Mondische seine Domäne hat, neigt es gerne zum Ausufern. Es findet seine Grenzen schwierig, und Abgrenzung generell ist im Schützemond etwas vom schwierigsten.

Jetzt sind *besonders* schädlich: Streit, Sorge, Unruhe, Streß, Auseinandersetzung, Grobheit, seelische Belastung; zu viel Kälte, zu viel Hitze, zu viel Nässe und überhaupt alles Exzessive; alles Einseitige und zu Polare; Isolation; nicht verzeihen wollen, Unfrieden, zu Karges; Ungerechtigkeit; etwas nicht miteinander teilen wollen. Eine im Schützemond begonnene Fastenkur schwächt.

HEILSAMES

Dein Körper neigt jetzt dazu, anzuschwellen und sich mit Wasserpolstern und Fetteinlagerungen zu füllen; die Nieren-, Blasen- und Entwässerungstätigkeit ist eingeschränkt. Auch Problemstellen, etwa geschwollene Augen und »Säckchen« unter den Augen – die ja stets mit den Nieren, aber auch mit der Herztätigkeit zu tun haben –, können jetzt besonders hervortreten.

Im Fischemond findest du mehr dazu!

* Nieren- und Entwässerungstees zu trinken oder dreimal täglich homöopathische *Pulsatilla* Globuli, etwa in einer D12, einzunehmen – ist deshalb gerade im Schützemond recht sinnvoll. Da alles im Körper dazu neigt, sich auszubreiten und auszuweiten, sind für diesbezügliche Beschwerden auch alle rhythmischen Maßnahmen gut geeignet, die das Prinzip

der Kontraktion einbringen, wie Gymnastik, Tanzen, Lauftraining, Aerobic und Sportives generell.

* Wer sich schwach fühlt, wird in der Schützezeit besonders genährt durch: Sahnespeisen mit wärmenden Früchten wie Mangos, Himbeeren, Ananas, Pfirsichen, Aprikosen, Kiwis, Avocados; warme Fruchtspeisen, warme Früchtestrudel, Kompotte; Kakao und Kakaobutter,

Siehe: Büchertips

* das Herdfeuer an sich: an einem offenen Feuer zu sitzen – oder an einem Kachelofen, einem schwedischen Guß-Ofen und ähnlichem – wirkt (nicht nur) hier im Schützen ausgesprochen heilsam, vertreibt deine Sorgen und schenkt dir Kraft und Mut.

* Enzyme, Enzymtherapie, Wärmepackungen, Wärmeauflagen, Lehm- und Moorumschläge, ein im Dampf erhitztes Heublumenkissen – gibt's in der Apotheke –, ein sonnenwarmes Kräuterkissen,

* alle hellen und warm leuchtenden Farben, besonders helles Orange, ein Lachsorange, Rosarot, Rosé, Gelb und alle hellen Grüntöne,

Beim Krebsmond kannst du nachlesen, wie du dir selbst ein Kräuterkissen anfertigst, und du findest ein Kräuterritual dazu.

* Lichttherapie, Farbtherapie, die Hellorange-Lichttherapie, Infrarotlampen,

* zum Schützemond können gut Zahnbehandlungen durchgeführt werden,

* Haare schneiden an Schützetagen macht weiches, sanftes und volles Haar,

* und auch die Haut nimmt Pflege jetzt besonders dankbar an.

DIE KÖRPERZUORDNUNG

Die Oberschenkel (ab der Mitte nach oben), die Hüften und Lenden, das Harazentrum und die Gebärmutter in ihrer behütenden, austragenden Funktion, wenn eine Schwangerschaft besteht; die Umgebung und das Zarte deiner Fingerspitzen und um die Fingernägel herum; die Lippen; die Haut, weil du mit ihr fühlst und kommunizierst; alles an und in deinem Körper, was besonders mit Gefühl zu tun hat, also auch deine Augen.

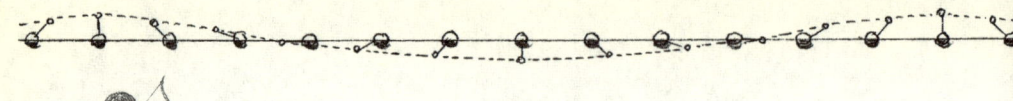

MAGIE UND RITUAL

Kerzen als Botschafter des Lichts

In der Adventszeit hat der Mensch ein natürliches Bedürfnis nach Ritualen; und in den Häusern werden die Kerzen entzündet und festlicher Lichtschmuck angebracht. Wir wollen uns deshalb hier im Schützemond mit dem Thema eines Kerzenrituals beschäftigen. Solch ein Ritual kannst du natürlich nicht nur zur Schützezeit, sondern zu jeder dir angemessen erscheinenden Zeit durchführen.

Die weiße Kerze

Jede weiße Kerze ist magisch an sich, und sie trägt das Wunder und das Wunderbare in ihren Armen. Sie ist Repräsentantin des Göttlichen, das verbunden ist mit der Dichte der Materie. Du kannst sie als magisches Symbol und als Botschafterin des Lichts und für jederart Anrufung himmlischer Kräfte, wie auch zum Heilen verwenden. Eine weiße Kerze sollte – wenn du sie rituell verwendest – stets bis zu Ende herabbrennen dürfen. Sie sollte nicht gelöscht werden, da sie ja eben die Unendlichkeit des Geistes repräsentiert.

Praktisches Kerzenritualwissen

Du kannst eine weiße Kerze auf einen Teller oder in eine Schale mit Weizenkörnern stellen und ein Ritual damit verbinden. Die Weizenkörner werden dadurch geweiht und du kannst sie einzeln – ähnlich geweihtem Wasser – als Symbol des geweihten Brotes verwenden, für dich selbst wie für andere.

Beim Wassermannmond findest du eine Lichtapotheke.

Du kannst an deine Freunde solch ein Weizenkorn verschenken. Du kannst es sogar in einem Brief verschicken, z. B. zu besonderen Feiertagen oder zum Geburtstag; oder etwa zu einem Einzug in eine neue Wohnung, zu einem sonstigen Neubeginn oder auch einfach so. Der strahlende Segen dieses Weizenkornes wird sich, zusammen mit deinen freundschaftlichen Gedanken, über die Empfänger verbreiten. Dein Freund, deine Freundin kann dieses geweihte Samenkorn an einen für sie besonderen Platz legen oder es auch bei sich tragen. Wenn du

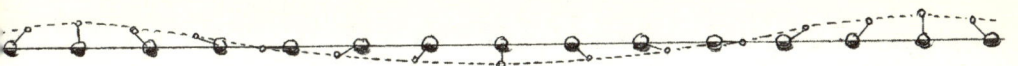

ihnen dieses Ritual mitteilst, können sie es ebenfalls durchführen und gesegneten Weizen an Freunde weiterverschenken. Der Segen, den du ausgesendet hast, verteilt sich so immer vielfältiger und strömt auch zu dir zurück.

* Eine Handvoll solcher geweihter Weizenkörner eignet sich auch bestens als Zugabe in dein Traumkissen!

... beim Krebsmond!

Was du dazu brauchst ...

* Besorge dir weiße Kerzen. Das können ganz einfache Haushaltskerzen sein oder auch edler aussehende langgezogene Kerzen; aber auch kurze, breite oder runde Kerzen sind geeignet; du darfst jedoch nur neue, noch niemals angezündete Kerzen hierfür verwenden.
* Schau in deinen Schränken nach einem einfachen edlen Teller oder nach einer schönen flachen Schale aus weißem Porzellan, aus Silber oder sonst einem edlen Material, jedoch in einfacher Ausführung und ohne Verzierungen, oder besorge dir eine solche. Bedenke aber schon beim Auswählen, daß diese Schale anschließend nur noch für solcherart rituelle Zeremonien verwendet werden sollte.
* Kaufe dir im Bioladen unbehandelten Weizen und fülle ihn in einen Krug oder in eine weitere Schale.
* Lege dir Streichhölzer bereit.
* Wenn du es nicht schon gewohnt bist, frei und rituell selbst zu sprechen, so schreibe dir die Segensworte, die du nachher sprechen willst, auf ein Kärtchen.
* Plane dir genügend Zeit ein, denn die Kerze muß später – wie jedes Feuer stets unter Aufsicht – herabbrennen können.

... Durchführen

* Sorge für Ungestörtheit. Baue dir eine Art von Altar auf – wenn du einen solchen nicht bereits hast –, um deine Rituale durchzuführen. Lege ein frisches weißes Tischtuch auf, und stelle auf der rechten und linken Seite deines Tischchens je eine weiße Kerze auf. Stelle in die Mitte die weiße Schale, auf der du mit Wachs eine dritte weiße Kerze befestigt hast. Die drei Ritualkerzen dürfen hierfür aber nicht angezündet oder verwendet werden.

Siehe auch: Büchertips

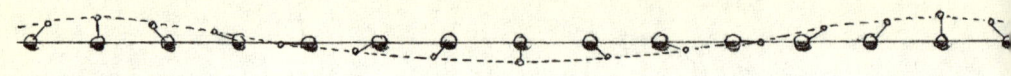

* Stelle dir in der Nähe den Krug oder eine weitere Schale, gefüllt mit den Weizenkörnern bereit.
* Schmücke deinen Altar mit frischen Blumen oder einigen frischen oder getrockneten Kräutern; auch Efeu oder Ranken oder Blütenblätter, Blätter oder Gräser sind zum Schmücken gut geeignet.
* Reinige nun deinen Raum, den Altar und alle verwendeten Utensilien mit duftendem Räucherwerk oder mit einem Räucherstäbchen aus reinen Natursubstanzen.
* Sammle dich, und entzünde nun zuerst die rechte, dann die linke, zuletzt die mittlere Kerze in ihrer Schale.
* Sprich einen Segen.
* Während du sprichst, schüttest du die Weizenkörner aus dem Krug in die Schale mit der mittleren Kerze. Du kannst sie aber auch mit einer Hand dorthin aus der zweiten Schale ausschöpfen; z. B. schöpfst du bei jedem Satz einmal aus. Meditiere nun so lange, wie es sich für dich gut anfühlt, und fühle das Licht und das hohe Energiefeld, das sich hier gebildet hat.

Mehr dazu findest du beim Steinbockmond und im Literaturverzeichnis.

... Beenden

Vergiß das Danken nicht, wenn du das Ritual beenden willst. Laß aber die Kerzen – natürlich unter Aufsicht – abbrennen.

Das dauert – sofern du normale Haushaltskerzen verwendest – sieben bis zehn Stunden und gibt, wenn du dein Ritual am Abend durchführst, somit eine wunderschöne, erlebenswerte, aber jedenfalls durchwachte Nacht! Wenn die Kerzen abgebrannt sind, steht der geweihte Weizen nun zu deiner Verfügung. Laß dir viele segensreiche Verwendungen für ihn einfallen!

Farbige Kerzen

Farbige Kerzen, die zu rituellen Zwecken verwendet werden sollen, müssen durchgefärbt sein. Die Farben sollten möglichst aus der Natur stammen, die Düfte aber – sofern du zusätzlich solche verwenden willst – *müssen* naturrein und unverfälscht sein. (Viele der im normalen Handel erhältlichen Duftkerzen sind toxisch und für heilerische rituelle Zwecke völlig ungeeig-

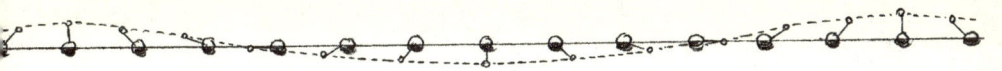

net). Dies sind die wichtigsten magischen Farben für die rituelle Arbeit mit Kerzen:

Die dunkelrote Kerze

Hierfür solltest du eine Kerze mit einem etwas dunkleren, kräftigen Weinrot, kein Tomatenrot aussuchen. Diese Farbe steht für das Wiederbringen bestimmter Angelegenheiten, Lebensfelder, Dinge oder auch für Menschen. Wenn du dich in deinem Herzen mit dieser Farbe verbindest, bildest du einen Herzfaden zu demjenigen, das du wieder herbeirufen willst.

* Nun entzünde die Kerze mit einem Streichholz, imaginiere deinen Wunsch, indem du diesen Wunsch so bildhaft wie möglich siehst, ihn aufschreibst und dann während des Rituals aussprichst – ähnlich dem Ritual oben – und dich in deinem Herzen mit dem verbindest, was du herbeirufst.
* Visualisiere einen rosaroten, aus dem Gefühl Liebe gebildeten Herzens- und Lichtfaden, der von dir zum Herzen des Menschen gebildet wird, den du erreichen willst.
* Beschäftige dich nun – während der Zeit deiner Kerzenmeditation – wärmend, heilsam und liebevoll mit dem Gewünschten. Stärke die Herzensbindung so lange und so intensiv, wie es sich für dich gut anfühlt. Dann lösche die Kerze mit einem metallenen Kerzenlöscher oder sonst einem Metallgerät (Metall ist die Entsprechung zur Farbe Weinrot).
* Zuletzt nimm die Kerze, und vergrabe sie an einem guten Platz in der Erde, am besten in der Nähe eines Baumes. Dann vergiß das Ganze, und beschäftige dich nicht weiter damit. Und wenn deine Magie stark genug und dein Herzenswunsch kraftvoll genug war, hast du große Aussichten, daß er in Erfüllung geht!

ACHTUNG!

Verwende aber keinesfalls die Farbe Hellrot für solcherart Herzenswunsch-Magie. Diese Farbe wirkt auf deinen Wunsch spaltend und geradezu löschend, denn sie repräsentiert nicht nur eine initiative, sondern hier eben eine verbrennende und aggressive Energie.

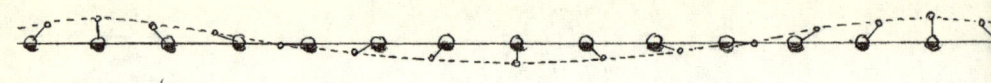

Die hellblaue Kerze

Besorge dir eine Kerze mit der Farbe eines hellen Himmelblau, Zartblau oder auch Stahlblau. Diese Farbe verbindet dich mit den himmlischen Kräften und mit deinen Engeln. Du kannst auch bestimmte Heilige oder für dich bedeutsame Meister damit besonders gut anrufen.

* Entzünde nun die blaue Kerze mit einem Streichholz und meditiere im Licht dieser Flamme. Visualisiere einen zartblauen Lichtstrahl zu deinen gewünschten Helfern, sprich ihren Namen aus und begib dich ganz in deine Empfindungen. Wenn du magst, leg dir Papier und Bleistift zurecht, damit du dir Antworten, die Ideen oder die Kräfte, die sich in dir entfalten, aufschreiben kannst.
* Wenn du die Meditation beenden willst, bedanke dich. Bitte um Segen und fühle, daß dich dieser Segensstrahl begleitet, auch dann, wenn du die Kerze gelöscht hast. Diese Kerze kannst du löschen und jederzeit weiterverwenden; du kannst sie aber auch abbrennen lassen.

Die gelbe Kerze

Besorge dir eine Kerze in einem sehr natürlich aussehenden, hellen Zitronengelb. Diese Farbe entspricht der heiligen Zahl *Sieben* und dem Christusprinzip. Du verbindest dich über diese Farbe mit der Mitte der Schöpfung, mit deinen himmlischen und geistigen Brüdern genauso wie auch mit allen Naturwesen und Elementen der Erde. Du wirst selbst so transparent wie ein *Sieb*, und du kannst diese durch dich hindurch atmende Energie sowohl zum Heilen – für dich selbst wie für andere – als auch zur Anrufung und zum Empfangen von Botschaften verwenden.

* Leg dir ein weißes und edles Stück Papier und blaue Tinte, jedenfalls einen blau schreibenden Stift zurecht.
* Entzünde die gelbe Kerze mit einem Streichholz.
* Sprich einen Segen, und verbinde dich mit der Schöpfung. Visualisiere, wie ein gelbes Licht sich von innen heraus in deinem ganzen Körper, in allen deinen Zellen, in deinem

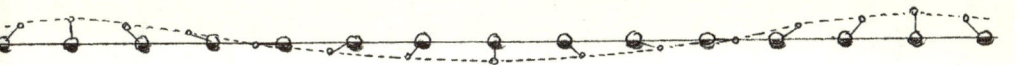

Gemüt und auch in deinem Gehirn ausbreitet. Sprich das göttliche Kind, die Göttin, Christus oder einen der aufgestiegenen Meister, einen Engel oder die für dich und dein religiöses Empfinden stimmige Heilsenergie an. Du kannst aber auch die Deva einer Pflanze, den Geist eines Baumes, dein Totemtier oder sonst ein Naturwesen damit rufen.

* Nimm deinen blauen Stift und schreibe jetzt, sorgfältig, präzise und so kurz und komprimiert wie möglich auf, wer oder was heil werden soll oder welche Botschaft du erbittest.

* *Atme* das Licht des Gelben Strahls mehrmals tief ein und auch wieder aus, solange es sich für dich gut anfühlt. Falte das Papier zusammen.

* Falls du auch um eine Botschaft gebeten hast, nimm ein zweites Stück Papier und schreibe noch im Kerzenschein auf, was dir in den Sinn kommt. Verbinde dich wiederum über den Atem mit der Botschaft.

* Zum Beenden laß die Kerze abbrennen oder vergrabe sie in die Erde. Trage das Papier, auf das du deine Bitte geschrieben hattest, zu einem fließenden Gewässer und übergib es dem Wasser. Das Licht des Geistes wird sich so mit den Elementen der Erde verbinden und die Engel und Erdwesen werden dazu beitragen, dir hilfreich zu sein.

. . . du kannst auch direkt auf Tonband sprechen oder das Tarot zu Hilfe nehmen.

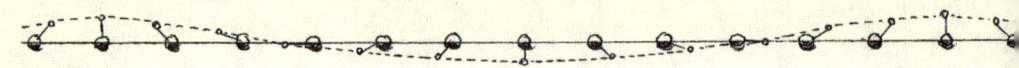

Capricornus

22. Dez - 20. Jan.

DER DRITTE MOND
IM STEINBOCK
Erneuerung

**Licht und Dunkelheit
und die Magie heilsamen Räucherwerks**

Die Zeit des Steinbocks, die um den 21. Dezember herum mit der Wintersonnenwende beginnt und für etwa vier Wochen eine kraftvolle Regentschaft hat, ist mit vielerlei Lichtvollem und Festlichem mit dem alten heidnischen Julfest und dem christlichen Fest der Weihnacht, mit Silvester, mit dem Neujahrsfest und mit Heiligdreikönig verbunden. Auch die zwölf Rauhnächte fallen in diese Zeit. Festlich wird's vorwiegend am Abend und in der Nacht, und auch Mond und Sternenhimmel begleiten uns in dieser Zeit mit besonderen Kräften bei all unseren Bräuchen, das Licht zu feiern.

Feste und Riten
der Mondgöttin,
siehe: Büchertips

Mond im Steinbock und der dritte Mondzyklus haben umfassende erneuernde Kräfte, und wir sind klug, wenn wir diese Energie ebenfalls für eine grundsätzliche Erneuerung nutzen. Steinbockzeit ist Lichtzeit, und dieses Licht kommt, mystisch gesehen, aus den verborgenen Tiefen der Erde. Es befreit sich aus der Substanz heraus. Es ist eine Befreiungs- und Liebesenergie, die hier wirksam ist, und nicht umsonst wird während dieser Zeit die Geburt des Lichtkindes, des Christkindes gefeiert. Auch die Krippe, die das menschgewordene Licht hier trägt, steht in einer felsigen Höhle, nicht im Glanz äußerer Welt. Wollen auch wir es empfinden, welch hohes und heiliges Mysterium hier geschieht und das Geborenwerden eines inneren Lichts auch in unserem eigenen Leben geschehen lassen.

Doch zugleich ist dies auch eine Zeit *heiliger Nüchternheit*, Gradlinigkeit, einer ordnenden Willenskraft und einer Ruhe aus der Überschau. Dunkel ist die Erde, fest, gebunden und kristallisiert, und doch trägt sie in ihrem Herzen lichtfeurige Kraft. Die Kälte dieser Jahreszeit wird von innen heraus von

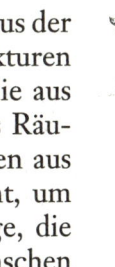

schmelzender Wärme durchdrungen, Licht ergießt sich aus der Tiefe der Dunkelheit. Gefrorene und kristallisierte Strukturen werden aufgelöst, geschmolzen durch eine Strahlung, die aus der Mitte der Nacht kommt. Spezereien und duftendes Räucherwerk, Weihrauch und Myrrhe haben die drei Weisen aus dem Morgenland dem neugeborenen Kindlein gebracht, um ihm die Ehre zu erweisen. Räucherwerk ist in der Lage, die Felsenkeller der Materie zu durchdringen und den Menschen heilende Botschaften und umfassende reinigende Kräfte zu vermitteln; Räuchern öffnet die Dimensionen und ist Himmel wie Erde gleichermaßen freundschaftlich gesonnen.

Die Natur ist karg, dunkel und kalt in dieser Zeit, die Äste der Bäume ragen entblößt in den Himmel, oft gibt es Frost, Eis und Schnee. Das Licht erzeugt magische, heilkräftige Wintertage, Schneekristalle mit filigraner Sechserstruktur, Symbol eines Schöpfungsprinzips; die heilenden Kräfte sind deshalb an frostklirrende Kälte, an Klarheit und Struktur gebunden. Es erzeugt oft kristallklare Nächte, in denen uns Mond und Sterne nahe kommen und unsere Freunde sein wollen. Vielleicht bekommst du auch Freude daran, deinen Blick am Nachthimmel zu üben, indem du den Mond in seinem Lauf durch den nächtlichen Himmel, durch die Wandelsterne, die Planeten also, und durch die Sternbilder beobachtest.

Im Zeitgeist des Steinbock

In diesem Energiefeld sind Ruhe und Ausgeglichenheit, eine Grundwärme und Grundgüte und bei allem eine hohe geistige Führungskraft zu finden. Hier fühlen sich die »Herrscher zu Hause«, die Führungskräfte und alles, was mit Ordnung, Bauplan und Struktur zu tun hat. Klare Willenskräfte sind vorherrschend, so daß jede Konzentration und Willensausübung aus einer großen, ordnenden Überschau und einer alles durchdringenden Ruhe heraus geschehen kann. Dies kannst du nutzen und deine Angelegenheiten überschauend ordnen.

In diese Zeit fallen die magischen »Zwölfer-Nächte«, auch Rauhnächte genannt. *Rauhnächte sind Rauchnächte* heißt es, und es wurde – und wird, besonders in den Alpenländern noch – ausgiebig geräuchert in dieser Zeit. Der Rauch wird gerade

Interessant auch hierzu: *Mond – Tanz – Magie,* siehe Büchertips

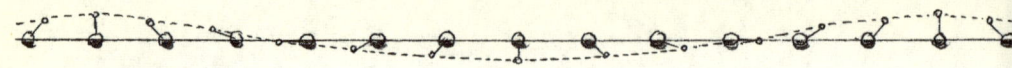

während dieser besonderen Tage genutzt: um Tier und Mensch, Ställe und Wohnräume, ja das gesamte Haus von allerlei Übel zu reinigen; um das zurückliegende Jahr mit all seinen gelebten Energien, seinen Gedanken, seinen Taten und ihren Auswirkungen zurückzulassen. Um sich vom zurückliegenden Zeitgeist zu reinigen, das Gelebte, Dunkles wie Helles, abzulegen und einen Punkt darunter zu setzen. Und: um zu heilen, Ruhe und Kraft zu spenden, einen neuen Raum zu bilden in Freiheit – sozusagen ein leeres Feld –, in welches hinein die Ideen der Schöpfung und auch das individuelle Menschsein für das kommende Jahr sich gestalten könnten.

Deshalb ist diese Zeit Saturns und des Steinbocks auch äußerlich eine Zeit der Kargheit, der Öde und der Leere. Auch dies will, neben allem lichtvoll Festlichen von dir erfahren und gelebt werden, indem du die Natur in ihren derzeitigen Erscheinungsbildern bewußt in dich aufnimmst, wenn du draußen spazierengehst. Die Freude des Heimkehrens in eine warme und festlich glänzende Wohnung, die du dir bereitet hast, wird dir auch so die Polarität dieser Zeit bewußter werden lassen.

Auch tut es dir gut, deine inwendigen Räume ebenso wie diejenigen, in denen du lebst und arbeitest, zu reinigen, einer neuen Ordnung zu unterstellen, Überflüssiges auszusortieren und damit Leere und Raum für Neues zu schaffen.

Beim Krebsmond und beim Steinbockmond findest du weiteres hierzu.

Besondere Kräuter und Räucherwerke helfen dir dabei. (Es gibt wunderbare Bücher zum Thema Räuchern; du findest sie im Literaturverzeichnis aufgeführt.)

DIE BOTSCHAFTEN UND KRÄFTE
DES STEINBOCKMONDES

Der Mond an sich ist mit deiner Seele und allem Empfinden, mit deinem Urwissen, einer neuartigen Aufmerksamkeit und einem neuen universellen Naturbewußtsein verbunden. Er vermittelt dir während der Steinbockzeit Magisches und Heilsames, Aufbauendes und grundsätzlich Erneuerndes, auch Weiterführendes, dazu jedoch auch die Kräfte des Trennens, Auflösens und Entgiftens, besonders auch auf das zurückliegende Jahr bezogen. Du kannst in dir selbst eine Synthese zwischen den aufbauenden und den abbauenden Kräften des Universums

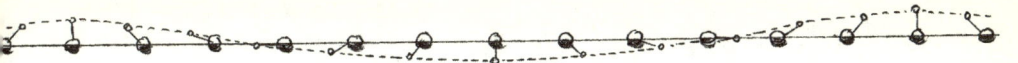

erfühlen, wenn du dich darauf einläßt. Und all das kann zudem aus einer großen ordnenden Überschau und einer ruhigen Kraft geschehen.

Der Steinbockmond hat aber noch eine Botschaft für dich: die der gleichen Wertigkeit von Himmel und Erde, von Heiligem und Irdischem, von Festlichem und Alltäglichem. Sonne und Mond sind – so könnten wir es modern nennen – zur Stunde der Wintersonnenwende *gleichberechtigt*. Dies ist die Zeit einer nicht-sexuellen Verbindung zwischen Yin und Yang – von Männlichem und Weiblichem, Sonne und Mond, Denken und Fühlen, Ich und Du. Das Prinzip der nicht-sexuellen Synthese von polaren Prinzipien findest du natürlich auch in der auf symbolische Weise jungfräulichen Geistgeburt des Christuslichtes wieder! Zur Zeit der Sommersonnenwende hingegen findet sich dann der feurige und sexuelle Austausch gegensätzlicher Elemente; weswegen diese Energien in den alten Festen ihren Ausdruck und ihre Entsprechung gefunden haben. Willentliche Kraft und die *Magie* alles Seelischen sind von Natur aus stark in Steinbockzeiten. Das solltest du nutzen!

Siehe beim Jungfraumond: *Maria, die Himmelskönigin*

Sonne und Mond, wie überhaupt alle polaren Kräfte sind also einander *gleichwertig* in dieser Zeit: Sie haben den gleichen Rang in einer kosmischen Hierarchie und sind einander in Grundfreundschaft und einer Art von geistiger Brüderlichkeit verbunden. Deshalb schwingt am 21. Dezember auch deine rechte, mehr männliche Körperseite mit deiner linken, mehr weiblichen Körperseite in Freundschaft und in optimaler Harmonie. Sonne und Mond, Geist und Seele sind in Frieden miteinander – und daher kommt es, daß Weihnachten eben auch als das Fest des Friedens gefeiert wird.

WAS DIR GUTTUT ...

* Klarheit, Reinheit, grundsätzliche Ordnung schaffen; saubere aufgeräumte Räume; geistiges, seelisches und körperliches Clearing, homöopathische Nosodenausleitung (das sind homöopathisch aufbereitete Krankheits- und Giftstoffe – aus Vererbung, Infektionen, Allergene, aus Bausektor, Nahrungsmittelsektor, Pflanzenschutz und vielem mehr –, die sich im Schlüssel-Schloß-Prinzip an die spezifischen Toxine

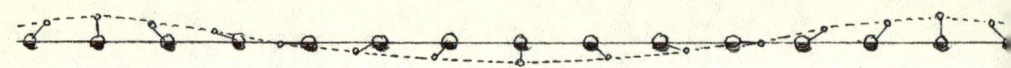

Denk daran, rechtzeitig Termine zu legen. Dein Mondtagebuch hilft dir dabei!

im Organismus anheften und ausleiten) und generelle Entgiftungsverfahren; ein Peeling oder auch Bürstenmassagen, um die alte Haut zu entfernen, auch die Entfernung von Hornhaut, Warzen etc. verläuft schonend,

* duftende Räume durch Räucherwerk, aber auch durch ätherische Öle; duftende Pflanzen oder Blumen,

* Edles – das Beschäftigen mit Geistigem, auch Philosophie; gute Musik; die Farbe Schwarz und Weiß, auch in edler, besonders für Festliches oft verwendeten Kleidung; Spitzengewirke, feinstes zartestes Spitzengewebe und -gewänder; Theater, Konzert; eine hervorragende Zeit jedoch auch für Verträge aller Art, für Versprechen, Gelöbnisse, Bindungen, Treue, Verläßlichkeit,

* für die Beschäftigung mit allem Klaren und Eindeutigen, Logischem, wie Geisteswissenschaften, Naturwissenschaften, besonders mit Mathematik, Geometrie, Algebra; wenn du gerade eine Sprache erlernst, so beschäftige dich mit der Grammatik, denn es fällt dir jetzt viel leichter als sonst.

* Auch fällt es in dieser Zeit leichter, die immer aufs neue geforderte Gratwanderung zu bewältigen zwischen der Treue und Verantwortung zu uns selbst, unseren Visionen – die wir in unserem Erdenleben zu verwirklichen haben, und der verantwortlichen Treue und Beständigkeit zu anderen Menschen, zur Familie oder zu Strukturen, in denen wir uns befinden. Vielleicht schreibst du dir in deinem kreativen Tagebuch auf, was du zu diesem Thema *jetzt* zu sagen hast – dann kann es dir zu anderen Zeiten der Unruhe sicherlich nützliche Dienste erweisen!

... beim Skorpionmond zu finden!

... UND WAS DICH STÄRKT

* Klare und und eindeutige Entschlüsse; Konsequenz,

* Gold, Silber, echte Perlen, Brillanten, Kristalle und alle Steine, die in klaren Formen geschliffen sind; edler und feiner Schmuck: öffne deine Schmuckschatulle und trage jetzt das Edelste, was du besitzt! Auch eine Perlenkette gibt dir jetzt große Kraft, was durchaus nicht für jede Zeit gilt!

* Ein rituelles Feuer, duftende Tannen und andere immergrüne Bäume, Weihrauch und Harze,

* ein Aufenthalt im Gebirge oder auch am Nordmeer (zu dieser Zeit in den Süden zu fliegen, bringt keine Stärkung, sondern schwächt!),
* deine Haut ist jetzt besonders dankbar für Streicheleinheiten, aber auch für pflegende Therapien, etwa mit Mandelöl und ätherischen Ölen.

Im zunehmenden Mond besonders aufbauend und nährend

WAS DU MEIDEN SOLLTEST ...
... UND WAS DICH SCHWÄCHT

* Zuviel Wassergeplansche oder Wasseranwendungen; dem Zeitgeist der »Nordkraft« aus dem Wege zu gehen, wie etwa in den Süden zu fliegen; alles Unedle und zu Animalische, wie: zuviel und ungeeignetes Fleisch, besonders solches vom Schwein, zu essen; Feuchtes, etwa Mooranwendungen; Schaukeln (Schiffahrt etc.) und Unentschlossenheit.

Siehe: Büchertips

HEILSAMES

* Ein Seifenbad mit medizinischer Kaliseife, *Sapo Kalinus*, 1 – 2 Eßl. auf ein Wannenbad, 10 Minuten einwirken lassen und dabei die Haut bürsten, entgiftet gerade jetzt kolossal! Danach mußt du aber mindestens eine halbe Stunde ruhen, denn dieses Bad ist eine medizinische Anwendung und strengt an!
* Homöopathie – nach Absprache mit deinem Naturheilpraktiker – besonders in Hochpotenzen kann jetzt eine klare, eindeutige und weitreichende Wirkung entfalten. Das homöopathische *Aurum* (Gold), wie auch *Argentum* (Silber), und *Bolus alba* (die weiße Heilerde) sind dabei besonders wirksam – aber testen!

DIE KÖRPERZUORDNUNG

Im Steinbock beleuchtet der Mond deine Knochen und Zähne, die Nägel, den Kopf, die Augen und die Augenwimpern, die Haare, die Haut und Anhangsgebilde der Haut wie Nägel und

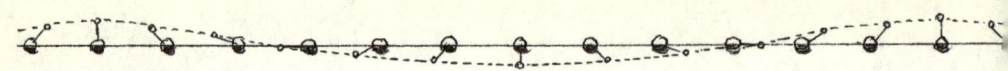

Guter Termin für medizinische wie auch aphrodisische Massagen. Rezepte zu letzteren findest du beim Widdermond!

(alle) Haare, die Galle und die Milz, die Hände und die Füße. Deshalb tun dir jede Art von Hauttherapien, Massagen, aber auch Hautkontakt, streicheln und zärtliche Wärme an diesen Tagen besonders gut. Deine Knochen sind jetzt stabil und kraftvoll, mit Ausnahme der Knie. Diese sind dem Steinbockzeichen in einer ganz besonderen Weise zugeordnet, wobei die Weichheit des Mondes jetzt eine schwächende Auswirkung auf sie hat. Du kannst deshalb gut gymnastische Übungen zur Stärkung von Knochen, Muskeln, Sehnen und Bändern machen. Aber schone deine Knie und Kniegelenke: Die Knie dürfen jetzt nicht belastet, gar überlastet werden und vor allem keine Schrägbelastungen erfahren. Auch die Hände und die Fingernägel freuen sich jetzt besonders über eine intensive Pflege.

Praktische Tips zum Thema Haareschneiden

... hier kannst du deinen Friseurtermin abstimmen!

Haare, an Steinbocktagen geschnitten, wachsen langsam.

Haare bei *zunehmendem* (Steinbock-)Mond geschnitten, bekommen den Impuls der Verfeinerung sowie den, sich nach außen zu rollen und aufzuspringen.

Bei *abnehmendem* (Steinbock-)Mond hingegen wird der Impuls einer generellen Stärkung und des Nach-Innen-Rollens gesetzt.

Bei *Vollmond* in Steinbock lassen sich die Haare auch gut als Rundschnitt schneiden; ansonsten wird der Impuls einer Verflachung gesetzt, was sicher kaum erwünscht ist, denn die Haare fallen dann leichter zusammen. Allerdings wird das Haar hierbei glänzender.

Bei *Neumond* hingegen geschnitten, bekommt das Haar den Impuls einer Veredelung, es kann dabei gut die Form halten und wird voluminöser (es steigt nach oben), allerdings wird es dabei auch rauher und matter.

Und da wir gerade beim Thema Haareschneiden sind:

An *Erdtagen* geschnitten, wird das Haar fester und voluminöser;

an *Feuertagen* geschnitten, wird es glänzender und fliegender;

an *Wassertagen* geschnitten, strebt es zur Erde, wird leicht strähnig und fällt eher zusammen

und an *Lichttagen* (Element Luft) geschnitten, wird es strahlender und farbiger, es nimmt dann auch Färbungen intensiver an und neigt zum »Fliegen«.

Der Steinbock(mond) hat stets das Bestreben nach Dauerhaftigkeit, Ungebrochenheit, Stabilität und Fortwährendheit. Deshalb sollte man dem Körper hier Unterbrechungen, wie Einschnitte, Eingriffe und das Schneiden von Nägeln (pflegen ja!) möglichst nicht zumuten. Das Kontinuitätsbestreben der jetzt wirkenden Energien wird damit gestört; Nervenausfälle, Hektik, Nervosität und bereits bestehende Störzonenbereiche (Wunden, Narben) werden damit zusätzlich aktiviert. Eingriffe und Operationen neigen dazu, länger als normal zu schmerzen, zu bluten und sich schwieriger zu schließen. Die Heilungstendenz ist verlangsamt.

Vorsichtig sein mit Operationen!

Der Steinbockmond hat eine tiefe Freundschaft mit dem Krebsmond, und diese beiden Zeichen liegen einander in einem astrologischen Horoskop ja auch gegenüber. Deshalb wirken während dieser Zeit auch kurze Impulse von Wasseranwendungen, aber auch Kräuterpackungen und -anwendungen wie überhaupt jederlei Heilanwendungen besonders gut. Die Natur reicht dir jetzt *beide* Hände!

Fünfzehn heilsame Pflanzen findest du beim Krebsmond besprochen und weitere Literatur im Anhang.

Die Magie duftenden Räucherwerks

Grundsätzliche Polaritäten werden in dieser Winterzeit – und auch, wenn der Mond im Zeichen des Steinbock steht – auf harmonische Weise miteinander verbunden. Sonne, Mond und Sterne finden im Rauch geeigneter Pflanzen ein besseres Verständnis und magischen Ausdruck in dir. Du lernst, die kosmischen Kräfte, die dich nähren, schützen und heilen, in deinem Erdenkörper und in deinem Geist immer besser atmend zu erspüren.

Der Rauch von Räucherwerk ist magische Substanz per se, er durchdringt Dimensionen und verbindet uns auf alchymische Weise mit den ursprünglichen, heilenden Schöpfungsideen. Er ist nicht nur Begleitung und Vorbereitung für alles Heilige und Geweihte, sondern durchaus auch für ganz und gar Irdisches und Alltägliches. Er ist nützlich für Kommunikation und Gedankenaustausch unter Freunden und sogar Gegnern, denn er verhilft zur Klarheit der Gedanken, zum klaren Ja- wie ebenso klaren Neinsagen. Zu nüchterner Betrachtungsweise, einer der

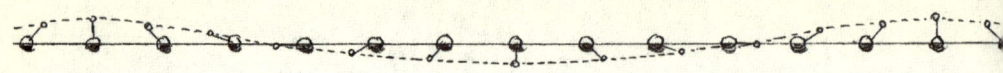

Steinbockqualitäten – aber auch zur Einstimmung in nahezu alles, was das Leben so bietet oder bereithält.

Es ist ungemein nützlich, die entspannende, kommunikative und klare Atmosphäre, die durch eine Räucherung entsteht, als Vorbereitung zu geschäftlichen Besprechungen, konstruktiven Meetings, einer Tagung, einem Seminar, vor einem »Kriegsrat«, bei Familienkonferenzen, für Versprechen, Gelöbnisse, Verträge, wie auch zur generellen Vorbereitung und Einstimmung auf jegliche Art von Ritual überhaupt zu nutzen!

Denn solcherat Angelegenheiten sind dieser Zeit des Steinbocks ganz besonders zugeordnet und stehen hier *unter einem guten Stern.*

Alle alten Kulturen und Hochkulturen der Menschheit wußten um die hohen heilenden, magischen wie mystischen Kräfte von Räucherwerk. Das Räuchern war ein fester Bestandteil des Lebens und dies in einem Ausmaß, wie wir es uns heute kaum vorstellen können. Und auch in uns erwacht das so lange verborgene Wissen um die alles durchdringenden Kräfte duftender Räuchersubstanzen wieder, seien es Kräuter, Rinden, Wurzeln, Harze und anderes. Du brauchst es nur auszuprobieren und dabei aufmerksam die Energien des Rauches in deinem Inneren begleiten: Du wirst vermutlich bald begeistert sein, welch hohe Kräfte in diesen so unscheinbar aussehenden Substanzen verborgen sind und wie unmittelbar und kraftvoll die Wirkung ist.

Siehe: Büchertips

Beim Räuchern geschieht eine alchymische Umwandlung, ein Umkehrungsphänomen, die geistige Zurückführung einer irdischen Pflanze in ihre ursprüngliche Schöpfungsidee. Die Energie der Pflanze wird durch den Prozeß des sachten Verglimmens und Verbrennens in einen höheren Energiezustand angehoben, und sie läßt dich im Einatmen daran teilnehmen. Nicht nur der Rauch, sondern auch die Asche einer Natursubstanz bilden mit ihrer eigenen ursprünglichen Idee einen Kreislauf. Hohe verwandelnde und heilende Kräfte schlummern für dich darin.

Siehe: *Vierzehn heilsame Räucherpflanzen.* Dort findest du auch Zähne-stärkendes!

Wenn du dich nun im bedachtsamen Atmen auf diese höheren Energiefelder einstellst, kannst du sie unmittelbar wahrnehmen. Die Asche kannst du etwas später entweder in Getränke oder Speisen rühren oder dir damit deine Zähne putzen, was eine besonders heilsame Variante ist. Probiere es einfach

mal aus, und du wirst überrascht sein über das stundenlang anhaltende Wohlgefühl in deinem Mund! Tauche einfach deine Zahnbürste in Kräuter- oder Holzasche, die du auf ein Tellerchen geschüttet hast, und leg los, auch wenn dein Mund, Zahnbürste und Zähne zunächst höchst ungewohnt schwarz aussehen, anstelle weiß wie sonst. Das Ergebnis spricht aber für sich!

Der Rauch einer heilenden und zum Räuchern geeigneten Pflanze öffnet dir also die geistige Welt, das Reich der schöpferischen Idee, aus der diese Pflanze stammt, auf eine ganz besondere Weise. Räuchern macht frei, leicht und licht, es entbindet von Traurigkeiten und düsteren Gedanken; es hebt immer »zum Himmel empor«. Viele Räuchersubstanzen wirken auf verschiedenste spezifische Krankheiten ausgesprochen heilend. Es ist gut, wenn du beim Räuchern deine Aufmerksamkeit einschaltest und die heilenden Ideen und Kräfte bewußt begleitest.

Räuchern reinigt Räume, wie Gegenstände, wie dich selbst ungemein und *löscht* mißschwingende und disharmonische Energiefelder aller Art. Deshalb sollte man auch stets in einem Raum, in dem ein Streit oder ähnliches stattgefunden hat, anschließend räuchern und einen Segen dazu sprechen.

Durch Räuchern wirst du vorbereitet, dich mit den höchsten Kräften zu verbinden, die derzeit zu dir passen. Räuchern kann *demagnetisieren* und dich von allem möglichen Üblen befreien. Es öffnet deinen Geist und deine Seele und bereitet dich vor, dich auf heilsame universelle Kräfte einzulassen.

Siehe: *Selbststrahlende Atome und neues Bewußtsein*

Praktisches Räucherwissen

Was du dazu brauchst ...

Zum Räuchern benötigst du eine feuerfeste Schale und einen hitzebeständigen Untersatz (forste mal die Tiefen deines Küchenschrankes durch, dort wirst du bestimmt fündig). Du kannst dir auch etwas Passendes töpfern oder in einer Töpferei in Auftrag geben. Oder du kaufst oder bestellst dir eine besondere Räucherschale, am besten mit einem oder drei Füßen, oder ein Räucherstövchen, das dich anspricht.

Besorge dir Räucherkohle, und suche dir deine Räuchersubstanzen im entsprechenden Handel aus – oder inspiriere zuerst

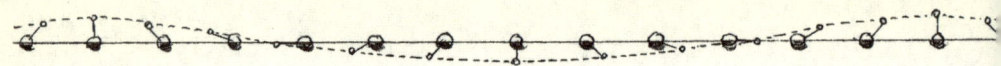

Frische und getrocknete Kräuter gibt's im Fachhandel, in großen Gärtnereien und Versandgärtnereien. Adressen im Anhang.

einmal deinen Küchenkräuterschrank auf geeignete Gewürzkräuter! Vielleicht bekommst du auch Lust darauf, dir selbst Salbei, Rosmarin und andere Räucherkräuter anzubauen, um deinen Grundbestand an Räuchermaterial – und auch für Tee – fürs ganze Jahr parat zu haben (Adressen bezüglich Räucherwerk und Zubehör findest du im Anhang).

... und wie es gemacht wird

Nun fülle den Boden deines Räuchergefäßes mit feinem, trokkenen Quarzsand (gibt's im Bauhandel). Oder vielleicht bringst du dir von einem Aufenthalt am Meer, einem See, Flußufer, einem Baggersee oder beim Spazierengehen selbst einmal solchen mit. Dann legst du die Räucherkohle darauf, entzündest sie, fächelst ihr Luft zu, und wenn sie glimmt, kommt eine kleine Menge deiner getrockneten Kräuter, Zweige oder Räuchersubstanzen darauf.

Eine andere Möglichkeit ist, dir ein Räucherstövchen mit Metallsieb anzuschaffen. Du stellst eine passende Kerze darunter, legst die Räuchersubstanzen auf das Metallsieb und zündest die Kerze an. Wenn du zuerst einmal herumexperimentieren willst, bevor du dich in Unkosten stürzt, kannst du auch einfach ein altes metallenes Teesieb aus deiner Küchenschublade nehmen, in welches du deine Kräuter legst, dieses über eine Kerzenflamme halten – und los geht's mit deinem ersten Räucherversuch!

Entzünde nun deine Räuchersubstanz mit einem Streichholz – Feuerzeuge sind für rituelle Zwecke nicht so gut –, fächle dir den Rauch vorsichtig zu und spüre das sich verändernde Energiefeld.

Du kannst auch Gegenstände und besonders dein Zimmer räuchern.

RÄUCHERN ALS MAGISCHES RITUAL

Räuchern ist eine wichtige Vorbereitung für jede Art von Ritual, denn es reinigt den Raum, alle für das Ritual benötigten Gegenstände und schließlich dich selbst. Dein Räucherwissen und deine zunehmende Erfahrung kannst du bei der Durchfüh-

rung aller in diesem Buch zu findenden Mondrituale, aber natürlich auch jedes anderen Rituals zur Anwendung bringen! So geht es:

Vorbereiten ...

Schaffe dir genügend zeitlichen Freiraum, und sorge für Ungestörtheit. Wenn du Lust hast, kannst du vor dem Räucherritual auch noch ein herrliches Natur-Fichtennadelbad nehmen, oder du verquirlst 10 Tropfen ätherisches Tannenöl – beides hat Steinbockkräfte – mit 1 l Milch und gießt dieses in dein einlaufendes Badewasser. Du kannst dich aber auch mit Sesamöl einreiben, das öffnende Kräfte besitzt, und diesem das ätherische Öl von Fichten oder Tannen zufügen. Zieh frische und besondere Kleidung an, die dir für diesen Zweck geeignet erscheint.

Bereite dann deine Räucherutensilien vor. Nun kannst du, allein oder mit Freunden, mit deinem Räucherritual beginnen.

... Durchführen

Entzünde dein vorbereitetes Räucherwerk. Um dir den Rauch zuzufächeln, verwende etwas Edles, Feines und Elegantes, damit der Geist seine Entsprechung findet. Das kann eine Feder sein, aber auch ein eleganter Fächer.

Begleite die Energie des Rauches beim behutsamen Einatmen zuerst immer tiefer hinab in deinen Körper, über deinen Solarplexus ins Harazentrum, bis hinab in deine Füße und sprich einen Segen dazu. Nach oben steigt die heilende Kraft anschließend von selbst.

Rauch liebt auch die Begleitung von kleinen Glöckchen, auch Summen mag er sehr, und du kannst das Räuchern mit dem OM-Laut begleiten, wobei du das M so lang wie möglich anhältst. Auch das Bilden eines magischen Kreises ist ihm sehr angenehm, sei es durch Steine, Edelsteine, Natursubstanzen, durch die Visualisation deines Bewußtseins oder dadurch, daß sich mehrere Teilnehmer bei einem Ritual die Hände reichen.

Begleite, solange es dir guttut, die Energie des Rauches mit deinem Bewußtsein. Ziehe diese Kraft vorsichtig besonders an

Anhang: *Von Weltenklängen und Klangschalen.* Dort findest du Büchertips.

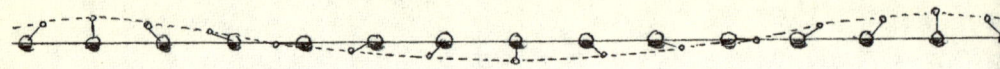

alle Stellen deines Körpers, wo du Schmerzen oder Beschwerden hast. Meditiere damit, solange du es wünschst und dich dabei wohlfühlst.

Gehe dann mit der Räucherschale durch deinen Raum und summe das heilige OM oder sonst einen Segen dazu. Räuchere besonders auch in die Ecken deines Zimmers, räuchere deinen besonderen Energieplatz und alle deine rituellen Utensilien.

... Beenden

Geh wieder an deinen ursprünglichen Energieplatz, danke dem Geist des Räucherwerks und hebe die Energie des magischen Kreises wieder auf. Sammle deine Steine ein, und lege sie sorgsam an ihren Aufbewahrungsort. Öffne den rituellen Licht- und Schutzkreis durch dein Bewußtsein, aber sieh dich weiterhin im Licht, das du überall hinträgst, wo dich das Leben nun hinführt.

Hast du dies in der Gruppe gemacht, so ist es gut, dich mit den anderen über ihre Erfahrungen auszutauschen. Wenn du das Ritual alleine durchgeführt hast, schreibe dir auf, was dich während der Meditation berührt hat und was dir in den Sinn gekommen ist, denn darin können wichtige Veränderungen für dich und dein Leben verborgen sein.

Nachfolgend gebe ich dir eine Einführung in die heilenden Kräfte einiger Räucherwaren: was leicht zu beschaffen oder als Gewürzkraut in deinem Küchenschrank vorrätig ist.

VIERZEHN HEILSAME RÄUCHERPFLANZEN

Salbei

Salbei ist eine universell einsetzbare Räucherpflanze. Sie wirkt generell auf alle Prinzipien deines Körpers heilsam, mit Bevorzugung des Gemütes, der Lymphe, der Augen, die sie reinigt und der Schilddrüse, die sie von Traurigkeiten entlastet. Sie hat *demagnetisierende* Eigenschaften und regt auch den Stoffwechsel sanft an.

Gartensalbei – *Salvia officinalis*

Dieser Salbei hat eine große Wärmekraft und eine starke Beziehung zu seinen eigenen Blüten als seinen *Kindern*. Er wärmt das Gemüt und die Seele, macht ein zärtliches Herz, öffnet dich für die Freuden und Sorgen *deiner* Kinder und all deiner dir Anvertrauten. Er wünscht sich, Tränen zu trocknen und Wunden zu heilen, besonders seelische. Zudem kräftigt er die Schilddrüse, gibt dir dadurch Konsequenz und eine klare Ich-Kraft, genauso wie er dein Harazentrum stärkt.

Weißer Salbei – *Salvia apiana*

Dieser indianische Räuchersalbei hat ein freundliches, helles und hohes Gesicht und ist vor allen Dingen von Humor durchdrungen. Er bringt dich zum Lächeln, macht kommunikativ und ist gut für Aussprachen, die in gelassener, humorvoller Atmosphäre stattfinden. Wenn es etwas zu verzeihen gibt, dir selbst, wie anderen, dann hilft er dir dabei.

Weißer Salbei gehört zu dem indianischen Ritual, in dem eine Räucherpfeife von Mund zu Mund im Kreis herumgereicht wird und über den Rauch alle Teilnehmer einer Zeremonie heilsam und behaglich miteinander verbindet.

Kümmel

Kümmel stimuliert dein Sexualzentrum, er durchblutet und durchwärmt dich in diesem Bereich besonders. Er stimmt dich auf die Liebe ein, öffnet dich und macht dich zärtlich, auch Zärtlichkeiten gegenüber aufgeschlossen. Hierfür kannst du ihn nicht nur räuchern; du kannst ätherisches Kümmelöl mit ätherischem Rosenöl und Tonka – das aus der Bohne des brasilianischen Tonkabaumes extrahiert wird – zusammen mit Mandel- oder Jojobaöl zu einem die Liebe erweckenden Duftöl kombinieren.

Kreuzkümmel

Der Kreuzkümmel hat ein noch stärkeres wärmendes Feuer als der einfache Kümmel und wirkt im gleichen Sinne, nur noch stärker. Zusätzlich zur Räucherung der Kreuzkümmelsamen

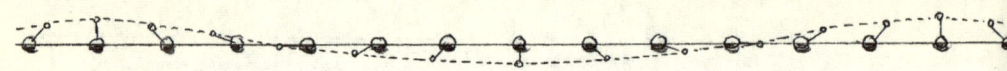

 kann das Öl des Kreuzkümmels hervorragend zur Gesichtspflege eingesetzt werden, denn es wärmt und durchflutet die Gesichtshaut, regeneriert die Nervenendigungen, glättet Falten, reinigt und regeneriert. Auf der Brust eingerieben reinigt es den Herz-Lungen-Raum und kräftigt ungemein. Es kann aber auch direkt zu erotischen Anlässen und Liebesspielen eingerieben und verwendet werden. Vielleicht magst du es einfach einmal ausprobieren?

Majoran

Majoran ist ein äußerst magisches, sich Bahn brechendes Gewürzkraut, ganz besonders, wenn es geräuchert wird. Es öffnet innere Grenzen und Zäune, indem es diese einfach wie mit einer Stichflamme magisch durchbrennt. Für Majoran existieren kaum Grenzen, denn was er nicht durchbricht, das überspringt und überhüpft er, ein fröhliches Liedchen dabei trällernd.

Majoran kann mit kraftvoller Auswirkung zu verschiedensten magischen, auch sexualmagischen sowie zu heilenden Zwecken verwendet werden. Auch wirkt er *demagnetisierend*, in allen seinen Zubereitungen und Anwendungsmöglichkeiten. Geräuchert stärkt er die Magenwände, die Ich-Kraft, die Kraft Nein zu sagen, etwas abzuwenden, ein Blatt zu deinen Gunsten zu wenden, sich durchzusetzen, sich Raum zu schaffen. Die Energie einer Majoranräucherung hilft dir, schnurstracks dein Ziel zu verfolgen und deinen Weg zu gehen, ohne viel zu erklären oder zu entschuldigen.

Er kräftigt auch die Zähne und das Zahnfleisch, besonders seine Asche. Er hilft dir, dich »durchzubeißen«. Wenn du dazu neigst, wie mit schwerer Last, niedergedrückt von irdischen Belastungen deinen Weg durchs Leben zu gehen, dann verwende Majoran reichlich. Denn er richtet deinen Blick zu den Sternen auf und macht dich leicht und locker.

Vor Meisterschaften, wo es auf Selbstvertrauen besonders ankommt, natürlich auch bei allen Prüfungen, ist eine Majoranpfeife also das Mittel der Wahl!

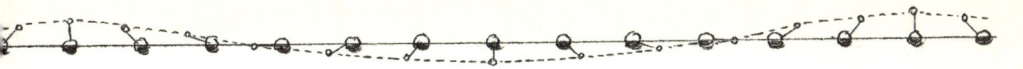

Thymian

Thymian ist ein ungemein sonniges und sonnenhaftes Kraut und wärmt so sehr, wie Majoran kühlt. Seine Haupteinwirkungszone ist der Solarplexus. Er wärmt somit den Magen und die Magennerven – man könnte ihn als ein Magenfeuer bezeichnen. Er schenkt gute Nerven, auch Langmut, fast schon Gutmütigkeit und läßt sich durch nichts aus der Ruhe bringen. Viel Unterscheidungsvermögen, Klarheit oder Konsequenz ist damit allerdings nicht verbunden. Drum setze ihn ein, wie du ihn brauchst oder mische ihn mit anderen Räuchersubstanzen.

Koriander

Koriander zieht dich aus dem Getümmel der Welt zurück. Er macht dich ausgesprochen zurückhaltend und durchaus »ein bißchen weise«. Er macht dich abgeklärt und hilft dir, wo nötig, Nein zu sagen. Deshalb hilft er dir auch, wenn du dir irgend etwas abgewöhnen willst, sei es das Rauchen, zu viel zu essen oder was auch immer.

Anis

Anis schützt die Schilddrüse und gereicht all den Menschen zum Nutzen, die hier Probleme haben. Er breitet einen Schutzwall um dein Schilddrüsenchakra aus. Dadurch fühlst du dich geborgen in dir selbst und durch dich selbst. Anis-Räucherungen sind Schutzräucherungen und können auch in deinen Räumen und in deinem Haus und vor dem Schlafengehen als solche verwendet werden. Zudem reinigt er das Gesicht, besonders die Nase, die Nasenschleimhaut, die Nasennebenhöhlen und das gesamte Gehirn. Ungute Gedanken, die ja vorrangig dich selbst belasten, werden vertrieben.

Paß aber auf: wenn du ständig kalte Füße hast, ist Anis nicht dein Dauermittel. Denn er kühlt die Füße, besonders die Zehen. Anis hilft dir, einen schützenden geistigen »Hut« zu tragen. Einen Hut, der dich nicht nur beschirmt, sondern dich auch für dunkle und ungute Geistwesen, Energien und auch mancherlei karmische Auswirkungen unsichtbar macht. Und

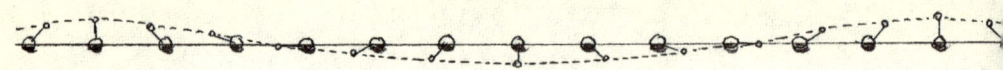

solch eine Tarnkappe können wir manchmal wohl alle hin und wieder ganz gut gebrauchen . . .!

Fenchelsamen

Der Rauch von Fenchel füllt an, füllt auf und gibt dir Wärme und Energie, was dir auch zu sexuellen und erotischen Anlässen gelegentlich einmal nützlich sein kann.

Aber Vorsicht: er macht eher statisch, unbeweglich, auch im Erinnern! Er hilft aber bei Schwangerschaftsbeschwerden (Erbrechen und Übelkeit in den ersten Monaten) und ist nützlich bei Flug- und Seekrankheit und bei Gleichgewichtsstörungen.

Melisse

Melisse reinigt in erster Linie die Füße und verändert damit das Körpermilieu in Richtung basisch. Sie hilft mit, die Übersäuerung des Blutes und der Körperzellen zu beseitigen, die durch zu viel Opferbereitschaft, Dienen und Dulden entstanden sind. Sie hilft deshalb mit, Gift aus eventuellen Täter-Opfer-Situationen zu lösen, sie schenkt dir Zutrauen in deine eigenen Kräfte, so daß du mit der Zeit deine eigene Macht stärker werden fühlst.

Lorbeer

Lorbeerrauch steigt in den Kopf und ins Gehirn und reinigt bevorzugt die Nervenzellen, die Augen und ganz besonders die Nase, so daß du leichter und freier durchatmen kannst. Dein Gesichtskreis wird erweitert. Du traust dir mehr zu. Dein Atem erreicht, geistig-ätherisch gesehen, ein erheblich größeres Volumen, indem du auch Zugang zu neuen Ideen und Gedanken hast. Lorbeer hebt dich aus dem Alltag heraus und ist deshalb eine Räucherpflanze, die sich auch für besondere Festtage und besondere Gelegenheiten anbietet. Das Niedere verschwindet aus deinem Gesichtskreis, denn Lorbeer verbindet dich mit den göttlichen Ideen und den göttlichen Kräften im Universum.

Lorbeer ist sozusagen eine Pflanze des Olymp, eben der göttlichen Ideen und nicht der menschlichen oder gar kleinen Dinge.

106

Rosmarin

Rosmarin wirkt ernährend und auffüllend. Sein Rauch wirkt bestätigend und kräftigend auf das Sexuelle und auf das Harazentrum. Er macht standfest und wärmt. Er macht dich stabil und deinen eigenen Kräften vertrauend. Er erdet und verbindet dich mit den Kräften von Mutter Erde, mit den Tieren, den Pflanzen und den Steinen.

Wenn du dich schwach, einsam, verloren fühlst, wenn du das Gefühl hast, daß du niemanden hast, der wirklich zu dir gehört, dann atme tief den Rauch von Rosmarin ein und du wirst dich in Einheit mit aller Natur und mit dir selbst fühlen.

Rosmarin zu räuchern stärkt die Blase, die Nieren, die Standfestigkeit deiner Beine und Füße; er ist hilfreich bei kalten Füßen oder wenn du leicht frierst überhaupt und er gibt dir starke Widerstandskräfte gegen Widrigkeiten aller möglichen Art. Zugleich wird auch dein Herz- und Brustraum gereinigt und dein Brustbein mit heilender Energie durchflutet.

Basilikum

Basilikum ist nützlich bei allen krampfartigen Beschwerden, angefangen von Muskelkrämpfen, Magen- und Darmkrämpfen, sogar Koliken, bis hin zu Gefäßkrämpfen wie bei Migräne.

Hier findet sich eine sehr stark lösende Energie, die vorrangig körperbezogen ist. Basilikum ist deshalb nicht geeignet, dich mit geistigen oder kosmischen Kräften zu verbinden. Die lösende Eigenschaft ist hier so ausgeprägt, daß sie sogar auf Kosten der Körperbeatmung und Lungenbeatmung gehen kann. Achtung: Wer hier Probleme hat, wie Asthma oder Bronchitis, darf Basilikum nicht räuchern.

Wacholder

Das Holz und die Zweige
Eine Wacholderräucherung macht sehr stark – *Wach*-holder! –, geistig höchst klar und äußerst beweglich, was diesen Rauch allerdings für Nervöse ungeeignet macht. Er holt den Menschen aus seinen irdischen Verwurzelungen heraus, als würde er ihn herausschälen aus der Erde und ihn mitnehmen in

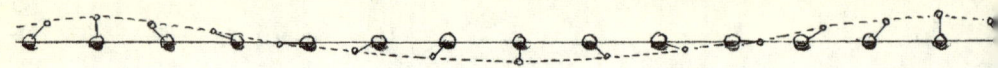

ein Reich, in dem andere Gesetze gelten, eben nicht irdische Gesetze.

Dies ist ein magisches Holz und es sollte auch für magische Zwecke eingesetzt werden. Sein Rauch kann den Menschen mit höchsten Kräften verbinden, ihm Anbindung an göttliche Prinzipien geben und diese magisch auf die Erde herabholen. Wacholder ist deshalb ein höchst heiliges Holz, das für rituelle Gegenstände, einen magischen Stab oder für Amulette verwendet werden kann.

Die Beeren

Diese sind sowohl magisch als auch allerhöchst heilsam. Sie können gekaut wie geräuchert werden, wobei sich beides ergänzt.

Der Rauch reinigt Körper, Geist und Seele auf allen Ebenen, befreit auch von sich immer wiederholenden Gedanken. Zur rechten Zeit – Vollmond, Neumond, Mondknoten, Johanni u. a. – eingesetzt, hilft er uns auch von negativem Karma zu reinigen, denn er hat stark *demagnetisierende* Eigenschaften und holt den Menschen wirklich im höchsten Maße aus Trauer, Betrübnis, unguten Zuständen, Leid und Schwierigkeiten heraus. Auch bei Schmerzen kann er nützlich sein. Räuchern von Wacholderbeeren stärkt die Blase und reinigt Nieren, Lymphe und Schilddrüse.

Wacholder wurde schon seit Urzeiten als Schutz und Abwehr gegen negative Geistwesen und schwarze Magie eingesetzt – dies vermag er auch heute noch.

Natürlich gibt es noch vielerlei sowohl zu diesen Räucherkräutern als auch zu anderen Räuchersubstanzen zu erzählen, besonders auch zu Harzen, Rinden und Hölzern, die du für heilsame Räucherungen verwenden kannst. Im Anhang findest du Literatur und Adressen.

Viel Freude nun bei deinen eigenen Experimenten und Räuchererfahrungen!

Der vierte Mond
im Wassermann
Elektrizität

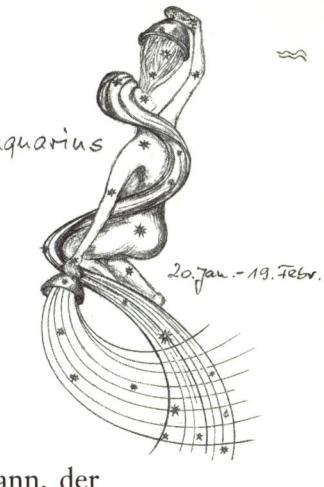

aquarius

20. Jan. - 19. Febr.

Geist, übertragen in deine persönliche Lichtapotheke
Ein Vollmond-Wasserritual mit Edelsteinen

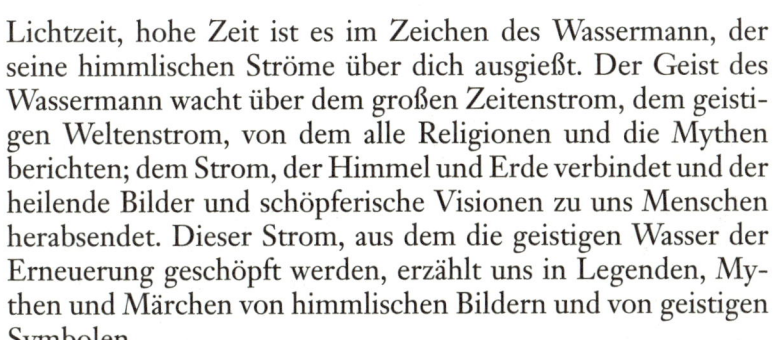

Lichtzeit, hohe Zeit ist es im Zeichen des Wassermann, der seine himmlischen Ströme über dich ausgießt. Der Geist des Wassermann wacht über dem großen Zeitenstrom, dem geistigen Weltenstrom, von dem alle Religionen und die Mythen berichten; dem Strom, der Himmel und Erde verbindet und der heilende Bilder und schöpferische Visionen zu uns Menschen herabsendet. Dieser Strom, aus dem die geistigen Wasser der Erneuerung geschöpft werden, erzählt uns in Legenden, Mythen und Märchen von himmlischen Bildern und von geistigen Symbolen.

Siehe: *Ein lebendiger Strom*

Auch in der christlichen Religion findet der Wassermann seinen Ausdruck: im Symbol des Christophorus. *Phorein* ist griechisch und heißt *tragen*; Christophorus ist *der Christusträger*. Das Lichtkindlein wird auf den Schultern des sanften Riesen Christophorus – denn riesig muß er ja sein, und so wird er auch dargestellt – über den großen Weltenstrom getragen, der zwischen Himmel und Erde dahinströmt.

Alle Taufrituale kommen von diesem kosmischen Mysterium her, denn die Wasser des Weltenstromes sind vom Augenblick der Durchquerung des Lichtkindleins an für alle Zeiten geheiligt worden. Auch wir dürfen diese Heiligung des Wassers für unser Leben wahr machen und haben die Möglichkeit – das Ritual nutzend – zum Licht hin zu erwachen, uns von diesem durchströmen zu lassen und unser kosmisches Erbe wieder anzunehmen.

Viele Möglichkeiten gibt es heute – in dieser Zeit universeller Erneuerung, die für das beginnende Zeitalter des Wassermannes steht –, uns zunehmend von äußeren Autoritäten unab-

Siehe: Büchertips

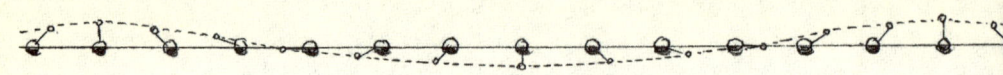

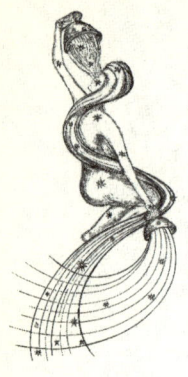

hängig zu machen. Wir können den Zugang zu eigenen Ritualen wieder finden, altes Wissen neu beleben und Schritt um Schritt zu mehr eigener Kraft erwachen. Dies gilt auch für das zunehmende Unabhängigwerden von priesterlichen Trägern, in deren Obhut und Händen mystische Rituale sich befinden: Das Mysterium dürfen wir heute – in der rechten Gesinnung und mit dem rechten Wissen – zunehmend selbst vollziehen, um vom Geistlicht gesegnet und heiler zu werden. An der Schwelle eines neuen Zeitalters ist solches für das Menschsein auf diesem Planeten vorprogrammiert. Und im Zeitgeist des Wassermann oder wenn der Mond im Wassermann steht, gelingt uns dies eben am besten.

Die zugehörigen Monde sind: Wassermann, Stier, Löwe und Skorpion.

In die Wassermannzeit fällt *Mariä Lichtmeß*, das am 2. Februar gefeiert wird, das keltische *Imbolc*. Dies ist eines der vier Zeichen, die das keltische Jahresrad teilten: Imbolc am 1. Februar, Beltaine am 1. Mai, Lugnasad am 1. August und Samain am 1. November. Es ist, als ob die Zeit zu diesen besonderen Tagen kurz innehält – wie um eine Pause zwischen einem kosmischen Einatmen und dem Ausatmen zu machen. Zu Lichtmeß wurden die Zeit und das Licht der Sonne einer Messung unterworfen; weswegen es so manche uralte Lichtmeßstationen auf unserem Planeten gibt; dort wurde an diesem Tag das Sonnenlicht gemessen, das in einem besonderen Winkel etwa auf einen Menhir oder durch ein Kirchenfenster etwa auf einen Lichtmeßaltar auftraf. An diesem Tag wurden auch auf dem Lande die Dienstverhältnisse neu geregelt; es entschied sich damit die Knechtschaft für ein erneutes Jahr. So steht der Wassermann für geistige Freiheit und irdische Knechtschaft; und damit auch für die Art und Weise, wie jeder von uns immer wieder aufs neue die Herausforderung bewältigt, diese beiden Themen in ihren vielerlei Facetten miteinander zu verbinden.

Lichtmeß – das ist der zeitlose Augenblick, in dem du dem Geist beinahe materielos ins Auge schauen kannst. Vielleicht magst auch du gerade an diesem Tag einmal darüber nachdenken, nachspüren und entscheiden, mit wieviel Gepäck an Materie (und vielleicht auch damit verbundener Knechtschaft) und mit vieviel Möglichkeit an geistiger Freiheit du von hier aus erneut für ein Jahr starten wirst?

Im Zeitgeist des Wassermann

Hier ist eine alles durchdringende geistige Atmungskraft vorhanden, die den Menschen nach den Sternen greifen und seine Visionen für ihn leichter sichtbar, erkennbar und auch umsetzbar werden läßt. Denn dieses lichtatmende Ätherfeld durchdringt die Barrieren von Zeit und Raum – es öffnet Dimensionstore – und verbindet die höchsten geistigen Prinzipien mit der Welt der Materie, dem endgültigen Ausdruck einer Idee. Karmische Behinderungen werden leichter in dieser Zeit, und manches fällt vielleicht sogar ganz weg. Zur Wassermannzeit mischt sich die Unsichtbarkeit einer Idee in besonderer Weise mit der Sichtbarkeit ihres irdischen Ausdrucks, was wir uns im Beispiel eines Röntgenbildes vor Augen halten können.

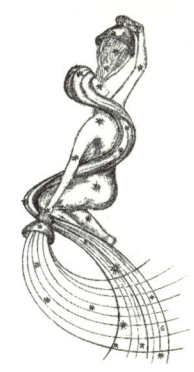

Die DNS – Träger unserer Erbanlagen und damit natürlich auch unserer karmischen Strukturen – rotiert während der Wassermannzeit in einem anderen Rhythmus; sie wird leichter, auch transparenter, zudem einer Heilung zugänglicher. Blockierende Muster können so leichter ausgeschaltet werden. Dies ist deshalb mit die beste Zeit im ganzen Jahr für Entgiftungsverfahren, besonders solche karmischer Art. Hier kann besonders gut mit homöopathischer Nosoden-Ausleitung, mit sonstigen *demagnetisierenden* Heilmitteln, aber auch mit Homöopathie generell gearbeitet werden. Alte, belastende Lebensrhythmen und nicht mehr passende Gewohnheiten können hier am leichtesten durchbrochen und durch neue, heilsamere und nützlichere ersetzt werden.

Siehe: *Mit dem Zeitgeist zusammenschwingen* und Büchertips.

Nosoden sind homöopathische Aufbereitungen von toxischen Ausgangsstoffen aller Art, die sich im *Schlüssel-Schloß-Prinzip* an körperliche Giftstoffe anheften und diese, so irgend möglich, ausleiten. Sehr heilsames naturheilkundliches Verfahren!

Die Botschaften und Kräfte des Wassermannmondes

Der Mond im Wassermann verbindet das innere Leben mit dem äußeren Universum, den Makrokosmos mit dem Mikrokosmos, Bewußtsein mit animalischem Sein und Gott mit dem Tier zum Menschen. Hier ist Flutung, Elektrizität, Geist, der sich ins Irdische begibt, Verbindung und geistige Schönheit, vereint mit Eleganz und kühler Klarheit.

Die seelischen und kosmischen Grundideen des Mondes in diesen vier Wochen sowie den Tagen, wenn der Mond den

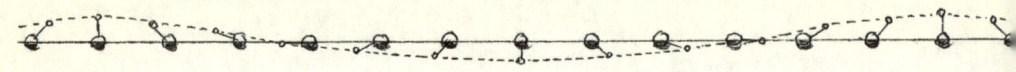

Wassermann durchquert, sind den geistigen Kräften der Wassermannzeit durchaus entgegengesetzt, um auch eine Erdung zu gewährleisten. Das Universum sorgt so dafür, daß ein stabilisierender und erdender Faktor in all seine, wie deine uranischen Ideen hineingebracht wird. Wer (zu) hochfliegende Ideen hat, die der Stabilität der Erde bedürfen, kann die Mondkräfte jetzt entsprechend einsetzen. Optimal ist gerade die Verbindung des Wassermanns, nicht nur zu Wasser-Taufritualen, sondern auch zu den Kristallen und Edelsteinen dieses Planeten.

WAS DIR GUTTUT ...

* Hier kannst du gut wach sein, die Abende nutzen und lieber nicht soviel schlafen. Z. B. Klaviermusik hören oder geistig ansprechende Dinge unternehmen; denn du kannst dich in den zweieinhalb Tagen Wassermannmond geistig auftanken für einen ganzen Mondzyklus lang!

* Um Geistiges also geht es hier, in jederlei Ausprägung: um Kunst, Kultur, Theater, geistige Wissenschaften, gute geistige Gespräche, aber auch um die Beschäftigung etwa mit Mathematik, Geometrie, Astronomie und Astrologie. Vielleicht magst du den Wassermannmond einmal zum Anlaß nehmen, ein Planetarium zu besuchen? Laß dir die – meist monatlich wechselnden – Programme zusenden, um diesen lohnenden Ausflug, vielleicht mit Freunden oder Kindern, zu planen. So kannst du dir langsam, Schritt um Schritt, auch das durchaus sinnvolle astronomische Wissen um die Sternenwelten erarbeiten.

Siehe: Büchertips

* Wenn du einmal elegant und stilvoll ausgehen willst, dann sieh zu, daß du es in diese Zeit legst, denn du wirst noch danach deine Freude daran haben. Wein, besonders Weißwein, Rosé, Champagner, ein Sektfrühstück oder einmal fein brunchen, solcherlei Dinge passen auch gut zum Wassermann; ebenso die *nouvelle cuisine*, die Küche mit Frischem, Heiterem und Leichtem, die so ungemein ästhetisch angerichtet und serviert wird. So ist der Wassermannmond eher eine Zeit schöner, herausgehobener Dinge und nicht so sehr die Zeit der kleinen täglichen Angelegenheiten.

112

* Fließende, elegante Gewänder passen zu Wassermannzeiten, die Farben Cremeweiß, Silber, Gold und alle Variationen von Blau und Blaugrün, Türkis, Silbertürkis, Gold,
* edle Schmuckkompositionen, edles Design, edles Umfeld,
* eine perfekte Nagel-Maniküre, Nägel im edelsten Oval professional gefeilt. Bedenke: deine Nägel entsprechen kosmischen Ätherflammen; nicht umsonst enden die Akupunkturmeridiane rechts und links neben den Nägeln deiner Hände; ähnlich einer Kerzenflamme streben die Spitzen deiner Hände und gerade die Nägel zum Geistigen hin und verbinden dich mit deinen Sternengeschwistern.
* Jetzt ist eine gute Zeit, um deine Haare zu einer eleganten Frisur stylen zu lassen oder auch, um
* eine Kunst- oder Kulturreise zu beginnen oder ein Musik- oder Theaterabonnement zu buchen.

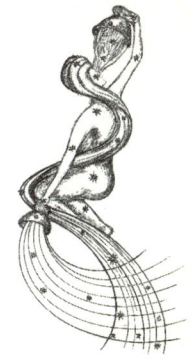

Beim Jungfraumond findest du mehr zu Schmuck.

. . . UND WAS DICH STÄRKT

* Aufbauend und nährend wirken im Wassermannmond spezifische natur-elektromagnetische Felder, wie man sie z. B. an Orten findet, wo Ameisen, Bienen oder Wespen ihre Nester bauen. Statt dich über ein Wespennest in der Nähe deines Hauses oder über die Ameisenstraße auf deiner Terrasse oder sogar in deiner Wohnung zu ärgern, lege oder setze dich dort, wo sie beginnt – wie auf eine Therapeutenliege – mal für einige Minuten hin. Diese Felder wirken keinesfalls entspannend, sondern hochanregend, ähnlich einem Hochgebirgsausflug. Danach kannst du, wenn es denn sein muß, die Tierchen immer noch verscheuchen. Vielleicht aber – wer weiß? – wirst du auch regelmäßig, immer mal wieder, etwa zum Wassermannmond, diese Felder therapeutisch nutzen wollen? Die Natur gibt sie dir kostenlos!
* Barfuß laufen in der Natur wirkt jetzt hoch energetisierend, besonders am frühen Morgen,
* auch im Schlamm zu treten oder im Watt zu wandern oder ähnliche Anwendungen zu Hause oder im bademedizinischen Bereich durchzuführen ist gerade zum Wassermannmond besonders energetisierend.
* Alle Hauttherapien wirken jetzt besonders stärkend: etwa mit

Denn: die Füße sind geistig, seelisch und körperlich über die Reflexzonen mit deinem gesamten Menschsein verbunden. Büchertips, Adressen und Ausbildung findest du im Anhang.

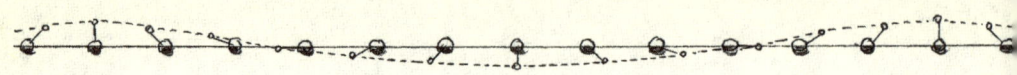

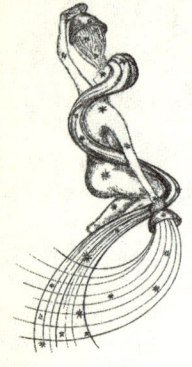

einem Luffaschwamm die Haut bürsten, in die Sauna gehen, Wassertreten, ausführlich duschen usw.

* Du kannst dir auch die Natur ins Haus holen, indem du dir eine flache Holzkiste mit Sand, runden Steinen, runden, fein abgeschmirgelten Hölzern, auch mit Tannenzapfen füllst. Du kannst diese Kiste unter deinen Schreibtisch – oder einen anderen passenden Platz – stellen und immer mal zwischendurch mit deinen bloßen Füßen die Natur und ihre Energien erfühlen, dich mit ihr verbinden und dich dabei energetisieren. Daraus könntest du zur Pausenzeit auch ein tägliches Miniritual machen!

* Alles, was die körperliche und die geistige Atmung anregt: die Anrufung hoher Geistkräfte, Geistwesen, Engel oder Meister wirkt gerade jetzt ungemein aufbauend.

Heilsames

Die Göttin in vielerlei Gesichtern (im Anhang) hat auch etwas zum Thema *heilsame Früchte* für dich parat.

* Zitrone, Mandarine, Grapefruit, als Saftkur oder als ätherisches Öl, haben hier ihre stärkste Wirkung;
* die Sonne an sich, aber auch Sonnentherapien, besonders solche mit UV-Licht, sind hier besonders heilsam.
* Blaulicht und UV-Bestrahlung wirken im Wassermann stark löschend auf mindernde Strukturen (z. B. Bakterien) und haben zudem die Fähigkeit der Selektion, so daß nur das Schädliche beseitigt wird.
* Alles was die Atmung stärkt, die Lungenatmung genauso wie die Zell- und die Hautatmung, weswegen alle sauerstoffübertragenden Maßnahmen hier besonders wirksam sind: Spazierengehen und Sauerstofftherapien aller Art ebenso wie Milchsäurepräparate, aber auch besonders das Schüsslersalz *Ferrum phosphoricum*, die allesamt die Sauerstoffverwertung deines Körpers unterstützen. Weiterhin sind auch *Zincum metallicum, Sulfur, Nux vomica, Lycopodium* jetzt besonders heilsam; laß es dir von deinem Therapeuten verordnen, sofern es für dich paßt.

Beim Fischemond findest du eine *homöopathische Hausapotheke*.

Zum Zähnepflegen siehe auch: Räucherpflanzen/ Asche von Majoran

* Wenn der Mond wie jetzt im Wassermann, die uranischen Energien in dein Leben sendet, geht es stets um blitzartige Nervenimpulse. Das kann man z. B. unterstützen, indem man sich in dieser Zeit oft die Zähne putzt. Das stärkt dann

die Nerven im Sinne von schnellerer Übertragung ihrer Botschaften. Auch wirken aus diesem Grunde jetzt

* Injektionen besonders gut, ganz besonders solche mit Procain (Neuraltherapie) und mit Ameisensäure,
* Akupunktur, besonders die Ohr-Akupunktur (Auriculotherapie) wirken im Wassermannmond besonders gut.
* Hier ist eine hohe Elektrizität in der gesamten Natur vorhanden und die solltest du nutzen. Achte mal darauf, wenn deine Haare (jetzt besonders stark) »fliegen« und deine Kleidung »funkt«; dann weißt du womöglich auch ohne Mondkalender, daß jetzt Wassermannzeit ist!
* Alle Blütenessenzen stehen hier unter einem *guten Stern*, sowohl was ihre Herstellung als auch was ihre Anwendung betrifft.

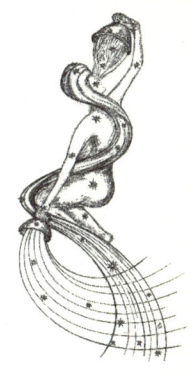

Siehe beim Zwillingsmond: *Die Blüten sprechen: Sender und Empfänger von Botschaften.* Und Büchertips.

WAS DU MEIDEN SOLLTEST ...
... UND WAS DICH SCHWÄCHT

Grobes, Unedles, Druck, Massives, Machtausübung, Beeinflussung, Streit, die Farbe Rot, Ungepflegtsein, strähnige Haare; ungepflegte, womöglich eingerissene Nägel, dies alles ist jetzt *besonders* schädlich, wie auch Krach, Lärm, Gepolter, grobe Nahrung, Disqualität an sich.

VORSICHT!
Achte mal auf deinen Computer, ob er zur Wassermannzeit besonders leicht abstürzt oder Dateien verschwinden läßt! Leg während dieser Zeit lieber doppelte, sogar dreifache Sicherheitskopien an, wenn du wichtige Daten bearbeitest!

DIE KÖRPERZUORDNUNG

Der Wassermann ist den Knöcheln, dem Schienbein, den Fesseln, der Achillessehne, den Waden und den Unterschenkeln bis zum Knie, aber auch den Händen und Nägeln zugeordnet. Auch auf Nervensystem, Atmung, Blutkreislauf, Sehkraft hat er Einfluß.

Siehe: Büchertips, Bezugsquellen, Adressen, Ausbildung im Anhang

Zum Wassermannmond könntest du deshalb diesen Körper-

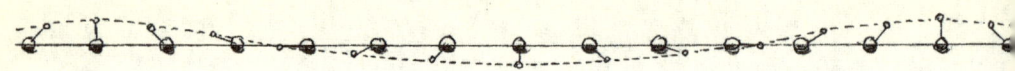

bereichen eine wohltuende Massage, etwa mit Jojoba- oder Mandelöl, zusammen mit anregenden ätherischen Ölen, wie Minze, Lavendel, Rosmarin, aber auch Rose zukommen lassen. Nicht nur diese Körperbereiche profitieren dann davon, sondern auch deine Inspiration und Schöpferkraft werden angeregt. Während dieser Zeit geht es mehr um kühlende und erfrischende Anwendungen, nicht um heiße Fußbäder und sonstige Wärmeanwendungen.

Jetzt auch, wenn möglich, keine Eingriffe und Operationen an Gesicht, Hals, Schilddrüse, Nacken, der Haut, den Nägeln, den Füßen, den Knochen und den Nerven vornehmen lassen; auch Operationen an den Zähnen sind jetzt nicht optimal.

Ein Vollmond-Wasserritual mit Edelsteinen

Der Wassermann sendet sein Geistlicht auf den Planeten Erde, wo es besonders in kristallinen Strukturen eingefangen und von hier aus zu allen Wesen, zu Pflanzen, Tieren und Menschen weitergesendet wird. Die Kristalle und Edelsteine empfangen das kosmische Licht auf jeweils ganz individuelle Weise. Sie können dir helfen, deine Stirn zu den Sternen zu erheben und deine Gedanken und dein Wesen von ihnen berühren zu lassen.

Wenn Wassermannzeit ist, kannst du deshalb besonders gut den Kontakt zu den Sternen und ihren Botschaften aufnehmen, gerade auch über die Vermittlung des Mondes und der Edelsteine. Wenn du die Übertragungskräfte des zunehmenden Mondes – die stärkste Wirkung entfaltet sich zu Vollmond – zu Hilfe nimmst, kannst du dir während dieser Zeit sehr aktive *Mond-Edelstein-Elixiere* herstellen.

Was du dazu brauchst ...

Besorge dir mehrere runde, klassisch einfache, unverzierte Glasschälchen, soviele, wie du Edelsteine verwenden willst.

Besorge oder kaufe dir Quellwasser, z. B. Pyrenäenwasser und die Edelsteine, die du über ihre Kräfte und Botschaften – du findest sie weiter unten besprochen – ausgesucht hast.

Außerdem brauchst du etwas guten Cognac und so viele braune Glasfläschchen aus der Apotheke, wie du Elixiere anset-

zen willst. Miß den Inhalt eines deiner Schälchen mit einem Meßbecher. Danach bestimmst du die Größe und den Inhalt deiner Fläschchen, und besorge dir Etiketten, einen Permanentstift zum Beschriften und Tesafilm zum Schützen der Etiketten.

Vorbereiten ...

Gib in jedes der Schälchen etwas von dem guten Wasser. Stelle die Schälchen auf einem Tisch im Freien in einer spiraligen Anordnung auf. Lege dir deine Edelsteine daneben zurecht.

Schreibe dir Invokationen, die du verwenden willst, auf Kärtchen auf. (Du kannst hierzu verwenden, was die Engel der Edelsteine sprechen oder dich hiervon zu eigenem inspirieren lassen.)

... Durchführen

Sprich einen Segen. Und wenn der Mond zu sehen ist und deine Wasserspirale bescheint, legst du den ersten Edelstein in das äußerste Schälchen der Spirale hinein. Dies ist ein Lapislazuli. Sprich eine für dein Anliegen passende Invokation dazu.

Dann legst du in dir angemessen erscheinenden zeitlichen Abständen jeweils den nächsten Edelstein in das nächste Schälchen hinein und sprichst leise einen Segen und die für dich passende Invokation. Lege die verschiedenen Edelsteine entweder in der angegebenen oder einer dir intuitiv passenden Reihenfolge in die Schälchen.

Der erste Stein – außen beginnend – sollte jedoch stets ein Lapislazuli und der letzte Stein – im Inneren der Spirale – sollte entweder ein Rosenquarz oder ein Bergkristall sein.

Hast du alle Steine eingelegt, bedanke dich vorläufig bei den Naturkräften. Beschäftige dich nun mit etwas anderem oder lege dich schlafen. Stelle dir aber dann einen lauten Wecker oder bestelle den telephonischen Auftragsdienst, denn nach drei Stunden Mondlichtbescheinung wollen deine Schälchen mit Mond-Edelsteinwasser, die nun zu besten Heilelixieren geworden sind, wieder in deine Wohnung getragen werden! Beginne diesmal zuerst bei dem innersten Schälchen, die Spirale wieder abzuräumen.

Siehe: Büchertips

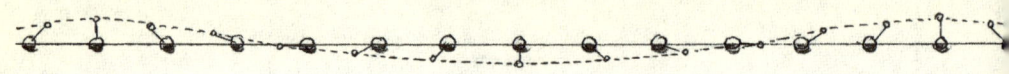

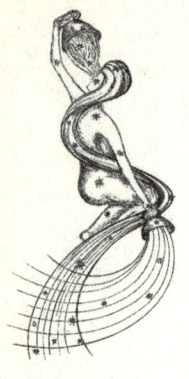

Verarbeite die Elixiere entweder sofort weiter oder, wenn du zu müde bist, bedecke sie gut mit Alufolie. So sind sie vor weiteren Einwirkungen geschützt, ihre Mondwasser-Edelstein-Spezifität bleibt voll erhalten, und du kannst sie am nächsten Tag weiter verarbeiten.

Nimm nun die jeweiligen Edelsteine mit sauberen Händen, besser mit einem Silberlöffel heraus, gieße das Edelsteinmondwasser über einen Trichter in deine braunen Medizinflaschen, und gib jeweils etwas guten Cognac zum Haltbarmachen dazu, auf 50 ml Wasser etwa drei Eßlöffel.

Etikettiere und beschrifte nun deine Flaschen, klebe Tesafilm über die Etiketten und bewahre sie kühl auf. Sie werden dir gute Dienste leisten. Überlege dir, welche Elixiere du für Tropfen und welche du zum Versprühen verwenden willst. Pipettenaufsätze sowie Sprühaufsätze für deine Flaschen bekommst du ebenfalls in der Apotheke.

. . . Beenden

Wenn du magst, kannst du deine Fläschchen mit den Elixieren, nachdem sie fertig sind, nochmals in spiraliger Anordung aufbauen und sie segnen oder sie rituell nochmals besonders weihen. Der kosmische Segenslaut OM und ein Dank genügen aber auch.

Natürlich . . .

brauchst du dir nicht gleich eine ganze Batterie von Edelsteinelixieren zubereiten, wenn du nur ein bestimmtes Elixier haben willst oder du nur wenige der Edelsteine hast. Aber auch, wenn du nur ein einziges Halbedelsteinchen hast und nur *ein* Elixier erstellen willst, könntest du zusätzlich die Heilkraft der Spirale nutzen: Lege dann Natursubstanzen, Muscheln, Tannenzapfen, interessante Steine, Nüsse oder auch Knöpfe (magische Elemente des Erdenprinzips) spiralförmig aus. Du kannst auch beschriftete Kärtchen mit einer Bitte, einem Wunsch, einer Invokation dazulegen.

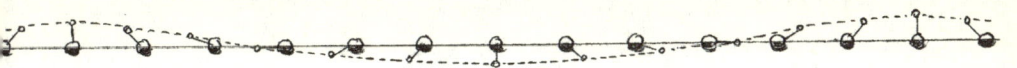

DEINE LICHTAPOTHEKE:

Edelsteine, die Mondkräfte übertragen

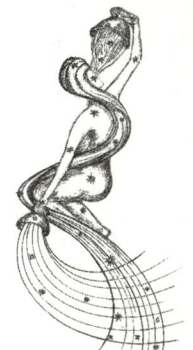

Nachfolgend findest du einige Edelsteine kurz besprochen, und zwar vorrangig, was ihre Übertragungskräfte im Mondlicht und in Wasser angeht. Der Wassermannmond ist für die Herstellung deiner *Lichtapotheke* zwar ganz *besonders* gut geeignet, doch findest du in diesem Edelsteinkapitel auch noch weitere Tierkreis-Zuordnungen für den jeweiligen Edelstein, die du sowohl für das Ansetzen als auch für die Anwendung nutzen kannst. Die Kräfte des jeweiligen Tierkreiszeichens wirken dann mit hinzu.

Die Angabe der Chakren bezieht sich auf den *ersten* Ansatzpunkt der Heilwirkung, dem nachfolgende Wirkungen folgen. Zudem gebe ich dir noch weitere Zuordnungsmöglichkeiten an. So kannst du

1. das Ritual auch besonders gut zum angegebenen Mond durchführen,
2. die Steine auch zu den angegebenen Mondzeiten besonders heilsam als Chakrastein oder Schmuckstein einsetzen,
3. zu diesem Mond andere Rituale mit dem angegebenen Stein durchführen, wie etwa Symbolschmuck erstellen, einen bereits vorhandenen Talisman weihen und anderes mehr.

Der Lapislazuli
Zuordnung: Mond im Wassermann und in den Fischen
Chakren: Scheitel, Stirn, Hals
Heilrichtung: Kraft schöpfen aus der Ruhe, Fürsorge, Bluterneuerung, »die Gabe der Götter«.

So spricht der Engel des Lapislazuli:
Ich verwandle dieses Mondwasser in Heilwasser.
Ich wirke auf deine Augen ein, damit sie besser das Geistige und das Licht sehen.
Ich wirke auf dein Gesicht und auf deine Haut ein, damit sie klar und rein werden.
Ich helfe dir, zu gesunden, wenn du traurig bist
und wenn du dich einsam und verlassen fühlst.
Dann benetze deine Stirn mit diesem Heilwasser.

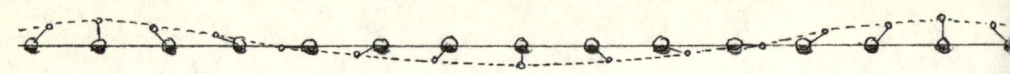

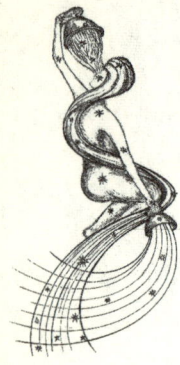

Der Carneol
Zuordnung: Mond im Krebs
Chakren: Harazentrum, Solarplexus, Sexualzentrum
Heilrichtung: Sonnenwärme (einer höheren geistigen Sonne)
für die Seele, Blase, Niere und den gesamten weiblichen Bereich

So spricht der Engel des Carneol:
In dem Augenblick, in dem ich das Wasser, den spiegelnden
Mond und das Sternenlicht darin berühre, bin ich aktiviert:
ich schenke dir Sanftheit, Muße und Freude
und ich erwecke dein inneres Kind.
Du hast leichteren Zugang zu deinem innersten Wesen, wenn
du mein Wasser auf deine Chakren sprühst. Ich helfe dir, wenn
du nicht mehr weiter weißt. Du kannst mich auch auf deine
Handgelenke auftragen, dann gebe ich dir Zuversicht und Mut.

Der Aventurin
Mond im Schützen
Chakren: alle
Heilrichtung: Durchströmung mit Lebensenergie

So spricht der Engel des Aventurin:
Ich helfe dir, wenn du unter irgend etwas leidest, wenn du
Schmerzen oder existentielle Probleme hast. Dann gib mein
Wasser auf ein Tuch und mache dir damit Umschläge; entweder an den schmerzenden Stellen oder auf deiner Stirn oder den
Händen. So wirst du Linderung und Aufmunterung erfahren.
Ich helfe dir auch, einen gangbaren Weg zu finden, wenn du
dich vor dem Schlafengehen auf mich und auf deine Träume
einstellst. Vergiß aber nicht, dir dein Traumtagebuch samt Stift
neben dem Bett zurechtzulegen!

Der Regenbogenobsidian
Mond im Skorpion
Chakren: Herz
Heilrichtung: Herz, Blut, Lymphe

So spricht der Engel des Regenbogenobsidian:
Ich helfe dir, wenn dein Leben grau ist und du dich arm fühlst.
Dann erwecke ich die Wasser deiner Seele und lasse sie Voll-

kommenheit ahnen. Nimm mich zu Heilmeditationen und verwende mich in einer Sprühflasche; so bin ich am wirksamsten.

Die Koralle
Mond im Schützen und im Krebs
Chakren: Herz
Heilrichtung: Herzkraft, Blut und Lymphe, Zahnfleisch

So spricht der Engel der Koralle:
Ich helfe dir, wenn du Zahnfleischbluten hast oder wenn eine Wunde deine Seele bedrückt, an der du nicht genesen kannst. Mit meinem Wasser kannst du dir immer wieder den Mund spülen und es dir auch auf die Haare sprühen; dann wird es besser werden mit dir.

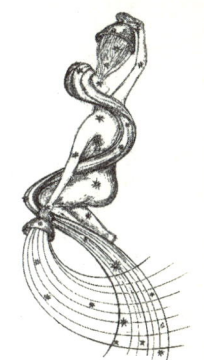

Der Sodalith
Mond im Steinbock und in den Fischen
Chakren: Füße, Herz, Solarplexus
Heilrichtung: universeller Schutz

So spricht der Engel des Sodalith:
Ich helfe dir, ein Schutzfeld aufzubauen. Verwende mich, um dich vor fremden Energien, gleich welcher Art zu schützen; zu Hause, auf Reisen, in Menschenmengen oder wo auch immer. Am besten bin ich wirksam, wenn du mein Wasser als Bestandteil einer Lotion oder einer Creme benutzt.
Du kannst mich aber auch einfach versprühen, besonders auf dem Scheitelchakra und auch auf den Handflächen. Zugleich damit solltest du dich, eingehüllt in ein blaues Lichtei, visualisieren.
Du kannst mich aber auch einfach zu einer beliebigen Körperlotion, die du bereits hast, hinzufügen, um eine Schutzlotion zu erhalten. Verwende mich bis zu einem Drittel und schüttle gut. (Die Schutzenergie hält sich, wenn du dich mit einer Lotion oder Creme eingerieben hast, weitaus länger!)

Der Milchquarz
Mond im Steinbock und im Schützen
Chakren: Hals
Heilrichtung: Haut, Nerven

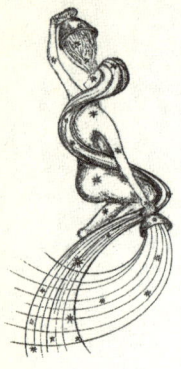

So spricht der Engel des Milchquarz:
Ich helfe dir, wenn du Hautflecken oder Warzen hast. Verwendest du mein Heilwasser nur bei abnehmenden Mond, so helfe ich dir, diese Erscheinungen zum Verschwinden zu bringen. Beginne die Anwendung (Aufsprühen) bei Vollmond, und beende bei Neumond.
Verwende mich aber niemals bei zunehmendem Mond, denn sonst machst du das, was du loswerden willst, nur schlimmer. Dies gilt übrigens auch, wenn du solche Hauterscheinungen mit Kräutern oder Homöopathie beseitigen willst!

Der Türkis
Mond in der Waage, in der Jungfrau und in den Fischen
Chakren: Hals
Heilrichtung: Blut, Haut, Gesichtssinne, Nerven, hoher Engelschutz

So spricht der Engel des Türkis:
Ich bin dir hilfreich, wenn du Probleme mit deinem Blut hast, welcher Art auch immer. Dann nimm von meinem Elixier einen Mondzyklus lang jeden Abend drei Tropfen vor dem Schlafengehen ein. Ich verbinde dich mit den himmlischen Kräften und mit deinen Engeln. Sie helfen dir, ganz besonders dein Blut stark, kraftvoll und gesund zu machen. Ich bin der Stein der Engel, des Engelschutzes und ich bin auch ganz besonders der Stein der Kinder. So nutze mich und mein Heilelixier entsprechend.

Der Malachit
Mond in der Waage und im Krebs
Chakren: Solarplexus
Heilrichtung: Entgiftung

So spricht der Engel des Malachit:
Wenn du eine Wunde hast, so kannst du mit meinem Wasser – ein Eßlöffel auf eine Schüssel Wasser – Umschläge machen. Ich helfe dir, die Wunde zu reinigen, Gift auszuleiten und die Wunde dann zu schließen. Dies gilt besonders auch für den seelischen Bereich. Auch wenn du dich kraftlos, krank oder gekränkt an Leib und Seele fühlst, bin ich dir hilfreich. Dann tränke einen Wattebausch mit meinem Elixier, und lege mich

auf deine Stirn, während du ruhst. Meine Hilfe wird dir dann zufluten.

ACHTUNG!
Ich bin aber nicht geeignet, um innerlich eingenommen zu werden.

Der Chalzedon
Mond im Steinbock
Chakren: Hals
Heilrichtung: Kräftigung, Klärung, Reinigung

So spricht der Engel des Chalzedon:
Ich bin dir nützlich, wenn du Eiterherde im Körper hast; ganz besonders nützlich bin ich deinem Gesicht, wenn du hier z. B. Akne oder Eiterpickel hast. (Bei Akne, aber auch bei allen Eiterungen und Entzündungen solltest du unbedingt auf Schweinefleisch und daraus hergestellte Wurst verzichten; denn es enthält Homotoxine – das sind für den Menschen grundsätzlich giftige Stoffe –, die mannigfaltige und ständig wiederkehrende Entzündungen im ganzen Körper, in Organen und auf der Haut hervorrufen. Literaturverzeichnis.) Du kannst mich auf dein gereinigtes Gesicht aufsprühen oder Umschläge mit meinem Elixier machen. Auch als Beigabe zu einer Lotion, auch einer Reinigungslotion eigne ich mich sehr gut. Als Sprühelexier reinige ich auch deine Aura und deinen Ätherkörper. Ich kühle dich, wenn du brennende oder hitzige Wunden hast; bei Infektionen, Sonnenbrand und Verbrennungen wirke ich heilsam. Auch reinige ich deinen Atem und helfe dir, wenn du Lungenprobleme sowie übermäßige Sorgen hast. Auch für schwere, hitzige Beine oder Füße und bei Krampfadern bin ich hilfreich! Bei Nebenhöhlen-Vereiterungen wirke ich kühlend und helfe, das Gift und den Eiter auszuleiten. Verwende mich hierfür, indem du Umschläge mit mir machst und mich mit Hilfe einer Sprühflasche versprühst.

Der Bernstein
(hierfür nur der zitronengelbe und undurchsichtige!)
Mond im Stier und im Wassermann
Chakren: Stirn, Scheitel, Hals

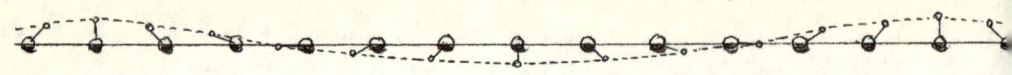

Heilrichtung: Öffnung karmischer Blockaden, Befreiung, Heilung

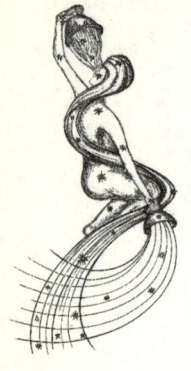

So spricht der Engel des Bernstein:
Mein Elixier befreit dich von Betrübnis. Ich wärme deine Seele und gebe dir Hoffnung, Zuversicht und Mut, wenn du solche bereits verloren hattest. Ich helfe dir auch, deine Angelegenheiten zu ordnen. Sprühe mich mit der feinsten Sprühdüse, die du nur auftreiben kannst, wie einen feinen Nebel und atme mich ein. Erneuernde und zugleich stärkende Kräfte werden dir dann von deinem innersten Zentrum her zuströmen.

Der Moosachat
Mond im Stier und im Zwilling
Chakren: Stirn, Hals
Heilrichtung: die Naturkräfte leichter zulassen, Verbindung, besonders mit der Natur

So spricht der Engel des Moosachat:
Wenn du Schilddrüsenprobleme hast, so trinke mein Wasser, täglich einen Eßlöffel am Abend, solange du das Bedürfnis danach hast. Deine Schilddrüse wird sich auflockern und dir die Kräfte zufließen lassen, die du brauchst. Ich schenke dir auch mehr kreative Identität.

Der Rhodochrosit
Mond im Stier und in der Jungfrau
Chakren: Herz, alle
Heilrichtung: Blutkraft, Herzkraft, Nerven, Streß, Reinigung, auch von seelischen Wunden

So spricht der Engel des Rhodochrosit:
Mit meinem Elixier kannst du Wunden endgültig schließen, auch Narben verkleinern und verbessern. Auch mache ich deine Zähne schön weiß und glatt und auch von innen her kräftiger. Auch deine Fingernägel und die Fußnägel werden glatt und kräftig. Du kannst mit mir Umschläge machen, mich tropfenweise einnehmen oder mich als Mundwasser verwenden. Natürlich mußt du mich kurmäßig anwenden, wenn du Ergebnisse sehen willst! Wenn du mein Elixier auf deiner Brust einreibst, so schenke ich dir meine herzstärkende Kraft.

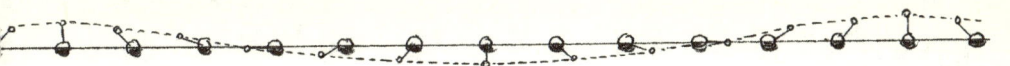

Der Zitrin, aus einem Amethysten gebrannt
Mond im Löwen
Chakren: Herz, Hals, Stirn,
Heilrichtung: Aktivierung körpereigener Abwehrvorgänge

So spricht der Engel des gebrannten Zitrin:
Ich bin durch die Transformation des Feuers gegangen. Deshalb bin ich der Stein, der die Kraft der Sonnenstrahlen sogar im Mondwasser für dich verfügbar machen kann. So vermittle ich dir von beidem: Leben fördernde Sonnenkraft und mondklärende Informationen für deine Zellen; beides im Austausch und Wechsel. Mein Wasser kannst du trinken; es öffnet innere Grenzen und fördert auf der Zellebene den Austausch von Kalium und Natrium – die sogenannte Ionenpumpe –, eine Voraussetzung für einen gesunden Organismus.
Wenn du mit mir Umschläge auf deine Augen machst, kräftige ich deine Augen und helfe dir, besser zu sehen. In allen Bereichen, wo es für dich um Austausch geht und um Anregung von Funktionen, verwende mich zusätzlich. Ich aktiviere auch deine Schilddrüse und mache dich munterer. Auf deine Haare gebe ich dir Sternenglanz, wenn du mich nach dem Haarewaschen auf sie versprühst.

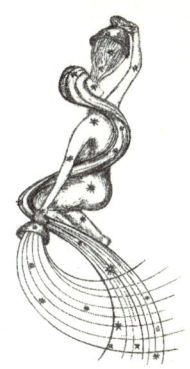

Der Rauchquarz
Mond im Skorpion und in der Jungfrau
Chakren: Hals
Heilrichtung: Entfettung, Stabilität

So spricht der Engel des Rauchquarz:
Ich gebe dir Festigung und Durchhaltekraft, stärke deine Knochen, dein Zahnfleisch, deine Standfestigkeit und Stabilität. Du kannst mich trinken, indem du einige Tropfen meines Elixiers in Wasser oder auch in deine Getränke gibst und gut verrührst. Auch kannst du mich zu Abnahmekuren verwenden, denn ich entgifte die Bereiche, um die dein Körper eine Schutzschicht aus Fett gebildet hat, damit du mit deinen Seelenschmerzen leichter leben kannst. Nimm mich dann zum Einreiben, und nimm mein Elixier auch ein, besonders am Abend.

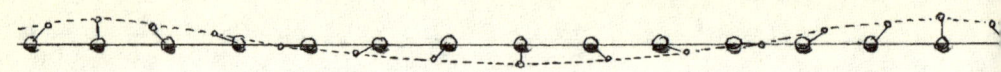

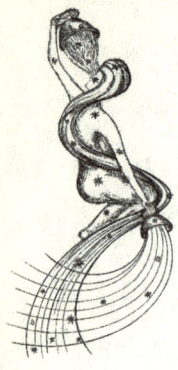

Das Tigerauge
Nur als Sonnenstein tragen und verwenden!
Chakren: Solarplexus, Herz
Heilrichtung: Entgiftung durch Herz- und Sonnenstrahlung;

Achtung:
Niemals für Mond-Heilwasser verwenden!

So spricht der Engel des Tigerauge:
Mich darfst du nicht für Wasser- und Mondelixiere verwenden; ich würde deine Zähne lockern und dein Augenlicht verschlechtern. Meine Kräfte wollen nicht mit Mond und mit Wasser verbunden werden.

Der Calzit
Mond im Wassermann und im Zwilling
Chakren: Herz, Stirn
Heilrichtung: Aufbau, Blutkräftigung, Abwehr

So spricht der Engel des Calzit:
Ich kräftige deine Zähne und reinige dein Blut, besonders wenn es mit Krankheitserregern belastet ist. Tropfe mich auf ein sauberes Taschentuch, und atme meine Kräfte ein; anders kann ich nicht angewendet werden.

Der Hämatit
Mond in Skorpion und im Krebs
Chakren: Solarplexus, Steißbein
Heilrichtung: Wärme, existentielle Stärkung

So spricht der Engel des Hämatit:
In Mondwasser eingelegt, schenke ich dir existentielle Grundkräfte, Wärme, Schutz und die Kraft, dir ein Heim und ein Haus zu erbauen, in welcher übertragenen Bedeutung auch immer. Ich stärke zudem alles Mütterliche.
Zum Einnehmen bin ich nicht geeignet und zum Versprühen nur bedingt. Am besten, du tropfst mich in ein Bad oder in ein Fußbad oder stellst mich unter dein Bett, im Solarplexusbereich oder im Unterleibsbereich; denn in dieser elementaren Wärme kann ich mich am besten entfalten.

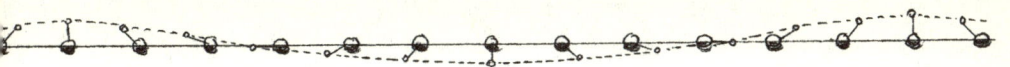

Der Amethyst
Mond im Schützen und in den Fischen
Chakren: alle
Heilrichtung: Schutz, Aufbau, Kräftigung, Heimatgefühl

So spricht der Engel des Amethyst:
Ich schenke dir Gelassenheit, Ausgeglichenheit und Vertrauen
in die himmlischen Mächte. Du kannst mich in dein Badewasser geben oder mich versprühen. Besonders auch auf deine
Fingernägel versprüht, bin ich dir nützlich als Notfallmittel
gegen Schock; besonders für Schock nach Verletzungen.

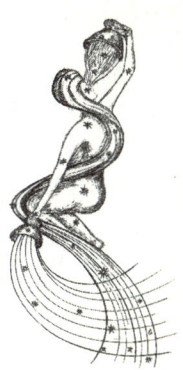

Der Bergkristall
Mond im Zwilling, im Stier und im Steinbock
Chakren: Stirn, Hals
Heilrichtung: universell verwendbar, wenn mit Wissen ent-
sprechend eingesetzt

So spricht Göttin Erde im Bergkristall:
Wenn du mich als *Kristall mit gewachsener Spitze* einsetzt, so
solltest du mich in deinem Mondwasser mit dem Kompaß – die
Spitze nach Norden – ausrichten. Dann verbinde ich dich mit
dem Mittelpunkt der Erde, mit dem Polarstern und mit allen
geistigen Wesen im Zentrum der Erde. Dadurch wirst du Ich-
bestimmter und bekommst eine immer präzisere und eindeuti-
gere Persönlichkeit. Du weißt, was du willst, und du weißt, was
ich, Mutter Erde, von dir will. Du kannst dich besser durchsetzen, klarer sein. Deine Wirk- und Umsetzungskräfte wachsen.
Nimm meine Kräfte dafür tropfenweise ein, so oft du nur willst.
Wenn du mich als *Kristall mit geschliffener Spitze* einsetzt, so sind
meine Kräfte ähnlich dem gewachsenen Kristall; doch liegt der
Schwerpunkt hier mehr auf den Umsetzungskräften deiner
Handlungen. Du kannst mich am besten immer wieder zwischendurch abwechselnd zu dem obigen Kristallelixier nach
deinem Ermessen verwenden.
Wenn du mich als *rund zugeschliffenen Kristall* verwendest, so
mache ich dich weich und zärtlich und verbinde dich mit aller
Natur. Mein Wesen ist dann Verbrüderung. Ich bin dir dann
eine gute Grundlage auch für andere Heilkräfte, besonders für
Kräuterzubereitungen und für Heiltee, denen du mich tropfenweise zugeben kannst.

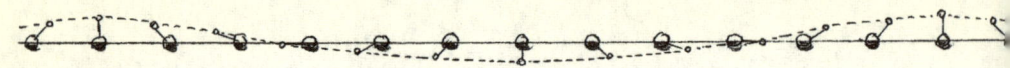

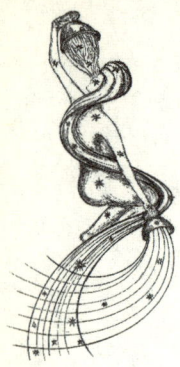

Der Rosenquarz
Mond in allen Zeichen und in allen Sternen
Chakren: alle
Heilrichtung: universelle Lichtverbrüderung

So spricht der universelle Lichtgeist des Rosenquarz:
Ich bin universell einsetzbar. Ich lindere Schmerzen, vertreibe
Trauer, schenke Mut und Hoffnung, kühle zu Hitziges und
wärme dich, wenn deine Seele erstarrt ist. Ich verbinde dich
stets mit den himmlischen Kräften. Nutze mich in jeder möglichen Art, besonders auch zur Meditation, zum Einschlafen und
für die Kinder.

So kannst du dir deine ganz persönliche *Lichtapotheke* anle-
gen. Die Sprühflaschen mit den Mond-Edelsteinessenzen
solltest du dann stets griffbereit haben. Viel Spaß also beim
Lichteinfangen!

DER FÜNFTE MOND IN DEN FISCHEN
Umkehr

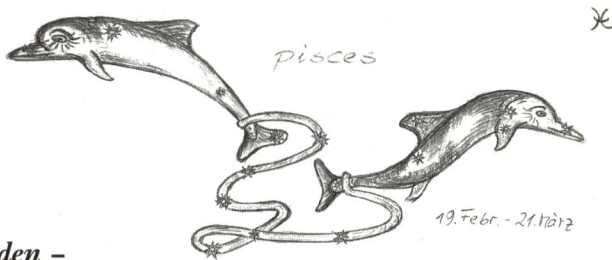

pisces

19. Febr. – 21. März

Mit Homöopathie heiler werden –
Die Antistreß- und Notfallapotheke

Die Natur steht jetzt in einem Frieden, der sich über den Dingen dieser Welt befindet. Wenn du zur Fischezeit spazieren gehst, dann laß doch einmal die Bäume des Feldes und Waldes aufmerksam auf dich wirken. Vielleicht findest du eine Bank, auf der du – warm eingehüllt – sitzen, erste Sonnenstrahlen tanken und dich dabei zugleich den Naturkräften öffnen kannst. Liegt da nicht eine Art von Fremdheit, von Abwesenheit und Ferne über den nackten Bäumen? Ist da nicht etwas wie aus der Welt Herausgezogenes um sie? Wie Fremdlinge stehen sie da auf diesem Planeten und erzählen uns durch ihre geistige Abwesenheit, daß es andere Dimensionen geben muß, in denen sie sich jetzt aufhalten. Du könntest dein kreatives Tagebuch mitnehmen und dir aufschreiben, was du wahrnimmst, wenn du dich zur Zeit der Fische in die Natur hineinempfindest. Du könntest sogar ein kleines Ritual daraus machen und zu jedem Beginn eines neuen Tierkreiszeichens oder zu einer bestimmten Mondstellung auf derselben Bank sitzen und die Natur erfühlen.

Schreib dir deine Empfindungen in dein Mondtagebuch und vergleiche auch deine Beobachtungen mit denen der vorausgehenden Tierkreiszeichen. Du wirst sicher einiges über dich, den Jahreskreislauf der Natur und deine sich stetig verändernden Wirkkräfte im »Rad« des Lebens und der Qualität von Zeit lernen. Ein neues Verstehen wird dich durchdringen, das dich heiler machen kann und das dir sicherlich dein Leben in manchem erleichtern wird.

Die Weide, ein uralter magischer Zauberbaum, gehört mit zu den ersten, die dich mit ihrem Blühen in dieser Zeit erfreuen.

Siehe auch:
Büchertips

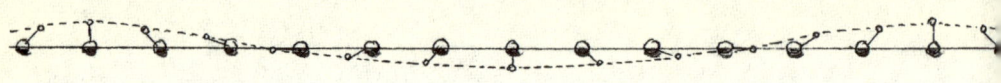

Sie hat die Kraft, die Trennung zwischen Himmel und Erde, die sich während der Fischezeit offenbart, zu durchdringen. Ihre Kräfte sind ganz besonderer elektromagnetischer Natur: Sie strömen *gleichzeitig* von innen nach außen und von außen nach innen und heben damit in gewisser Weise ihre eigenen Polaritäten wieder auf. Dadurch bekommt die Weide eine ganz besondere Magie. Sie kann den Menschen mit Himmel und Erde verbinden, die Zeit auflösen und ihm so zu Reisen in die Vergangenheit wie in die Zukunft dienen, alles die Themen des Fischezeichens. Ähnliche Kräfte haben der Haselstrauch, der Holunderbaum, die Birke, die Esche und der Weinstock. In der Tarotkarte DER GEHÄNGTE finden wir dasselbe Zeit-auflösende Umkehrprinzip der Fischezeit, worin zugleich das Hängeopfer Odins wie auch das Kreuzigungsopfer Jesu Christi seine Abbildung findet. In der Umkehrkraft des GEHÄNGTEN wie im Fischezeichen liegen Einweihungsmysterien verborgen. Von hier aus kann Gnade geschehen.

Diese Bäume finden seit alter Zeit in den Mysterien Sinn und Ausdruck. Nicht umsonst gehört der Weinstock zum Christus-Mysterium, und der Weltenbaum Yggdrasil wird als eine Esche dargestellt. Vielleicht magst du dich zur Fischezeit einmal an einen Weidenbaum stellen, ihn umarmen und dich von seinen Kräften durchströmen, segnen und erneuern lassen? Oder du besorgst dir einen Strauß Weidenkätzchen und stellst sie – als Boten des Himmels und der Erde – in die Nähe deines Arbeitsplatzes. Verbinde dein Bewußtsein, so oft du kannst, mit ihnen. Vielleicht erzählen sie dir dann etwas, was dich gerade jetzt besonders stärkt?

Göttinnentexte zum Ende des Fischezeitalters, siehe: Büchertips

Im Zeitgeist der Fische

Die Zeit der Fische trägt etwas Endgültiges in sich; hier gibt es eine Energie, die vom Ende *aller Dinge* spricht. Hier geht es – jedenfalls für Materielles, oft genug aber auch für den irdischen Geist – nicht weiter, und so kann man nur *umkehren*. Dadurch wird eine Erkenntnis angeregt, daß nach etwas vollständig Neuem gesucht werden muß – in geradezu zwingender Weise. Alle vorherigen Prinzipien und Energien sind nicht nur blockiert, sondern schlicht und einfach beendet.

Wenn du selbst in deinem Leben einmal an solch einem existentiellen Ende ankommst und *mit dem Rücken an der Wand* stehst, dann denk an die Botschaft des *Gehängten*: laß zu, daß sich in dir eine Umkehr durch höhere als durch irdische Gesetze gestaltet. Betrachte dein Thema dann nicht unter dem Gesichtspunkt materieller Dinge, irdischer Zeitgesetze und des irdischen Verstandes. Laß das Höhere Raum in dir nehmen und sich durch dich ausdrücken. Gib dann nicht auf, so schlimm deine Angelegenheiten auch aussehen mögen, sondern übergib dich einer höheren Kraft: Vertraue dem Schöpfungsgeist. Sprich deine immateriellen Helfer an, kämpfe jetzt nicht – laß alles los und bete.

Die Seelenbilder des Tarot könnten dir dann sicherlich auch hilfreich sein.

Auch im Karneval, dieser uralten heidnischen Festzeit findest du die hier waltenden Kräfte symbolisch in vielerlei Art ausgedrückt. Der Karneval beginnt am 11. 11., im Skorpion also, dem ersten und dunklen Mond, und er endet – nach einer närrischen (Fische-)Zeit, in welcher die Gesetze von Ordnung, Struktur und Zeit umge*kehrt* wurden – mit einem *Kehraus*. Das Ankommen an einer Grenze, die Umkehr vom Feiern und Fröhlichsein, die Wende vom Spielerischen zum grenzsetzenden Tod wird am Faschingsdienstag um Mitternacht symbolisch durch das »Köpfen des Narren« gefeiert. Danach beginnt die Fastenzeit. DER NARR im Tarot, die Karte mit der kosmischen Zahl Null – der Zeitlosigkeit – erzählt uns davon, daß es Kräfte und Seelenenergien gibt, die uns in solcher Situation Flügel verleihen und uns über den großen Weltenabgrund und über die Grenze des Todes hinaus tragen. Wir sind in ihnen geborgen.

DIE BOTSCHAFTEN UND KRÄFTE
DES FISCHEMONDES

Wir können die im Fischemond herrschende Erfordernis zur Umkehr und zur Veränderung mit den Programmen und Dateien auf einer mit Informationen gefüllten Computerdiskette vergleichen: sie kann nur dann auf ein anderes System übertragen werden, wenn dieses kompatibel ist. Für die Kompatibilität und Konvertierung universeller Informationen sorgt in unserem Sonnensystem der Mond, denn allein er ist in der Lage, solche vollständigen Umstellungen, Umkehrungen und Wech-

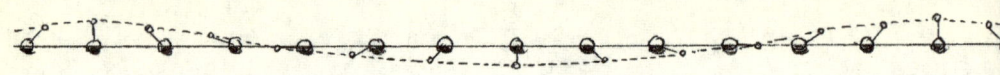

sel zu veranstalten. Und auch nur die mondische Seelenenergie ist in der Lage, im namenlosen Feld zwischen der alten und der neuen Ordnung, eine solche *Konvertierung* zu überstehen. Denn erst aus dem Auflösungsfeld bisheriger Ordnung heraus können in der Folge die alten Muster und Bilder *übersetzt* und daraus wieder neue Lebensmuster gebildet werden.

Nur die Seele kann solch eine Auflösung überstehen, kann den eigenen Tod überstehen, denn sie ist ja die Transzendenz selbst. Die Seele ist es, die fühlt, daß sie bei diesem vollständigen Loslassen, dem Tod des Feststehenden und des Bekannten, von der großen Weltenseele selbst empfangen wird. Die Seele ist es, die den Mut aufbringt, sich in die universelle Einheit hinein aufzulösen, um sich in der Folge dann wieder aus dieser herauszugestalten, sich zu vereinzeln und sich erneut in das Gewand irdischer Individualität zu hüllen. Einem Menschen mit rein materiellen Bewußtsein ist solcherart seelisches Loslassen nicht möglich, weswegen er Ängste entwickelt. Diese Ängste beziehen sich nicht nur auf den Prozeß tiefgreifender Veränderung, auf den Tod an sich, sondern sie richten sich dann auch gegen alles Seelische und Mystische, gegen Transzendenz und Spiritualität.

Siehe auch: *Urkräfte des Universums*

Gerade auch unser zu Ende gehendes Fischezeitalter befindet sich in solch einem Auflösungsprozeß; es übergibt dem neuen Äon des Wassermanns gerade seine doppelseitige *Jahrtausend-Diskette*. Wir stecken schon mitten drin im Löschprozeß zweitausendjähriger Fische-Zeitgeist-Informationen! Dies ist der Grund für die gesellschaftlichen und religiösen Auf- und Ablösungsvorgänge, die von einem weitaus höheren Geist gesteuert werden, als wir uns dies auch nur vorstellen können. Es ist halt Auferstehungszeit jetzt, besonders für alle unsere Atome, die Moleküle und die alten Zeitgesetze, für die alten biophysikalischen und elektromagnetischen Strukturen. Eine geistig-irdische Umpolung findet statt, in unserem Körper, und nicht nur dort. Das universelle Umpolungsprogramm hat bereits begonnen, und wer aufmerksam ist, wird es allerorts spüren und erkennen, innerhalb seines Körpers und außerhalb desselben. Ein neues Seelenbewußtsein entfaltet sich in unseren Atomen, Molekülen, Zellen, im vegetativen (unbewußten) Nervensystem, in den Pflanzen, im animalischen Leben und in den Tieren.

Im Zeichen und Raum der Fische haben wir die zwei Hauptkräfte: die einer existentiellen Auflösung und die einer ebenso ursächlichen Neubildung; je einer der beiden Fische des Sternbildes steht für je eines dieser Prinzipien. Ihre kosmische Verbundenheit wird durch ein Band dargestellt; es ist die Nabelschnur der großen Muttergöttin, die ihre so ungleichen »Zwillinge« gleichzeitig in ihrer Obhut hat. Das Diesseits wie das Jenseits werden ja durch das Symbol *zweier* Fische dargestellt, und die große Muttergöttin hält schützend ihre Hände über diese ihre beiden so unterschiedlichen Weltenkinder.

Den Fischen sind im Menschen die Füße zugeordnet, und so stehen auch unsere beiden Füße für unterschiedliche Dimensionen. Behandle sie gut und danke ihnen gelegentlich – vielleicht durch eine Fußreflexzonenmassage mit duftenden Ölen –, nicht nur zur Fischezeit! Die Fische und ganz besonders der Fischemond lehren uns also, unsere *beiden* Füße auf die ihnen gemäße Weise zu gebrauchen. Sie lehren uns, daß es unsere Aufgabe als Mensch ist, zwischen beiden Welten – der Materiellen und der Immateriellen – einen Pfad der Mitte und damit der Heilung zu gehen und dabei die unbewußte vegetative und die animalische stoffliche Welt mit der geistigen Welt durch unser Wirken auf dieser Erde zu verbinden.

Siehe: Büchertips

Wenn der Mond in den Fischen steht, haben wir leichter eine Anbindung an die geistige und die transzendente Welt. Zugleich haben wir leichter die Möglichkeit, uns mitten hinein in die Bewußtseinswelt der Natur, der *animals* und der Pflanzen zu setzen und mit diesen in einem Prozeß der Verschmelzung heilsame Gespräche zu führen. Darum ist auch die Fußreflexzonentherapie so wirksam: durch die Berührung dieser Reflexzonen werden sowohl die körperlichen und körperbildenden animalischen Lebensfelder als auch die geistig-seelischen Bewußtseinsfelder angesprochen. Fußreflexzonenmassage, ganz besonders wenn sie zum Fischemond ausgeführt wird, ist sehr geeignet, als ein zusätzlicher Kommunikator und als Leitschiene für Gespräche mit der Seele, mit Engeln und geistigen Wesen zu dienen. Der Kontakt mit dem Unterbewußtsein wird ebenso wie der mit dem Überbewußtsein entsprechend der berührten Reflexfelder erleichtert.

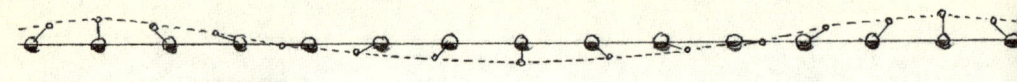

Mit ganzheitlicher Therapie über die Füße ist viel Heilsames, Öffnendes und Lösendes zu bewirken, weswegen du gerade hierzu (im Anhang) ein Buch für »Einsteiger« sowie Adressen und Schulen findest.

* Massage der Fußreflexzonen! Hierfür kannst du dich in die sensiblen Hände einer Therapeutin begeben oder dieses Heilverfahren selbst erlernen. Schließlich, sofern du dich durch ein Buch oder Kurse ein wenig mit den Grundlagen vertraut gemacht hast, warum solltest nicht auch du intuitiv die Füße deiner Partnerin, deines Partners massieren können?

* Stärkend wirken aber auch solche (spielerischen oder sportlichen) Sachen wie schweben, schaukeln, Aufzug oder Paternoster fahren (zum Spaß), Schiffschaukel und Riesenrad fahren, Trampolin springen, mal auf einen Baum, eine Mauer klettern und die Beine baumeln lassen, einmal auf einen (Kirch-)Turm steigen und dir die Welt unter dir betrachten. Ebenso gut tut dir jetzt Boot fahren, schwimmen, fliegen, segeln, Drachenfliegen. Fallschirmspringen; hüpfen, Seilspringen, tanzen z. B. ganz altmodisch im Dreivierteltakt dahinschweben. Mit solcherlei »Tätigkeiten« wird die Erdanbindung kurzfristig aufgehoben, und du fühlst dich freier. Du kannst auch während dieser Zeit besonders gut barfuß laufen, morgens den elektromagnetischen Austausch des Taues auf der Wiese nutzen, Fußbäder und sonstige fußpflegende Maßnahmen durchführen.

Schneiden der Nägel

Fuß- und Fingernägel sind, wie erwähnt, materialisierte Lichtflammen; betrachte dir einmal ihre Form unter diesem Aspekt. Sie stehen mit den höheren Welten, aus denen sie stammen, in stetigem Austausch.

Fußnägel im *Vollmond* geschnitten, bekommen einen Lichtschub aus höheren Welten; sie werden heller, klarer und flacher und übertragen kosmische Botschaften leichter.

Im *abnehmenden Mond* wachsen die Fußnägel leichter nach innen; hierbei wird ein Impuls des Verhärtens, Abdichtens und des Abschließens gegeben.

Zu *Neumond* geschnitten, werden die Nägel eher stumpf, haben dafür jedoch eine schützende Prägung für deinen Energie- und Ätherkörper erhalten.

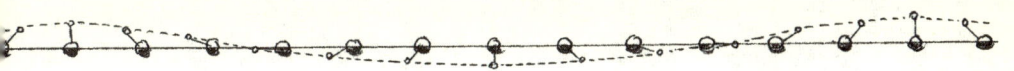

Bei *zunehmendem Mond* gibst du deinen Nägeln eine Prägung des nach Oben-und-außen-Wachsens. Wenn du also Fußnägel hast, die dazu neigen, nach innen zu wachsen, so solltest du die zunehmende Mondphase benutzen. Der Impuls ist bei zunehmenden Halbmond am stärksten; zugleich werden damit auch an deinen Körper, deine Seele und deinen Geist Informationen des Lockerns und Öffnens gegeben. Du kannst nun diese Impulse des Mondes nach deinen gegenwärtigen Erfordernissen nutzen.

Alle solche Mondimpulse gelten jeweils bis zum nächsten Schnitt. *Im Fischemond sind sie am ausgeprägtesten.* Probiere es aus, die Wirkung ist sicherlich auch für dich augenfällig.

WAS DU MEIDEN SOLLTEST . . .
. . . UND WAS DICH SCHWÄCHT

Besonders zu Fischezeiten Anspannung, Zeitstreß, seelischen Druck und stressige Auseinandersetzungen vermeiden. Das erzeugt jetzt stärkste bindende und verkrampfende Energie und bringt nur Dunkelheit, Kraftlosigkeit und Minderung hervor. Sieh zu, daß du dich in den zweieinhalb Tagen des Fischemondes so wenig wie möglich in »kleinkariert«-alltägliche oder in zeitgebundene Angelegenheiten ziehen läßt. Denn zum Fischemond muß die Seele wirklich fliegen und sich auflösen können – in etwas, das höher und größer ist als sie selbst.

HEILSAMES

* Alles, was die Atmung unterstützt; Die Heilkunde überhaupt, die Homöopathie mit ihrer *Umkehrwirkung* insbesondere und alles Heilsame an sich,
* dich anvertrauen: einer höheren Macht, deinem inneren Wesen, einem Baum, einer übergeordneten Weisung oder Idee, einem Auftrag,
* die Farben Lila und ein dunkles Violett, auch Schwarz-Weiß und Silber, Mystisches, Magisches, Alchymisches; religiöse Versenkung.
* Der Fischemond ist die wirksamste Zeit für Gebete und

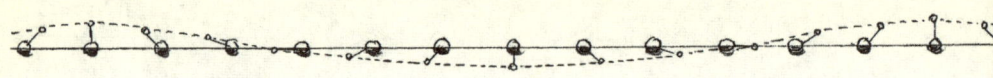

Anrufungen, die an Vermittler und Träger des Göttlichen gerichtet werden: an Heilige, an aufgestiegene Meister, an die vierzehn Nothelfer, an Engel und Erzengel, an die Madonna mit dem Kind, an Jesus Christus. Gerade auch an Materie geknüpfte Bitten und Fürbitten, wie etwa die Fürbitte*post*, die an Wallfahrtsorten, magischen Plätzen und heiligen Orten, an dort befindlichen Bäumen, Wänden, Mauern, Grenzen und Zäunen (alles Fische-Prinzipien) »befestigt« werden, haben zum Fischemond höchste magische Wirksamkeit und erreichen das Ohr deiner geistigen Helfer auf besonders ausgeprägte Weise!

DIE KÖRPERZUORDNUNG

Das Gesicht und die Füße, die Knochen, die Augen; die Haare, die Finger- und Fußnägel und die Ohren; die Lymphe und das rote Blut.

MIT HOMÖOPATHIE HEILER WERDEN

Deine Antistreß-, Reise- und Notfallapotheke
Jetzt im Zeichen der Fische und im Fischemond, wo die Heilkunde und die Heilkraft an sich verankert ist, könntest du beginnen, dir eine homöopathische Hausapotheke aufzubauen. Du kannst dir ein Streß- und Notfalletui zusammenstellen, eins für zu Hause, eins für das Handschuhfach deines Autos, eins für deine Arbeitsstätte. Vielleicht machst du das mit einer Freundin oder einem Partner zusammen oder mit deinen erwachsenen Kindern, dann macht das Ganze noch mehr Spaß.

Besorge dir für die Mittel, die du vermutlich am häufigsten sowie zum Nachfüllen brauchst, eine größere Packung. Für dein Notfall-Etui, das du dir beispielsweise aus festem, etwa dunkelblauen Markisenstoff – mit entsprechend vielen Zwischennähten, für jedes Fläschchen eine – nähen könntest, genügt jeweils eine Kleinstpackung deiner Mittel. Du könntest aber auch in einem Kosmetikgeschäft, auf einem Markt, in einem Dritte-Welt-Laden Ausschau nach einem passenden

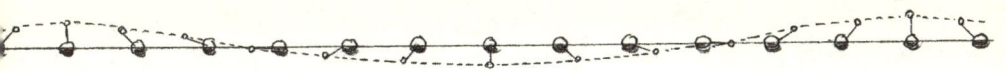

»Medizinbeutel« halten, der deine Heilmittel nach und nach aufnehmen kann. (Infos im Anhang)

Mach schon aus der Erstellung ein Ritual:

Besorge dir jede Woche einmal eines oder mehrere dieser Heilmittel bei einer Apotheke deines Vertrauens, die auch Naturheilmitteln gegenüber eindeutig positiv eingestellt ist. Denk aber dran, beim Abholen dein nächstes Heilmittel für die Folgewoche gleich zu bestellen. Alle aufgeführten Heilmittel sind frei verkäuflich und müssen nicht rezeptiert werden. Laß dich von einer netten Apothekerin beraten bezüglich Packungsgrößen und Kosten. Einige Heilmittel sind nur von speziellen Firmen erhältlich, wohingegen homöopathische Einzelmittel von mehreren Firmen angeboten werden, zu unterschiedlichen Preisen für dasselbe Mittel.

Was du wissen solltest: Der Gesetzgeber erlaubt bei homöopathischen Einzelmitteln keine Angaben von Indikationen (Anzeige, für welche Krankheiten oder Störungen dieses Mittel wirkt), weswegen du vergeblich nach einem Beipackzettel oder auch nur einer kleinen Anweisung suchst; was in diesem Falle auch angemessen und sinnvoll ist. Das kommt daher, daß ein homöopathisches Einzelmittel umfangreiche therapeutische Möglichkeiten auf die verschiedensten Krankheiten hat und daß zudem vorrangig der individuelle Zustand des Patienten und auch seine charakterlichen Anlagen und Gemüts(ver)stimmungen zur Mittelwahl führen. Die Verordnung der Mittel geschieht nach sehr individuellen Gesichtspunkten und bedarf somit nicht nur eines umfangreichen Wissens, sondern auch ausgedehnter therapeutischer Erfahrung, eine Portion Inspiration auch nicht zu vergessen. Jedes der Hunderte von Einzelmitteln hat einen vielfältigen Wirkungskreis, der mit deinem Wesen in Resonanz schwingen muß, um dir hilfreich zu sein.

Was du hier jedoch im Rahmen einer Notfallapotheke findest, ist eine kleine vertretbare Auswahl für Laienanwendung aus dem großen Arzneimittelschatz der Homöopathie. Die Auswahl ist darauf ausgerichtet, dir, deiner Familie und deinen Kindern auf Reisen, im Urlaub, aber auch im alltäglichen Leben schnelle und sinnreiche Hilfe zu schenken. Sei dir aber bitte dessen bewußt, daß auch jedes dieser hier nur kurz und für diesen besonderen Zweck aufgeführten Mittel weitaus mehr Möglichkeiten des Heilens hat als hier angegeben.

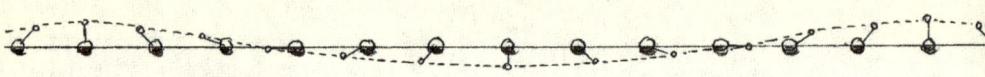

Und dann *verwende* die Mittel auch, freunde dich mit ihnen an, erwirb dir Erfahrungen damit! Dein moderner Medizin-beutel soll keine zweite Ausführung eines Automedizinkastens sein, den man hoffentlich nie benutzen muß, sondern will dir in vielen kleinen und größeren Nöten deines Alltags stets bereit-willige Hilfe leisten!

Achtung!
Selbstverständlich bedürfen echte Notfälle und viele Erkran-kungen einer ärztlichen oder klinischen Versorgung! Bis zum Eintreffen des Arztes kannst du mit deiner Grundausstattung und einem Grundwissen aber oft schon viel Gutes bewirken. Falls du in homöopathischer Behandlung stehst, darfst du je-doch keine Homöopathie auf eigene Faust betreiben, sondern solltest die Auswahl und Anwendung der Mittel mit deinem Therapeuten besprechen – denn es gibt etliche Mittel, die antidotisch sind, sich also nicht miteinander vertragen. Und außerdem: du kennst doch die Geschichte von den mehreren Köchen . . .

Die *Fische* haben es dich ja gelehrt: Wir Menschen laufen auf *zwei* Beinen, einem materiellen und einem spirituellen, und dies gilt gerade auch für das Heilen in Sachen Schulmedizin oder Naturheilkunde. Ein Verständnis dieser beiden »Beine« und Heilrichtungen untereinander wäre wünschenswert; wobei heute allerdings vorrangig das rein materielle und intellektuelle Denken die entsprechenden Schritte tun sollte.

Wenn du nach solch einem Mini-Einstieg »via Notfallapo-theke« womöglich für das Heilen mit Homöopathie Feuer fängst, so hast du heute eine Auswahl an Einführungswerken auch für Laien zur Verfügung, durch die du diese herausra-gende Heilmethode zu studieren beginnen kannst. Jedoch: für ein der Homöopathie *angemessenes* Studium mußt du schon mit Jahren rechnen.

Einführung (das allernötigste . . .!)
Homöopathische Heilmittel werden allen Naturreichen ent-nommen. So gibt es mineralische, pflanzliche und tierische Ausgangsstoffe. Sie werden (in Deutschland vorrangig) in einer Dezimalpotenz – D und einer dahinter stehenden Zahl, der Potenzierungs- und Dynamisierungszahl – angegeben: Da-

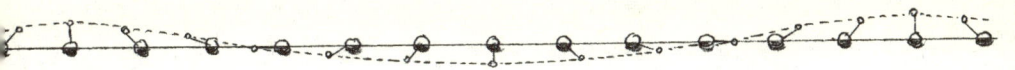

durch wird die energetische und informative »Ladung« des Heilmittels bestimmt, die durch ein spezielles Verfahren auf einen geeigneten »Ladungsträger« aufgebracht wird: Milchzuckerglobuli oder -tabletten oder Alkohol. (Es gibt auch Centesimalpotenzen – mit C angegeben und andere!)

Homöopathie ist eine energetische Medizin, und sie vermittelt Informationen. Deckt sich die Heilinformation eines Mittels mit einer Krankheitsinformation, so hat die erstere auf jene eine löschende Qualität. Der Lebenskraft wird die Chance zu einem Wiederneuanfang (Umkehren an der stofflichen *Mauer*, dem Fischeprinzip) gegeben, den diese so schnell wie irgend möglich nutzt. Bei Deckungsgleichheit der Informationen kann sich die Krankheit manchmal erstaunlich schnell auflösen. Wer je solche Heilung erlebt hat, weiß um die göttliche Gnade, die in der Homöopathie liegen kann. Die Heil*kunst* besteht eben darin, das deckungsgleiche individuelle Mittel zu finden – was oft wiederum nicht so einfach ist, wie es sich anhört und weswegen eben zu allem Wissen auch die Inspiration des Heil*künstlers* gehört.

Homöopathie beruht auf geisteswissenschaftlich-kosmischen Grundgesetzen, besitzt jedoch durchaus auch naturmagische Komponenten: Sie basiert bezüglich ihrer Herstellung auf dem Rüttel- und Schüttel- sowie dem Verreibungsprinzip (Potenzierung genannt) *den* naturmagischen Handlungen überhaupt. Die Geistkraft eines Mittels wird damit entwickelt und aus der Materie immer weiter herausentfaltet. Die Homöopathie ist ein Geschenk der Schöpfung an die Menschen, und nur ein Genius konnte dieses Heilgeschenk empfangen und solches Werk erschaffen. Begründer der Homöopathie ist *Samuel Hahnemann*, und wer sich seinen genialen Heilgedanken und seinem Werk achtsam nähert, spricht niemals von »Verdünnungen«! Homöopathie heilt stets mit *Dynamisierungen*, und so sind Homöopathika *dynamische Lebenskraftträger*!

Homöopathie heilt nicht eine Krankheit, sondern einen erkrankten Menschen in all seiner Eigenheitlichkeit.

Auf die besonderen und individuellen Zuordnungen eines Mittels in Übereinstimmung mit einem Menschen kann im Rahmen dieses Buches nicht eingegangen werden. Dennoch halte ich diese kleine Auswahl an Homöopathika für vertretbar, denn Tatsache ist: viele Menschen heilen im privaten Kreis ja

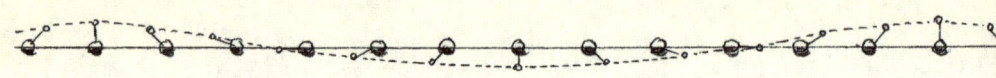

sowieso damit! Eine private Homöopathie-Sammlung kann durch die hier aufgeführten Heilmittel auch gut ergänzt oder aufgestockt werden. Die im nachfolgenden angegebenen Potenzen der Mittel, oft eine D6, sind als Richtwerte und als Hinweise zu verstehen.

Lerne die Namen deiner Heilmittel und wozu sie dienen auswendig. Wenn du deine Naturapotheke mit einer Freundin gemeinsam aufbaust, so hört euch gegenseitig die Heilindikationen ab wie Vokabeln! Denn wenn du in Not und Streß bist, mußt du dich mit deinen Mitteln bereits vertraut gemacht haben und direkt das richtige Mittel greifen können! (Du könntest aber zusätzlich auch kleine Anwendungskärtchen zu jedem Mittel schreiben und diese zu den Heilmitteln legen.)

Siehe auch beim Schützemond: Dort findet sich eine besonders gute Heilkraft bei der Anwendung von Homöopathie.

Siehe auch *Salze als Mikromotoren* und Büchertips

* Und denk daran: *alle* deine Heilmittel werden durch Rütteln und Schütteln unmittelbar vor der Anwendung – *die* magische Handlung überhaupt – stets aktiviert und intensiviert und ihre Lebenskraft wird dynamisiert!

Die erste Stufe deiner Hausapotheke

Zwei Heilmittel aus der Biochemie nach Dr. Schüssler bespreche ich etwas ausführlicher. Mit den *Salzen des Lebens* solltest du beginnen, dir Erfahrung zu erwerben. Du besitzt mit ihnen schon eine Grundausrüstung, die dir dein Leben lang äußerst gute Dienste erweisen wird! Probiere es aus!

Magnesium phosphoricum D12
Biochemisches Funktionsmittel Nr. 7

Das Schmerz- und Entspannungsmittel der Biochemie
* bei allen Schmerzen des Nervensystems, Neuralgien, bei scharfen, stechenden, ziehenden und periodischen Schmerzen,
* gegen Krämpfe, auch bei Wadenkrämpfen und bei blitzartigen, kolikartigen Schmerzen aller Art, auch bei »Bauchweh« von Kindern,
* gegen Blähungen, besonders solchen nervöser Art,
* zum Entspannen, bei Ärger, gegen Streß und Nervosität,
* bei Schlaflosigkeit, besonders solcher nach einer langen (Urlaubs-)Reise,

140

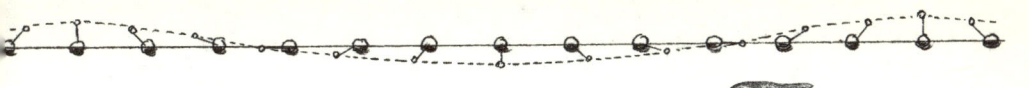

* bei Ängstlichkeit, Ängsten, Depressionen, Sorgen, Kummer, Schreck,
* unterstützend bei Hormonumstellungen,
* für »Morgenmuffel« zum Munterwerden am Morgen.
(Einige der biochemischen Heilindikationen entstammen der Feder und Erfahrung von Dr. Wolfgang Grüger, dessen Buch über Schüsslersalze du im Literaturverzeichnis findest!)

... und so wird es angewendet

Bis zu 10 der homöopathischen Milchzuckertabletten in kurzen Abständen nacheinander im Munde zergehen lassen; Oder die Schnell- und Intensiv-Anwendung: 10 Tabl. in gut heißem Wasser auflösen und schluckweise langsam austrinken.

Denke daran: dies ist immer als erste Hilfe gedacht. Halten die Schmerzen an, mußt du dir fachlichen Rat einholen!

Was ich dir zum Ausprobieren vorschlage ...

Nimm für einige Wochen täglich morgens nüchtern einige Tabletten Magnesium phosphoricum in heißem Wasser als Vitalisierungsdrink. Beginne zu Vollmond oder zu dem Mond, von dem du weißt, daß er die hellsten Seiten in dir zum Vorschein bringt. Gut geeignet sind auch die Zeiten, wenn der Mond im Krebs oder im Wassermann steht. Ein 28tägiger Einnahmezyklus – ein Mondlauf – ist eine optimale Kurzeit.

Ferrum phosphoricum D6
Biochemisches Funktionsmittel Nr. 3

Das Entzündungsmittel der Biochemie
* Bei Schmerzen im Zusammenhang mit Entzündungen,
* bei Infekten, Erkältung und Fieber.
* Bei Sonnenbrand: innerlich einnehmen, dazu 10 Tabletten in lauwarmem Wasser auflösen und Umschläge damit machen.
* Bei Ermüdung während einer längeren Autoreise: bereitlegen und immer wieder einmal eine Tablette im Munde zergehen lassen, in 10minütigem Wechsel mit dem Schüsslersalz Nr. 5, Kalium phosphoricum D6.

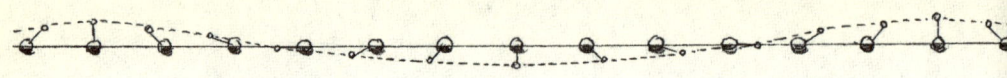

* Als Vitalisierungs- und Stärkungsmittel vor, während und nach körperlichen, aber auch geistigen und seelischen Anstrengungen aller Art; während des Wanderns, Bergsteigens oder sportlicher Anstrengung, auch der Kinder, z. B. bei Sportveranstaltungen, immer wieder eine Milchzuckertablette im Munde zergehen lassen,
* bei Kraftlosigkeit bis zur Hinfälligkeit, nach Blutverlusten, zur Operationsvorbereitung; wenn man Ausdauer braucht, egal für was; bei Bleichsucht und Anämie.
* Es bringt die Seele ins *Jetzt*, in die augenblicklichen Anforderungen; es bringt »auf den Punkt«; es reinigt und verbrennt die Schatten, die sich auf der Seele niedergelassen haben, und wirkt deshalb aufhellend und antidepressiv.
* Es gibt eine starke innere Wärme-, Durchsetzungs- und Willenskraft.
* Es hilft bei Überreizung, Überanstrengung und Nervosität
* und schenkt dir eine elektromagnetische kraftvolle Ausstrahlung!

... und so wird es angewendet

Bei akuten Zuständen: 5- bis 10mal täglich (bei Bedarf auch noch öfter, sogar alle 5 Minuten) je eine Tabl. im Munde zergehen lassen, besser: in heißem Wasser aufgelöst heiß trinken.

Bei chronischen Zuständen: nach Gefühl 1- bis 3mal täglich eine Tablette, besser: in heißem Wasser gelöst.

Was ich dir zum Ausprobieren vorschlage ...

Kurmäßige Anwendung, morgens nüchtern und insgesamt 3mal täglich je 6 Tabletten, in einem Glas heißem Wasser gelöst, heiß halten und in 5 Minuten Abstand schluckweise austrinken.

Ein besonders guter Beginn ist Vollmond oder wenn der Mond im Steinbock, im Widder oder in einem weiteren Feuerzeichen (Löwe, Schütze) steht.

Wenn du dir zuerst einmal mit diesen zwei Mitteln Erfahrung erwerben und dich mit ihnen anfreunden willst, schau auch mal nach dem Segnungsritual am Ende dieses Kapitels!

Die zweite Stufe deiner Hausapotheke

Rescue remedy
Das Bachblüten-Notfallmittel (Tropfen und Rescue-Notfall-creme)

Bringt tröstliche Beruhigung
* bei Schock, Unfall und Notfällen aller Art,
* bei Blutungen, Wunden, Verbrennungen,
* bei Ärger, Aufregung und Streß,
* in schwierigen Tagen oder Zeiten auch vor dem Einschlafen einzunehmen. Es unterstützt dich darin, deine Engel herbeizurufen, die dir erholsamen Schlaf und Heilungsträume senden.
* Wenn du bei Herausforderungen in Unruhe und nervöse Aufregung gerätst.
* Vorbeugend: vor einer Klassenarbeit, einer Prüfung, einem Examen, einer Gerichtsverhandlung, vor dem Zahnarzttermin und ähnlichem.

... und so wird es angewendet

Besorge dir eine Stockbottle – die Vorratsflasche –, und gib 20 Tropfen davon in eine 20–30 ml Pipettenflasche aus der Apotheke. Fülle mit gutem Quellwasser (auch in Flaschen im Reformhaus, Bioladen und manchmal im Supermarkt erhältlich) auf, und gib zuletzt ein wenig Branntwein (1 kleinen Eßl.) zum Haltbarmachen zu. Oder: laß dir eine Gebrauchsflasche bei deinem Therapeuten oder in der Apotheke zurechtmischen.
* Verwende für dein Notfalletui nur solche bereits fertig hergestellten Gebrauchsflaschen. Wenn es eilig ist, kannst du nicht erst mit Flaschen, Wasser und Branntwein herumlaborieren. Nimm bei Bedarf 5 – 6 Tropfen, so oft und mehrmals hintereinander – etwa in Abständen von 5 Minuten –, wie du das Empfinden hast, daß es dir gut tut.
* Du kannst die Gebrauchslösung auch in eine kleine Sprühflasche füllen – gibt's in der Apotheke – und auf deinen Nabel, deine Hände, dein Gesicht oder wo du es brauchst, versprühen! Dies ist eine sehr hilfreiche Anwendung, besonders auch für Kinder und Kleinkinder!

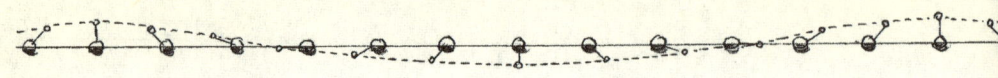

* Wenn du dich »aufgelöst« fühlst, reibe ein wenig der Creme auf die Mitte deiner Stirn – das dritte Auge – und auf deinen Solarplexus ein!
* Die Rescue-Cream *unterstützt* die innerliche Anwendung, wenn du sie auf die schmerzenden oder betroffenen Stellen einreibst.

Arnica montana D12 – Bergwohlverleih (Globuli)
* **Das wichtigste Wundheilmittel** des homöopathischen Arzneischatzes,
* bei Sturz, blauen Flecken, Blutergüssen, Beulen, Rissen oder nach Verletzungen mit einem stumpfen Gegenstand,
* sehr hilfreich bei dem oft begleitenden Schock!
* Bringt, oft erstaunlich rasch, Linderung der Schmerzen und Abschwellung,
* besonders geeignet auch für Kinder und Kleinkinder.

Dosierung und Anwendung:
etwa 6 Globuli im Abstand von einer halben Stunde im Munde zergehen lassen (in schweren Fällen in 15minütigen Abständen) und solange damit fortfahren, bis Linderung und Besserung eingetreten ist. Zusätzlich eine frische Serviette in eine Schüssel mit Wasser tauchen, in der einige Globuli Arnica gelöst wurden, auswringen und Umschläge damit machen.
* Auch als Tinktur für Umschläge, als Salbe oder Gel sehr empfehlenswert (laß dich in der Apotheke beraten).
* Vorbeugend: als Entzündungs- und Entkrampfungsmittel schon einige Tage vor Operationen, zahnärtlichen Eingriffen, einer Entbindung einnehmen.

Ein TIP noch an dieser Stelle:
Wer mit schweren, schmerzenden Beinen, Krampfadern und Venenentzündung zu tun hat oder wer dazu neigt, sollte eine Kur mit *Arnica montana* D6 durchführen:
Bester Beginn zu Neumond, wenn möglich auch noch in einem Feuerzeichen (Widder, Löwe, Schütze). Die ersten 5 Globuli werden zu Neumond eingenommen, dann jeden zweiten Tag einige Globuli am Abend, wenn es dunkel geworden ist. Das Ganze wird 1 ½ Mondläufe lang durchgeführt, so daß die Kur an einem Vollmond beendet wird. Pausieren und bei Bedarf erneut durchführen.

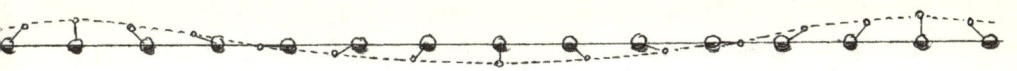

Stufe 3 deiner Hausapotheke

Und nochmals: Bitte denke daran, daß die nachfolgende Aufführung – zum besonderen Zweck einer Notfallapotheke für Laienanwendung – nur einen winzigen Umfang der therapeutischen Möglichkeiten der homöopathischen Heilmittel darstellt!

Für die Dosierung der folgenden Mittel gilt:
* Fingerspitzengefühl und Intuition!
* In akuten Fällen eine Tablette oder einige Globuli halbstündlich bis stündlich, bis Besserung eintritt; die Wirkung stets ausklingen lassen! Solange die positive Wirkung anhält, nicht mehr geben!
* Richtwert für die kurmäßige Anwendung bei subakuten und chronischen Erkrankungen: 1–2 Tabletten oder 1- bis 2mal einige Globuli täglich. Wenn Verschlimmerung eintritt, ist das Mittel meist besonders gut getroffen, aber die Potenzwahl und Dosierung erfordert therapeutiche Erfahrung. Das Mittel dann zunächst besser absetzen und einen Homöopathen hinzuziehen.
* Homöopathie ist hervorragend auch für Kinder, sogar Kleinkinder und Säuglinge (im Fläschchen gelöst) geeignet, vorsichtiges Dosieren, eventuell seltenere Gaben und achtsames Beobachten auf das Ausklingen der Wirkung vorausgesetzt!

Aconitum D6 – blauer Eisenhut
* Bei *plötzlich* einsetzendem Fieber, Erkältung, Infekten, Schmerzen und Nervenschmerzen, bei allen *stürmisch* einsetzenden und verlaufenden Affekten und Infekten, auch mit Herzbeteiligung, Angst und großer Unruhe. Hat Beziehung zum Vollmond.

Apis mellifica D4, D6 – die Honigbiene
* Bei Bienen- und Insektenstichen und -bissen,
* bei entzündlichen, geröteten Hauterscheinungen, die Insektenstichen und deren Schmerzen ähneln.

Arsenicum album D6, D12 – weißer Arsenik
* Bei Magenverstimmungen, Erbrechen Durchfall, Lebensmittelvergiftung mit brennenden Schmerzen und Angst.
ACHTUNG! Nur als Erste Hilfe. Sofort den Arzt rufen!

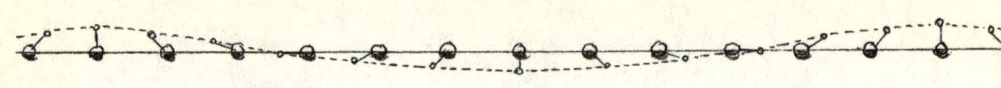

Belladonna D6, D12 – die Tollkirsche
* Bei hitzigen, schnell eintretenden Entzündungen, klopfenden Schmerzen, fiebrigen Rötungen und Schwellungen, besonders auch im gesamten Kopfbereich (Mandelentzündung, Ohrenschmerzen, Augenschmerzen, Kopfschmerzen), alles mit pulsierendem gerötetem Erscheinungsbild. Kann Beziehung zum vollen, aber auch zum neuen Mond haben.

Berberis D6, D12 – die Berberitze
* Zur Ausleitung von Stoffwechselschlacken durch elektromagnetische Ordnungsvorgänge, bei Muskel- und Gelenkrheuma, Gallen- und Nierengrieß bzw. -steinen; kurgeeignet und mit optimalem Beginn zu Vollmond.

Bryonia alba D6 – die weiße Zaunrübe
* Heftige, oft stechende Schmerzen und Erkrankungen verschiedenster Art, *wenn sie durch die geringste Bewegung verschlimmert werden!*

Calcium phosphoricum D6 – der phosphorsaure Kalk
* Schulkopfschmerz der Kinder, Knochenschmerzen, Lymphbeschwerden. Verbesserung schwächlich-nervöser Konstitution, wenn Verlangen nach Salzigem, Geräuchertem, Scharfen, Verschlimmerung durch Nässe und Besserung durch Essen vorhanden ist. Hat Beziehung zum Vollmond.

Cantharis D4, D6 – die spanische Fliege
* Bei Schmerzen durch Verbrennungen, Verbrühungen, Sonnenbrand
* und bei brennenden Blasenschmerzen und -entzündungen.

Carbo vegetabilis D12 – Holzkohle
* Bei starken Schwächezuständen, Kollapsneigung,
* Durchblutungsstörungen, Nervenausfällen, genereller Krankeitsanfälligkeit.
* Wenn die Lebenskraft gänzlich entweichen will.
Ein magisches Mittel, das in Hochpotenzen (D30, D200) ganz besonders wirksam ist, hierbei aber in Therapeutenhand gehört!

146

Hepar sulfuris D6 – Kalkschwefelleber
* Resorptions (Aufsaugungs)-Mittel bei drohenden Eiterungs-
  zuständen; ist der Prozeß schon zu fortgeschritten, so resor-
  biert der Körper die Krankheitsstoffe nicht mehr, sondern
  zieht sie zusammen und bringt sie zur gezielten Austreibung
  nach außen. Bei Abszessen, Eiterpickeln, Pusteln, Gersten-
  korn, eitrigen Entzündungen.

Hypericum perfoliatum D3, D6, D12 – das Johanniskraut
* Die »Arnica der Nerven«. Bei Nervenverletzungen, Nerven-
  störungen und nervöser Übelkeit.

Ledum palustre D6 – der Sumpfporst
* Bei Verletzungen durch Stiche, auch durch Insekten,
* bei Augenverletzungen und Verstauchungen.

Mercurius solubilis D6 – metallisches Quecksilber
* bei zittriger Schwäche und Müdigkeit,
* Schwellungen und Abszessen der Mandeln,
* Ohrenentzündungen,
* Zahnfleischerkrankungen und Geschwüren mit ausgezack-
  ten Rändern und metallischem Saum, mit
* Metallgeschmack, Brennen, Speichelfluß, Zahnlockerung.
ACHTUNG! Keinesfalls auf eigene Faust länger nehmen, nicht
für Kinder, gehört in Therapeutenhand! Arzt zuziehen!

Nux vomica D6 – die Brechnuß
* Bei Magen-, Leber-, Galle- und Darmverstimmungen mit
  Übelkeits- und Elendigkeitsgefühl,
* bei »Kater« und wenn man Falsches oder zuviel gegessen
  oder getrunken hat.
* Zum Abgewöhnen von Fehlernährung und sonstigem, was
  des Abgewöhnens bedarf.
* Für griesgrämige Stimmungen (auch übellaunigen Kindern)
  und den, der weder sich selbst noch dem anderen gut ist.
  Kurgeeignet; bei Neumond beginnen.

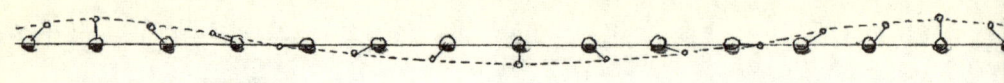

Pulsatilla D6, D12 – die Küchenschelle

* Stärkste elektromagnetische Wirkung, deshalb besonders zum Entgiften (auch nach falschem Essen) und Ausleiten geeignet, ganz besonders im abnehmenden Mond.
* Bei zu duldsamen Menschen, die dazu auch noch zu »nah am Wasser gebaut« haben. Hervorragend kurgeeignet, aber nur bei Vollmond beginnen und im abnehmenden Mond einnehmen. Zu Neumond beenden!

Sulfur D6, D12, D30 – Schwefel

* Als Reaktionsmittel, wenn gut gewählte Mittel nicht wirken
* Als Ausscheidungsmittel, das den Stoffwechsel auf das »Verbrennen« von Schlacken anheizt, die dann oft über die Haut ausgetrieben werden.
* Bei Hautkrankheiten mit Jucken,
* bei akutem Sonnenstich, besonders wenn die Sonne auf den unbedeckten Kopf schien (D30 und höher).

Und zuletzt, solltest du stets – auch in der Handtasche – griffbereit haben:

Australisches Teebaumöl

* Bei Verletzungen und offenen Wunden,
* Entzündungen, Furunkeln, Eiterpickeln,
* Zahnfleischerkrankungen,
* Venenentzündungen und schweren, schmerzenden Beinen,
* Pilzbefall und bakterieller Infektion.
* Außerdem stärkt es die Nerven, wenn sein kraftvoller Duft eingeatmet wird.

Rituell einweihen

Wenn du alles, was du verwenden willst, beisammen hast, könntest du ein Segensritual für deine Heilmittel machen. Rüttle und schüttle deine Fläschchen – denn denke daran: Dies intensiviert und aktiviert stets *alle* Heilmittel! Lege sie alle im Kreis strahlenförmig aus, räuchere, z. B. mit Salbei und sprich etwa so:

Ich segne diese heilenden Substanzen
durch die Kraft der Natur
und die Kraft des Geistes
in allem.
Ich gieße den Segen des Himmels
und der Erde aus.
Seid mir freudig zu Diensten
entfaltet eure besten Heilkräfte.
OM

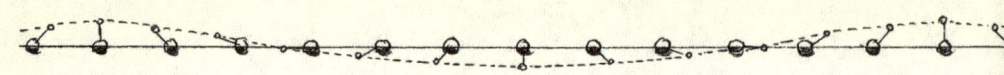

Aries

ARIES

21. März - 20. April

DER SECHSTE MOND IM WIDDER
Sinnlichkeit

Strömend und lustvoll leben und aphrodisische Rezepte

Mit der Tagundnachtgleiche im März beginnt der Frühling, und mit dem Zeichen des Widder erneuert sich damit seit alten Zeiten das Sonnen- und Planetenjahr. Auch jedes astrologische Horoskop beginnt seinen Lauf der Zeit mit dem Aszendenten als dem ganz *persönlichen Frühlingspunkt*, worin der Willen zu deiner Inkarnation dieses Leben lang seinen Beginn und seinen Ausdruck findet. Auch die Natur gibt dir zur Widderzeit Unterstützung für allerlei frühlingssonnigen Neubeginn. Feurig helle, sinnliche und Begeisterung weckende Kraft strömt jetzt durch dich, und du wirst den Frühling »in allen Knochen« spüren.

Auch die Natur, dein Garten, der Balkon oder dein Fenstersims üben mittlerweile eine magische Anziehungskraft auf dich aus: Spätestens jetzt treibt es dich, dir die ersten Frühlingsblumen ins Haus oder in den Garten zu holen. Frisches und Farbiges erquickt deine Seele, und das gilt für die verschiedensten Bereiche, auch für deine Kleidung. Dies ist die Zeit eines guten Beginns für Frühjahrskuren, und auch die Liebe wird neu belebt. Du bist leichter geneigt, dich neu zu verlieben. Auch kannst du deine bestehende Partnerschaft gerade jetzt mit neuen Impulsen wieder farbig und attraktiv machen. Alle deine Sinne wollen sich gefühlvoll erfahren; sie wollen das Leben sehen, schmecken, riechen, hören, fühlen, tasten und es in jeder Weise lustvoll feiern!

Im Zeitgeist des Widders

Ein höherer Weltenstrom ergießt sich feurig und supra-elektronisch ins Leben und stürzt dabei wie ein riesiger Wasserfall über Felsenformationen herab. Die kosmischen Ideen des Widders werden dabei berührt und ergießen sich aus den inneren Welten in die äußere sichtbare Welt. Die Weltenideen strömen und sprudeln, singen und tanzen von einer kosmischen Höhe in die Tiefe und Dichte der Materie herab. Eine lustvolle Freude, eine alles durchdringende Ionisierung, eine Farbigkeit des Erlebens sind damit verbunden – ähnlich wie du dich erquickt und vom Leben durchströmt fühlst, wenn du bei sonnigem Himmel am Fuße eines schäumenden Wasserfalles stehst. Erinnere dich an solch ein Ereignis, und fühle noch einmal: wie die Farben klar sind, die du hier siehst; wie alle Natur blitzt und glitzert; wie deine Augen erfrischt sind; wie die Luft mit den Wassertröpfchen in der Sonne flimmert und vielleicht regenbogenartig aufschimmert; wie du dich leicht und frei fühlst; wie wohl du dich fühlst, die ionisierte feingesprühte Feuchte einzuatmen; wie du die ständige flutende Bewegung hier erleben kannst, den Fluß des Lebens, der im Betrachten wohl sich selbst gleicht und doch stets vollkommen neu ist; wie du den Gesang des Wassers und das herrliche Rauschen, all diese Funken des Belebten mit allen deinen Sinnen aufnehmen kannst. Dies ist mit dem Zeitgeist des Widders vergleichbar.

Siehe auch: *Mondische Computersprache* und *Ein lebendiger Strom*

Die Botschaften und Kräfte des Widdermondes

Eine Energie der lebenschöpfenden Sinnlichkeit ist es, die mit der Widderzeit verbunden ist. Der Mond wirkt während dieser Zeit als Botschafter, Kommunikator und Verstärker und verhilft den kosmischen Kräften zu einem die Sinne anregenden Ausdruck. Sonne und Mond sind einander während dieser wundersamen Zeit in ihren kosmischen und elektromagnetischen Prinzipien »gleichgeschaltet«: Der Mond überträgt während der Widderzeit die solaren Kräfte im Gleichklang und in der gleichen Richtung wie die Sonne in die irdische Natur hinein. Dies ist die Zeit, mit beiden Augen, mit beiden Händen und beiden Füßen vorwärts zu schauen, zu leben, freudvoll zu arbei-

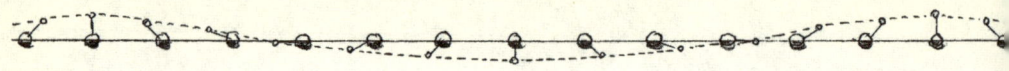

ten und den Planeten mit *deiner* Art des Schöpferischseins zu beleben. Dies ist die Zeit, wo die Spaltung von Materiellem und Geistigem, von Vergangenem und Zukünftigem – die sich in all den Problemen unseres Lebens äußert und wobei wir uns selbst oft genug im Wege stehen – soweit wie irgend möglich aufgehoben ist. Dies ist die Zeit, wo du mit dir selbst in bestmöglichstem Einklang stehen kannst – wenn du dich eben entsprechend orientierst.

WAS DIR GUTTUT ...

Die Natur bricht jetzt elementar auf. Alle Wirkkräfte sind nach außen gerichtet, darauf: dich selbst zu erleben, dich selbst und die Freuden des Weltlichen sinnlich zu erfahren und Freude und Spiel und Spaß und Freiheit dabei zu erleben. Eine unglaubliche Ionisierung findet in der gesamten Natur statt, und auch dein Körper ist ganz bereit zur Reinigung, zur Erneuerung, zur Durchströmung und Durchblutung mit neuen Kräften, zur Farbigkeit des Erlebens. Es gibt kaum eine Zeit, in der Vitalisierungskuren mit frischen Früchten und mit den ersten Kräutern des Jahres, wie besonders der Brennessel, nützlicher und magischer sind als jetzt. Es gibt keine Zeit, in der Wasser heilsamer ist, zu Hause als Wasseranwendung oder viel besser noch in der Natur. Sich an einer Quelle oder an fließenden, strömenden, herabstürzenden Gewässern oder am Meer aufzuhalten ist jetzt magische Heilkraft pur. (Ein regenerierendes Wochenende besitzt zum Widdermond oder zur Widderzeit besonders umfassende Heilkraft.) Es gibt keine Zeit, in der die Natur *an sich* dir insgesamt nützlicher und hilfreicher sein kann. Zudem sind alle deine Sinne in Höchstform: sehen, hören, lauschen, atmen, schmecken und fühlen sind auf Power – und Spaß dabei haben – geschaltet. Laufen, spazierengehen, radeln, Sport welcher Art auch immer treiben, möglichst im Freien, mindestens am offenen Fenster mit genügend Sauerstoff – das tut dir jetzt besonders gut. Der Duft der Bäume, der aufbrechenden Erde und des Waldes, die Kraft des Lichtes und des Wassers, alles ist im höchstmöglichen Energiezustand der Erneuerung und wird mit lebensschöpfender Kraft durchströmt. Alles trägt die Botschaft sinnlicher Freuden und

152

wünscht dich mit Licht und Liebe zur Schöpfung feurig anzustecken!

Kräuter, die hier geerntet, frisch verzehrt, aber auch für spätere Zeiten getrocknet, als Tinktur oder Essenz zubereitet oder sonstwie verarbeitet werden, bewahren die Kräfte dieser Zeit in sich und haben höchstmögliche regenerierende Fähigkeiten. Nie ist es so leicht wie jetzt, dich aus beengenden Verhältnissen herauszuarbeiten, neue Menschen kennenzulernen, deine Partnerschaft neu zu beleben und dich ins Leben, mit wem und womit auch immer, zu verlieben. Nutze diese heilsame Strömung! Nie ist es so einfach, dich von Traurigkeiten, niederziehenden, unguten Angewohnheiten, negativen Menschen oder Umständen, aber auch von karmischen Einschränkungen – die in deinen Erbanlagen, der DNS verankert sind – zu lösen.

Deshalb wirken hier auch homöopathische Nosodenausleitungen, *Demagnetisierungs*-Heilmittel, Grenzen auflösende Kräuter – wie es etwa die Schlüsselblume und das Leberblümchen sind, die jetzt wachsen – besonders heilsam. Umgib dich mit ihnen und meditiere einmal mit ihren Meister-Devas. Diese Pflanzen stehen heute unter Naturschutz. Du kannst sie dir jedoch in einem gut sortierten Pflanzengeschäft oder vielleicht von Freunden mit Garten besorgen; du kannst sie aber auch bestellen und in deinem Garten oder einer Pflanzschale auf Terrasse und Balkon selbst anpflanzen. (Im Anhang findest du Adressen.)

Siehe: Büchertips und Adressen

Siehe auch Seite 111 und: *Selbststrahlende Atome und neues Bewußtsein*

Siehe auch: *Ein Vollmondritual mit den Devas der Blüten*

. . . UND WAS DICH STÄRKT

* Deine Haut freut sich jetzt besonders, wenn du sie mit einer Bürstenmassage anregst.
* Kuren mit frischen Kräutern und frischen Säften, allen voran mit der Brennessel, regen deinen Stoffwechsel und deine Schilddrüse an und verhelfen dir zu einer schlanken Figur!
* Auch ist's eine gute Zeit jetzt, um deine Räume von Überflüssigem zu befreien, leuchtende, frische Farben zu verwenden, vielleicht neu zu streichen oder neue farbige Vorhänge vor deine Fenster zu hängen. Auch der Frühjahrsputz fällt jetzt ganz leicht, besonders, wenn du dich darauf freust, dir

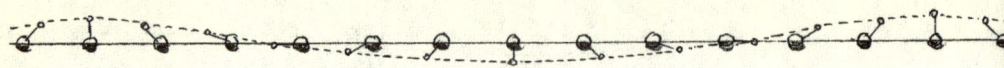

anschließend frische Frühlingsblumen, leuchtende Zwiebelblumen, wie Hyazinthen, Osterglocken und Tulpen, oder auch diverse Kräuter auf den Fenstersims zu stellen.

* Und dann singen und tanzen und lieben und alle Dinge tun, die dir Freude bereiten und dich das Leben lustvoll genießen lassen! Das wirkt sich jetzt langfristig aus, und deine Seele fühlt sich vom Leben in besonderer Weise angenommen. Auch ein neues Kleid oder ein Pullover in deiner Lieblingsfarbe spendet jetzt noch viel mehr Freude als sonst. Auch ist's vielleicht Zeit für eine interessante, dich neu belebende Frisur, einen interessanten Haarschnitt. Hierzu beachte:

* Jetzt Haare schneiden und wellen lassen regt schnelleres Wachstum an, gibt Glanz und Flexibilität.

* Auch könntest du deinen Garten oder Kräutergarten neu planen, eine Idee verwirklichen oder dich sonstwie schöpferisch betätigen.

* Alles, was in irgendeiner Weise im Organismus eine Schlüssel-Schloß-Funktion hat – wozu besonders die Hormone und Bio-Katalysatoren gehören –, funktioniert leichter und schneller und die Nervenfunktionen sind beschleunigt.

* Hier läßt sich's auch leicht rechnen oder etwa eine Sprache zu lernen beginnen, denn die Gedanken sind wendiger und flinker, dazu bist du auch kooperations- und teambereit.

* Hier sind auch die lebenschöpfenden Triebe, somit eine spontane und lustvolle Sexualität von erneuernder Energie durchströmt; genauso wie das im Pflanzenreich für Sprossen, Keime oder Weizengras gilt – wobei das letztere dem ersteren, bezogen auf Potenz wie lustvollem Erleben, durchaus *zusätzlich* recht nützlich ist!

WAS DU MEIDEN SOLLTEST ...
... UND WAS DICH SCHWÄCHT

* Alles, was dich *nicht* lebensströmend, schöpferisch und frohgemut vorwärts schauen läßt, also jegliche Art von Rückschau, übertriebenes Innenleben, zu starker seelischer Selbstbezug. Dies ist auch nicht gerade die beste Zeit für ausgedehnte Meditationen. Das unpassendste, das du in dieser Zeit tun kannst, sind:

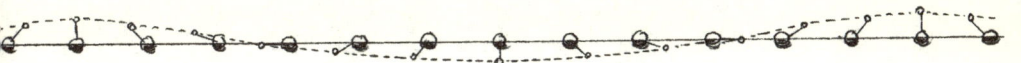

wünscht dich mit Licht und Liebe zur Schöpfung feurig anzustecken!

Kräuter, die hier geerntet, frisch verzehrt, aber auch für spätere Zeiten getrocknet, als Tinktur oder Essenz zubereitet oder sonstwie verarbeitet werden, bewahren die Kräfte dieser Zeit in sich und haben höchstmögliche regenerierende Fähigkeiten. Nie ist es so leicht wie jetzt, dich aus beengenden Verhältnissen herauszuarbeiten, neue Menschen kennenzulernen, deine Partnerschaft neu zu beleben und dich ins Leben, mit wem und womit auch immer, zu verlieben. Nutze diese heilsame Strömung! Nie ist es so einfach, dich von Traurigkeiten, niederziehenden, unguten Angewohnheiten, negativen Menschen oder Umständen, aber auch von karmischen Einschränkungen – die in deinen Erbanlagen, der DNS verankert sind – zu lösen.

Siehe: Büchertips und Adressen

Deshalb wirken hier auch homöopathische Nosodenausleitungen, *Demagnetisierungs*-Heilmittel, Grenzen auflösende Kräuter – wie es etwa die Schlüsselblume und das Leberblümchen sind, die jetzt wachsen – besonders heilsam. Umgib dich mit ihnen und meditiere einmal mit ihren Meister-Devas. Diese Pflanzen stehen heute unter Naturschutz. Du kannst sie dir jedoch in einem gut sortierten Pflanzengeschäft oder vielleicht von Freunden mit Garten besorgen; du kannst sie aber auch bestellen und in deinem Garten oder einer Pflanzschale auf Terrasse und Balkon selbst anpflanzen. (Im Anhang findest du Adressen.)

Siehe auch Seite 111 und: *Selbststrahlende Atome und neues Bewußtsein*

Siehe auch: *Ein Vollmondritual mit den Devas der Blüten*

... UND WAS DICH STÄRKT

* Deine Haut freut sich jetzt besonders, wenn du sie mit einer Bürstenmassage anregst.
* Kuren mit frischen Kräutern und frischen Säften, allen voran mit der Brennessel, regen deinen Stoffwechsel und deine Schilddrüse an und verhelfen dir zu einer schlanken Figur!
* Auch ist's eine gute Zeit jetzt, um deine Räume von Überflüssigem zu befreien, leuchtende, frische Farben zu verwenden, vielleicht neu zu streichen oder neue farbige Vorhänge vor deine Fenster zu hängen. Auch der Frühjahrsputz fällt jetzt ganz leicht, besonders, wenn du dich darauf freust, dir

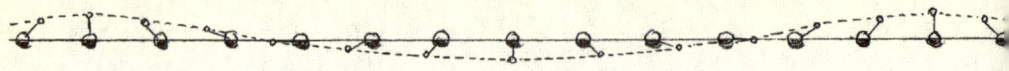

anschließend frische Frühlingsblumen, leuchtende Zwiebelblumen, wie Hyazinthen, Osterglocken und Tulpen, oder auch diverse Kräuter auf den Fenstersims zu stellen.

* Und dann singen und tanzen und lieben und alle Dinge tun, die dir Freude bereiten und dich das Leben lustvoll genießen lassen! Das wirkt sich jetzt langfristig aus, und deine Seele fühlt sich vom Leben in besonderer Weise angenommen. Auch ein neues Kleid oder ein Pullover in deiner Lieblingsfarbe spendet jetzt noch viel mehr Freude als sonst. Auch ist's vielleicht Zeit für eine interessante, dich neu belebende Frisur, einen interessanten Haarschnitt. Hierzu beachte:

* Jetzt Haare schneiden und wellen lassen regt schnelleres Wachstum an, gibt Glanz und Flexibilität.

* Auch könntest du deinen Garten oder Kräutergarten neu planen, eine Idee verwirklichen oder dich sonstwie schöpferisch betätigen.

* Alles, was in irgendeiner Weise im Organismus eine Schlüssel-Schloß-Funktion hat – wozu besonders die Hormone und Bio-Katalysatoren gehören –, funktioniert leichter und schneller und die Nervenfunktionen sind beschleunigt.

* Hier läßt sich's auch leicht rechnen oder etwa eine Sprache zu lernen beginnen, denn die Gedanken sind wendiger und flinker, dazu bist du auch kooperations- und teambereit.

* Hier sind auch die lebenschöpfenden Triebe, somit eine spontane und lustvolle Sexualität von erneuernder Energie durchströmt; genauso wie das im Pflanzenreich für Sprossen, Keime oder Weizengras gilt – wobei das letztere dem ersteren, bezogen auf Potenz wie lustvollem Erleben, durchaus *zusätzlich* recht nützlich ist!

WAS DU MEIDEN SOLLTEST ...
... UND WAS DICH SCHWÄCHT

* Alles, was dich *nicht* lebensströmend, schöpferisch und frohgemut vorwärts schauen läßt, also jegliche Art von Rückschau, übertriebenes Innenleben, zu starker seelischer Selbstbezug. Dies ist auch nicht gerade die beste Zeit für ausgedehnte Meditationen. Das unpassendste, das du in dieser Zeit tun kannst, sind:

154

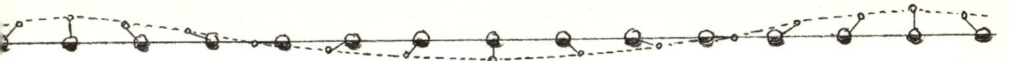

psychologische Rückschauen oder Rückführungen; Diskussionen, Auseinandersetzungen, Streitigkeiten; in Selbstmitleid zu verfallen; analytische Psychotherapie und ähnliches.

* Alles, was dunkel, starr, dogmatisch, grau, konserviert, lichtlos und unfarbig ist.
* Alles, woran du dich – womöglich zu krampfhaft – festhältst und was sich aber jetzt erneuern will. Allerdings sollte man auch nicht versuchen, zuviel auf einmal zu bewältigen, sonst gibt's leicht Streßzustände oder Kopfschmerzen.
* Auch denk daran: die statischen Bereiche des Steinbocks, die dir Halt, Kraft, Form und Struktur geben – im Körperlichen eben die Knochen –, haben im Widder nicht gerade ihre Hoch-Zeit, denn nun durchpulst dich neue feurig fließende Lebenskraft. Den kristallisierenden und verhärtenden Ideen deines Lebens wird jetzt recht kräftig der Boden entzogen, was durchaus zu allerlei »Erneuerungs- und Wachstumsschmerzen« führen kann. Deshalb solltest du dein Knochengerüst jetzt besser etwas schonen und auch im geistig-seelischen Bereich nicht gerade jetzt auf irgendwelchen Dingen bestehen oder unbedingt »mit dem Kopf durch die Wand« wollen. Was gut ist für dich, geht jetzt meist sowieso ganz von selbst.

In der homöopathischen Streß- und Hausapotheke gibt's Hilfe hierfür!

KÖRPERZUORDNUNG

Das sind hier die Nasenspitze, die Fingerspitzen, die Endglieder deiner Zehen, aber auch die verschiedenen »Spitzen« deiner lustspendenden Körperbereiche, die Spitzen deiner Haare, die Augenwimpern, der Kopf insgesamt, die Hände, und in allem und jedem das Äußerste deines Körpers. Hier findet sich während dieser Zeit die stärkste Durchblutung und Durchwärmung, die strömendste Energetisierung und Ionisierung sowie eine Leichtigkeit und Geöffnetheit auch deiner Grenzen, Membranen und Hüllen. Dies gilt für die Zellmembranen genauso wie für Organumhüllungen oder für deine Haut.

Die Haut ist ein Organ und sie ist, zusammen mit deinen Nerven, in der Embryonalentwicklung einmal aus einem gemeinsamen Keimblatt hervorgegangen. Deshalb ist auch dein Nervenkostüm während dieser Zeit geöffneter für neue Ein-

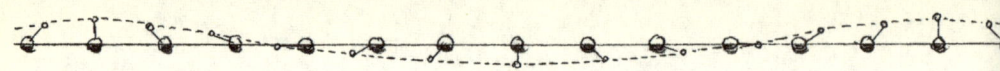

flüsse, Gedanken, Ideen und Strömungen, und es funktioniert eleganter, flüssiger und schneller; auch die Haut nimmt Reize leichter auf, was du für sanfte Massagen mit guten Ölen nutzen kannst.

Dieses alles gilt für Irdisch-Sinnliches, aber es gilt genauso für deine feinstofflichen Energiekörper, die dir jetzt bewußte Kontakte mit diesen Bereichen deiner selbst erleichtern. Aber auch die Kontakte mit deinen Engeln, mit deinen Sternenbrüdern und Lichtgeistern des äußeren Universums sind leichter als sonst möglich.

HEILSAMES . . .

* Besonders heilsam sind alle Wassertherapien, aber auch
* Licht- und Lufttherapien: Sauerstoffsprudelbäder, Whirlpool, Lichtbäder und -bestrahlungen aller Art, Sauerstofftherapien, auch Milchsäurepräparate. (Frag dazu deinen Therapeuten oder den Apotheker in einer ganz klar naturheilkundlich orientierten Apotheke.)
* Wasseransammlungen und Ödeme werden leichter aus dem Körper ausgetrieben, wozu du die Brennessel, frisch und kleingehackt in deiner Salatsauce oder als Teeaufguß, oder die Mittel, die dir dein Naturheiltherapeut verordnet, nutzen kannst.

. . . findest du in der Hausapotheke. Magst du dich diesbezüglich in den Mondphasen – besonders kurz nach Vollmond – beobachten? Dein kreatives Mondtagebuch hilft dir dann dabei.

* Homöopathisch wirkt *Pulsatilla* – die Küchenschelle – etwa in einer D6 jetzt besonders gut. Laß dir die Potenz aber besser austesten, oder tue es selbst. Pulsatilla durchströmt und entgiftet, ist *das* homöopathische Drainagemittel (Durchspülung) und hilft dir außerdem, falls du dazu neigen solltest, Trübseligkeit, Rührseligkeit und Weinerlichkeit besser in den Griff zu bekommen.
* An Spurenelementen wirkt jetzt Mangan besonders gut.
* Sonnenblumenöl aus dem Bioladen, morgens fünf Minuten lang durch die Zähne gezogen und anschließend – aber unbedingt! – ausgespuckt: reinigt und energetisiert in höchstem Maße, nicht nur Mund und Zähne, sondern den gesamten Organismus.
* Alle Chakren und die hier zugehörigen Hormondrüsen haben eine Zuordnung zu den sieben Farben des Regenbogens.

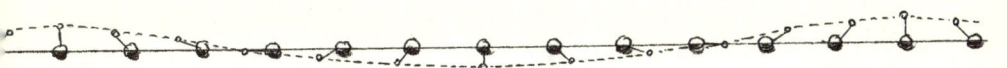

Sie sind während der Widderzeit geöffnet und veränderungsbereit wie nie. Deshalb kannst du hier optimal Farbtherapie, Chakrenarbeit und damit biologische Hormontherapie betreiben.

* Was die Liebe alles wundersam Heilsames bewirken kann, davon gibt es viele Geschichten. Wer sich gerade frisch verliebt hat, braucht wohl kaum irgendwelche zusätzlichen Inspirationen. Doch auch bestehende Partnerschaften kannst du neu beleben und Heilsames tun, wenn du während des Widdermondes der erotischen Liebe auch den Tribut zollst, den sie dir wert ist!

EIN LIEBE-UND-LUST-GENIESSEN-RITUAL

Mondisches . . .

Um einen verzaubernden Liebesabend zu gestalten, eignen sich die Feuerzeichen Widder, Löwe und auch Schütze besonders gut.

Der *Widdermond* stimuliert deine Triebe, hier bist du lustvoll und schöpferisch; vielleicht magst du auch in der Liebe einmal Neues ausprobieren?

Der *Löwemond* läßt dich magisch strahlen und heilt zudem seelische Wunden in der Partnerschaft; das solltest du nutzen!

Und der *Schützemond* läßt dich weich und innig empfinden und schenkt spontane Zärtlichkeit.

Der *Neumond* hat hierfür ebenfalls Heilqualität. Er ist gut geeignet, um dich bei dir selbst voll und ganz und geborgen fühlen zu lassen. Mit einem Partner, mit dem du dieses Ganzsein teilen kannst, kannst du Sexualität dann auf besonders magische Weise zelebrieren.

Zu *Vollmond* bist du schon ohne dein Zutun naturmagisch »aufgeladen« und kannst zudem strahlenden Eindruck machen.

. . . *Vorbereiten*

Wenn du etwas Besonderes erleben oder interessant ausgehen willst, wenn du einen Theater- oder Konzertbesuch, einen

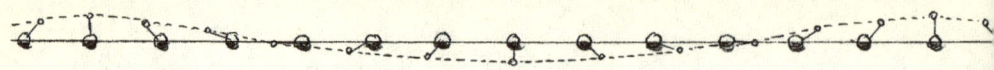

Urlaub oder ein besonderes Wochenende vorhast, so intensivierst du stets dein Erlebnis bereits Tage, manchmal Wochen zuvor, und zwar durch Vorfreude und Vorbereitung. Für die Kinder besorgst du einen Babysitter oder bringst sie zu einer Freundin; deine Sprößlinge freuen sich auch, wenn sie mal bei ihren eigenen Freunden campieren dürfen.

Genauso machst du es, wenn du die Liebe zelebrieren oder neu beleben willst: Bereite auch diesen Abend vor wie ein Fest. Sorge als erstes und wichtigstes für Ungestörtheit. Laß dir deine Kinder möglichst schon am Nachmittag abnehmen.

Besorge dir dann alle deine *Zutaten* für dein Liebesfest rechtzeitig: alles, was du für die Getränke und Speisen brauchst; erotische Unterwäsche; sinnlich glänzende Bettwäsche; Pflanzen, Blüten, Ranken, Kräuter, Kerzen, Musik, anregende Literatur; Öle und ätherische Öle; Räucherwerk.

Bereite deine Wohnung kreativ vor: mit besonderer Beleuchtung, Farben, Kräutern, duftenden Blumen und Blüten; mit besonderen, weich fließenden, vielleicht mit glänzenden Stoffen. Decke den Tisch auf eine besondere Weise; mit Kerzen in violetten, purpurroten oder goldenen Farben. Vielleicht magst du einmal farbige Teelichte und Rosenblüten in einer Schale mit Wasser schwimmen lassen? Sieh zu, daß es auch warm genug ist und daß nirgendwo grelles Licht ernüchtert.

Richte nicht nur das Bett ganz besonders und sinnlich aktivierend her: mit seidener, vielleicht weinroter Bettwäsche oder mit glänzendem Damast; bestreut mit getrockneten Rosenblüten und mit Rosenöl benetzt, duftend nach einem orientalischen Garten. Und sieh dich mal um: es gibt sicher auch noch andere Plätzchen in eurer Wohnung, wo sich die Liebe gut feiern läßt.

... *Verzaubern*

Laß dich von deiner eigenen gut vorbereiteten Verzauberung entführen. Tauch ein in ein Land sinnlicher Träume, und nimm deinen Partner dazu an die Hand. Denn natürlich sind alle Düfte, die Musik, die Wärme deiner Räume, das Licht, zart umhüllende Gewänder und Elixiere Hilfsmittel und Werkzeuge deiner zunehmenden Kreativität, aber auf dich kommt es

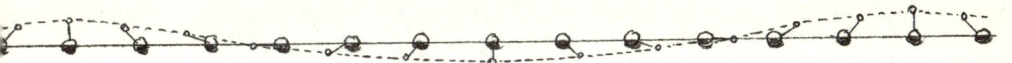

an, wie du sie einsetzt. Und wie du deinen Weggefährten zu Gefühlvollem und Abwechslungsreichem stimulieren kannst. Auch die Pflege der Liebe ist ein jeweils neuer schöpferischer Akt, in dem du dich, wie ihr beide euch, entfalten könnt. Gedanken zu visualisieren und sie mit sinnlich erotischer Liebe zu beschäftigen ist natürlich stets *das* magische Elixier pur!

Vielleicht mögt ihr magische Elixiere gemeinsam mixen? Ihr könntet über eure Wünsche und Träume sprechen, denn *sprechen* über Sinnliches *macht* sinnlich! Vielleicht mögt ihr euch gegenseitig eine erotische Geschichte vorlesen? Dann halte in Bibliotheken, Büchereien und im Spezialhandel danach Ausschau; nicht nur die Weltliteratur bietet für jeden Geschmack das Richtige. Vielleicht mögt ihr gemeinsam erotische Bilder betrachten, vielleicht mögt ihr gemeinsam euer Bad bereiten, das euch mit schäumender Feenmilch aufeinander einstimmt? Mögt gemeinsam die Kerzen im Bad entzünden und ein magisches Elixier hier servieren? Die Musik stimmt euch ein, während ihr solcherlei vorbereitet.

APHRODISISCHE REZEPTE

Die Liebesgöttin Aphrodite hat uns ihren Namen für die *aphrodisischen* Getränke und Speisen geliehen, um uns Menschen die sinnlichen Genüsse des Geschmacks mit den Wonnen der Liebe zu verbinden. Aphrodisische Nahrungsmittel gibt es eine ganze Menge und Rezepte dazu ebenfalls; auch der eigenen Inspiration ist hier noch ein weites Feld offen. Das Wichtigste ist jedoch, daß die beiden, für die ein solches sinnenbereicherndes Mahl zelebriert wird, auch von der Wirkung wissen. Denn die Imaginationskraft ist *die* magisch verzaubernde Kraft überhaupt, ganz besonders, wenn es um die sinnliche Liebe geht! Darum: betöre deinen Partner wie dich selbst wie eine Zauberfee, indem du die Vorstellungskräfte lenkst. Erfinde magische Namen für deine Speisen und Elixiere, und sei auch sonst kreativ, um die Gedanken mit dem Zauber sinnlicher Liebe zu verbinden – auch während ihr eßt. Hast du schon einmal – ganz animalisch – mit den Fingern gegessen? Deinen Partner gefüttert? Und manche Nahrungsmittel eignen sich auch für einfallsreiche Spielereien . . .!

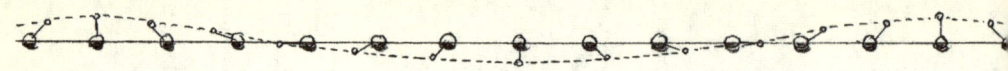

Alle im nachfolgenden für das sehr leichte und kleine Menü verwendeten Nahrungsmittel, Gewürze, Kräuter, Salate und Zutaten sind aphrodisisch!

Bereite alle Speisen so weit wie irgend möglich – eventuell schon am Tag zuvor – vor, so daß dein besonderer Abend nicht in Küchenarbeit ausartet! Und natürlich wirst du dann nicht als Hausfrau spülenderweise herumwerkeln oder eine Küchenschürze anziehen – es sei denn, mit recht wenig darunter.

Bedenke bei deinem Zaubermahl stets, daß ein voller Magen einem sinnlich kreativen Abend gar nicht bekommt. Deshalb heißt es hier vor allem: Feenportionen sind gerade recht! Dasselbe gilt vom Alkohol: wenig davon inspiriert; zuviel jedoch könnte deiner – und seiner – Potenz zu schaffen machen.

Natürlich könntest du auch euer Menü unterbrechen, bevor es jeweils zum nächsten Gang weitergeht, mit Baden, einem Entkleidungsspiel . . . Lasse deiner Phantasie freien Lauf!

Magisches Menü für Liebende

Aperitif:
Andalusisches Feuer

Betörende Steinpilzchampignons in Rotweinsahne auf Toast

Sellerie *Vasco da Gama* mit Mozarella
auf glasierten Karotten
und Rapunzeln aus dem Zaubergarten
∗
Flammende Früchte *Oriental* auf Vanilleeis
∗

Hier die Rezepte für das ganze Fest:

ANDALUSISCHE NÄCHTE
1 Eigelb mit einem kleinen Quirl mit
1 Teel. Zucker cremig-schaumig rühren und mit
1 Glas Rotwein auffüllen,
1 Eßl. *Honigfeuer* (s. u.) darunter quirlen und nun das Ganze mit gutgekühltem Sekt nach Geschmack auffüllen. Mit einer Zitronen- oder Orangenscheibe oder mit frischer Minze dekorieren

und auf einer glänzenden Unterlage – du kannst auch Alufolie
dekorativ verwenden – servieren.

HONIGFEUER – FÜR LIEBESTRÄNKE

1 Eßl. in einer Pfeffermühle gemahlene Senfkörner
5 Eßl. echten Bienenhonig einrühren. Dazu können
2 Eßl. frische, sehr feingehackte Brennesseln und
1 – 2 Eßl. frische kleingehackte Pfefferminze kommen;
1 zerschnittene Zimtstange oder etwas Zimtpulver und
2 Nelken oder etwas Nelkenpulver ergänzen sich optimal.
Alles in einem exklusiven oder besonderen Gefäß – etwa einer
schönen und passenden Muschel – gut mischen, magisch und
auffallend beschriften und an einem sichtbaren Ort bereitstel-
len. Dieses Elixier kann verwendet werden, wie es ist; oder es
wird eingequirlt in Getränke wie
* Rotwein mit Eigelb,
* Sekt,
* Orangensaft oder in
* heißen Kirschsaft mit Zitrone, Zimt und Rotwein.
* Vielleicht aber bist du mutig und magst es auch für kreative
  Liebesspiele verwenden . . .?

BETÖRENDE STEINPILZCHAMPIGNONS
IN ROTWEINSAHNE AUF TOAST

200 g Steinpilzchampignons putzen und in hauchdünne
Scheibchen schneiden. In einer beschichteten Pfanne in

Siehe: Büchertips

1 Teel. Butter wenige Minuten braten. Zuletzt erst salzen und
pfeffern und mit
2 – 3 Eßl. süßer Sahne und
2 Eßl. herbem kräftigem Rotwein übergießen und die Sauce
reduzieren (etwas eindampfen lassen).
2 Scheiben Toast rösten, die Pilze daraufgeben und mit
2 Eßl. frischer Kresse überstreuen (oder mit frischem Basilikum
belegen). Die Brote diagonal durchschneiden, mit feinen ganzen Zitronenscheiben umlegen und mit
2 Cocktailtomaten und Kressesträußchen garnieren. Auf großen weißen glänzenden Tellern oder auf zwei Tellern, die mit
dekorativ geknautschter oder gefalteter Alufolie ausgelegt sind
servieren. (Alufolie kann in deinem Zauberspiel durchaus stilvoll eingesetzt werden.)

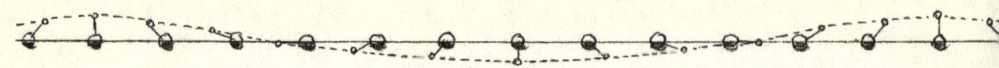

SELLERIE VASCO DA GAMA MIT MOZARELLA UND BASILIKUM AUF GLASIERTEN KAROTTEN UND RAPUNZELN AUS DEM ZAUBERGARTEN.

Vasco da Gama war einer der großen Entdecker und Erforscher fremder Länder, und ich wünsche dir, daß auch du den energiespendenden Sellerie zum Anlaß nimmst, neue Gebiete des Lebens zu entdecken ...

Vorbereiten

1 große frische Sellerieknolle schälen, halbieren und in Salzwasser bedeckt weichkochen.

6 kleine frische Karotten mit Kraut besorgen. Das Kraut so abschneiden, daß etwa 1 cm davon stehen bleibt. Die Karotten in wenig Salzwasser *al dente* (halbfest) kochen. Die beiden Gemüsebrühen für ein eventuelles Mitternachtssüppchen oder für den nächsten Tag aufheben. Die Gemüse kühl bis zum nächsten Tag oder bis zum Abend aufbewahren.

Zubereiten

Den Sellerie zum Backen in mehrere etwa fingerdicke Scheiben schneiden.

1 Ei mit etwas Salz, Pfeffer,

½ Teel. Ingwer und einigen Tropfen Zitrone verquirlen und die Selleriescheiben darin wenden. Nun in

3 Eßl. frischgeriebenen Semmelbröseln, die mit

½ Teel. gemahlenen Ingwer gemischt wurden, wenden und von beiden Seiten in einer beschichteten Pfanne und wenig Butter hellbraun braten. Auf jede Selleriescheibe

1 Scheibe Mozarella und

1 Blatt frisches Basilikum legen, den Pfannendeckel schließen und den Käse schmelzen lassen.

Die Karotten in einer beschichteten Pfanne mit

2 Teel. Butter und

1 Teel. Zucker glasieren und zusammen mit dem Sellerie dekorativ auf heißen Tellern anrichten. Dazu reichst du

RAPUNZELN AUS DEM ZAUBERGARTEN

100 g Rapunzel gut waschen und abtropfen lassen. Aus

1 – 2 Eßl. bestem Nußöl,

3 Teel. Rotweinessig oder Balsamico,

frischgemahlenem Pfeffer und Meersalz nach Geschmack,

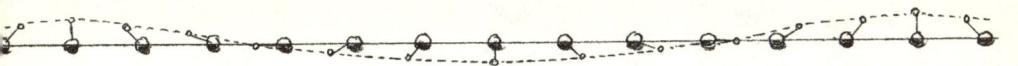

1 Teel. frisch gemahlenen Senfkörnern und
1 Eßl. süßer Sahne eine Sauce bereiten. Die Rapunzeln damit
mischen, einfallsreich anrichten und mit gerösteten Sesam-
samen überstreuen. Den Sesam, das Nußöl und erstklassigen
Essig gibt's im Bioladen; du kannst den Sesam am Tag vorher
schon – am besten in einer beschichteten oder in einer Eisen-
pfanne – rösten.

FLAMMENDE FRÜCHTE *Oriental* AUF VANILLEEIS

Besorge dir eine frische reife Ananas. Diese Frucht ist seit
Jahrhunderten als aphrodisisch bekannt und gute Laune macht
sie außerdem! (Dosenananas haben nicht mehr diese Wirkung.)
Vanille hat ebenfalls existentiell stärkende und sinnlich berei-
chernde Eigenschaften. Für solch ein erotisches Dessert magst
du möglicherweise den Schauplatz deiner Inszenierung wech-
seln? Vielleicht servierst du es auf einem kleinen Tischchen
neben einem *orientalischen Diwan*? Die heißen duftenden
Früchte jedenfalls tun das ihrige zum Orientalischen hinzu . . .

In eine beschichtete Pfanne, die nur den Süßspeisen vorbehal-
ten sein sollte, gibst du
2–3 Teel. Butter und brätst darin:
2 Bananenhälften,
2 Pfirsichhälften, frisch oder aus der Dose und
2–3 Ananasscheiben. Überstreue die Früchte mit
1 Teel. Zimtzucker und dem Abgeriebenen von
1 Naturzitrone. Die Bananen müssen eine karamelartige Kruste
bekommen, und die Ananas und Pfirsiche sollen durch und
durch gar und heiß sein. Stelle ein Rechaud auf den Servier-
tisch, lösche – spätestens jetzt – die Lichter im Raum und
zelebriere dein Ritual dort weiter: Übergieße die duftenden
Früchte mit
1 kleinen Kelle hochprozentigem Rum und entzünde den Alkohol in der Kelle, noch während du ihn über die Früchte gießt.
Laß die Flamme abbrennen und serviere dieses Dessert beim
Licht mehrerer Kerzen auf großen flachen Tellern mit je
1 Kugel bestem Bourbonvanille-Eis.
   Und während der Duft der heißen Früchte sich mit dem von
Butter und Zimt, der Zitrone und dem Rum zu einer zauberischen Mischung verbunden hat und deine Räume noch eine

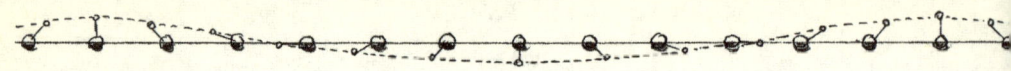

ganze Weile mit sinnlichem Wohlgeruch erfüllt, möchtest du vielleicht anschließend die *Feenmilch* zubereiten.

Feenmilch Morgaine

Die Fee *Morgaine vom See* war die große Zauberin der Gralsage um König Arthus, und auch wir wollen uns ein wenig Zauberisches in unsere Zeit zurückholen ... Fülle also einen großen Porzellankrug oder eine Glaskaraffe von etwa einem Liter Fassungsvermögen mit Milch und einem Becher frischer Sahne (Metalle und Kunststoffe sind ungeeignet, denn sie können von ätherischen Ölen angegriffen werden). Hier hinein tropfst du die duftenden ätherischen Öle und verquirlst gut mit einem Schneebesen, z. B.

5 Tr. Sandelholz
3 Tr. Ylang-Ylang
2 Tr. Rose
3 Tr. Jasmin
3 Tr. Neroli (Orangenblüten)
2 Tr. Tonka

Diese Düfte werden seit Tausenden von Jahren zu aphrodisischen Parfumcreationen eingesetzt. Natürlich wirst du selbst schnuppern und dich inspirieren lassen und deine *Feenmilch tropfenweise* zu der Komposition kreieren, die deiner Stimmung und deinen Vorlieben entspricht. Gieße die duftende Milch langsam in das einlaufende Badewasser, und laß dich von diesem milchweiß schäumenden Bad an die Geburt der Aphrodite erinnern, die – wie die Mythen erzählen – einst dem Schaum des Meeres entstieg ...

Irgendwann an diesem Abend hast du vielleicht noch Lust, deinen Partner mit einer Massage zu verwöhnen und auch dich anschließend so warm und weich entspannen zu lassen?

Sicherlich hast du irgendwo ein Stövchen oder eine Aromalampe stehen, die sonst zum Heißhalten von Tee oder zum Verdampfen ätherischer Öle dient; heute verwenden wir es zum Erwärmen des duftenden Massageöls. In eine kleine flache Schale füllst du dein Lieblingsöl, etwa Mandelöl, Sesamsamenöl oder Jojobaöl, und gibst nun tropfenweise die ätherischen Öle zu, die deiner Stimmung heute am besten entspre-

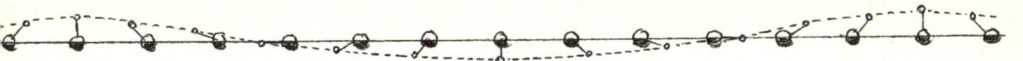

chen. Probiere ein wenig von der Mischung aus, und ergänze mit weiteren Tropfen ätherischer Öle solange, bis die Mischung für beide Partner am angenehmsten ist; mit sanft kreisenden Bewegungen massierst du nun die warme, duftende und erotisierende Mischung in Schultern und Rücken ein; bei allem weiteren wirst du dich von deiner Intuition führen lassen . . .

Duftöl *Alhambra*
100 ml Mandelöl
15 Tr. Sandelholz
10 Tr. Marokkanische Rose
5 Tr. Neroli
2 Tr. Zimt
10 Tr. Patschuli

Bücher, Ausbildung und Adressen findest du im Anhang.

Duftöl *Serail*
100 ml Jojobaöl
5 Tr. Neroli
10 Tr. Marokkanische Rose
5 Tr. Jasmin
5 Tr. Tonka
10 Tr. Sandelholz

Sicherlich weißt du, daß die Liebeskunst nicht in einem – womöglich auch noch schnell – zu erreichenden Endziel, sondern ganz im Gegenteil in der kunstvoll zelebrierten Verzögerung besteht. Die körperliche Liebe zu kultivieren und die dabei wachsende Sinnlichkeit zu genießen, dazu benötigt es vor allem Zeit, wachsendes Vertrauen, Wissen, kreativen Mut und Intuition. Tantrisches und fernöstliches Wissen um die Heilkraft sexueller Liebe und Ekstase wird den Weg zu dir finden, wenn du dafür bereit bist. Gemeinsam kultivierte Erotik zu teilen wärmt und energetisiert die Partnerschaft, verzeiht, begräbt Wunden und belebt eine Beziehung, die womöglich im Grau der Alltäglichkeit schon etwas verloren hat. Die Liebesfähigkeit gerade auch im sexuellen Bereich zu kultivieren ist im Westen oft Frauensache. Zumeist liegt es an dir, liebe Leserin, deinen Partner magisch »auszubilden«, dessen manchmal etwas endzielorientierte Mechanismen zu durchbrechen und in ihm den Geschmack an seelenreich zauberischer Sinnlichkeit zu erwecken!

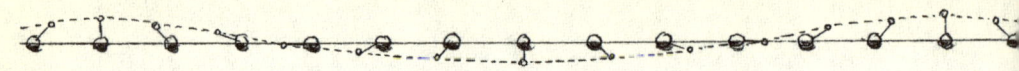

. . . *Und irgendwann geht's ans Beenden*

Jedes Ritual muß rituell beendet werden, um die Energie nicht zu zerstreuen, sondern sie zu erhalten. So laß auch dein Liebe-und-Lust-Genießen-Ritual mit einer rituellen Geste ausklingen, die du dir selbst ausdenkst. Sie sollte die gemeinsam geteilte Energie unter einen höheren Schutz stellen, sie erhalten und sie auch wieder zu dir selbst zurückführen. Du könntest etwa zwei Gläser – zum Beispiel mit Rotwein und Ei – auf einem Silbertablett vorbereitet haben. Jeder nimmt sein Glas, trinkt etwas davon, reicht es dem anderen, trinkt etwas von dessen Inhalt und spricht – oder denkt – eine Invokation, z. B.:

>»Ich liebe
>dich und mich
>und die schöpferische Kraft,
>die wir heute gemeinsam gefeiert haben.«

Aufbauend, gemeinschaftlich nährend und rituell abschließend wirken etwa auch: heißer Kakao, heiße Milch mit Honig, ein Schälchen Zabaione, ein Eierlikör, ein Löffelbiskuit oder sonst etwas mit Eigelb; ein Nußpudding, ein Nußplätzchen oder sonst eine Mandel- oder Nußspeise.

Ihr könnt euch aber auch einfach beide Hände reichen: zuerst noch kreisförmig geöffnet – deine Rechte mit der Linken des Partners verbunden und umgekehrt –, um der Gemeinsamkeit zu danken. Danach die Arme überkreuzt – deine Rechte mit der rechten Hand und deine Linke mit der linken Hand des Partners –, um damit zu signalisieren und auch sein Bewußtsein damit zu verbinden, daß nun jeder wieder sein eigener »Herr« und damit wieder ganz bei sich selbst zu Hause ist.

DER SIEBENTE MOND IM STIER
Wechsel

Taurus

20 April - 21. Mai

Hochzeit der Dimensionen –
Die Heilkraft des guten Platzes

Wenn der Stier seine fülligen und wärmenden Arme über die Natur und die Erdenwesen ausstreckt, ist die Zeit gekommen, Ideen umzusetzen und zu manifestieren. Voller Würde und Schönheit sind jetzt die gestaltgebenden Kräfte; Gebundenheit und Tragkraft, dabei irdische Vielfalt sind ihnen zu eigen. Festlich und würdig feiert die Natur jetzt sich selbst und bietet sich den Blicken der Menschen in ihrer ganzen blühenden Pracht. Jetzt ist seit altersher die Zeit, mit allerlei Festen und Maitänzen die Fruchtbarkeit zu ehren. Zum 1. Mai – dem heidnischen *Beltaine* – errichten die Menschen auch heute noch in vielen Gegenden einen Maibaum. Der bändergeschmückte Lebensbaum ist gleichzeitig Symbol phallisch durchdringender Erneuerung wie Sinnbild weiblicher existenzbildender Empfänglichkeit; beide Kräfte sind in inniger Umarmung begriffen. Der Stab – das phallische Symbol – hat den schützenden jungfräulichen Kreis – das *Jungfernkränzchen*, so sagte man früher –, den festlich geschmückten Maikranz also, bereits durchstoßen; feurig und begeistert feiern Himmel und Erde ihre Hochzeit.

IM ZEITGEIST DES STIER

Die Natur blüht jetzt in verschwenderischer Fülle, und die Bäume, Sträucher und Pflanzen tragen ihren Hochzeitsschmuck. Ihre Blütenkaskaden weben sich wie Spitzenschleier in den Himmel und erwecken ein Ahnen in unserer Seele von Schöpfertum und vom Heilsein. Lassen wir vor unserem inneren Auge auch einmal die Dunkelheit der Skorpionzeit erste-

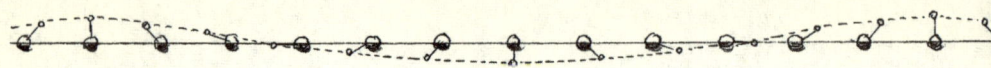

hen, denn dort hat die Stierzeit ihre magischen Wurzeln – gerade so, wie die blütenüberströmten Bäume aus der Tiefe der Erde ihre Nährung beziehen.

Im Stier generell und im Stiermond insbesondere können wir unsere Ideen realitätsgerecht umsetzen. Wir können uns erden. Wir können manifestieren. Wir können begeisternde und durchdringende (Blüten-)Kräfte sammeln, mit diesen in unsere innere Heimat zurückkehren, um uns wurzelnd aufzutanken, aber auch, um hier die Geschenke unserer Inspirationen zu überreichen, damit diese gesegnet werden und etwas Wirkkräftiges daraus entstehe.

Wir können gut *bilden* in dieser Zeit, d. h., unsere Imaginationskräfte haben eine natürliche Tendenz, sich materiell auszudrücken, weswegen diese Zeit für Magie hochgeeignet ist. Aber auch Künstler aller Art, Wissenschaftler und alle, die geistige Kapazitäten haben und ihre Kreativität auch umzusetzen wünschen, sollten die Stierkräfte im Jahreskreislauf, aber auch ganz besonders diejenigen des Stiermondes nutzen. Stier, Löwe, Skorpion und Wassermann haben einen Bezug zu den vier Evangelisten Markus, Mathäus, Lukas und Johannes und finden sich auch in manch einer Kirche abgebildet. Der geflügelte Stier bedeutet, daß sich hier eine natürliche Anbindung an höhere Kräfte findet und daß wir uns in unserem irdischen Tun darauf berufen und diese Kräfte auch nutzen können.

Die Erdkraft hat während dieser Zeit – übertragen durch den Mond – magnetische und bremsende Eigenschaften. Das ist auch notwendig, damit all die Energien, die in der Widderzeit auf eine elektrische Weise nach außen geströmt sind, nun in eine Manifestierung geradezu »hineingebremst« werden. All diese flinken und quirligen »Geisterchen«, die zur Widderzeit von innen nach außen stürmten, werden nun wie von einer großen mütterlichen Hand sanft und kraftvoll zugleich gepackt und ohne Widerrede am Ort »festgebunden«.

Die Elektrizität wird in einem kreisförmigen Bogen, gegen sich selbst laufend, auf magnetische Weise wieder »eingefangen«. Jeder Kreis, jede Spirale ist hieraus geboren. So findet sich in den gegensätzlichen Kraftrichtungsordnungen von Widder und Stier das Grundprinzip des Elektromagnetismus auf diesem Planeten überhaupt.

Und auch wir können daraus einiges Nützliches lernen: daß es nämlich auch für uns Zeiten gibt, in denen wir flink und behende, neugierig, forsch und ohne darauf zu achten, was hinter uns oder was vor uns liegt oder welche Konsequenzen unser Tun wohl nach sich ziehen mag, einfach drauflosstürmen; womit wir uns eben dem Widder gemäß und Mars-orientiert verhalten. Daß es aber wiederum Zeiten gibt, wo es notwendig ist, uns mit unserem Ausgangspunkt, unserer Herkunft, unserem Zentrum, unserer Heimat zu verbinden, wenn wir etwas Tragkräftiges, Beweiskräftiges, eben etwas Substantielles manifestieren wollen; wenn wir selbst eine Würde erlangen wollen, weil wir fähig sind und auch bewiesen haben, daß wir all unsere vielfältigen quirligen Ideen, auch die großen Pläne in irdische Realität umzuwandeln vermögen.

So lehrt uns die Stierzeit, daß wir der elektrischen Kräfte bedürfen, um uns immer wieder neu zu orientieren, um ins Licht zu schauen, um uns an unseren eigenen Antriebskräften in einer Unschuld des Ego selbst zu erfreuen. Wir lernen jedoch zugleich, das diese Kräfte gelenkt und geführt werden müssen, daß sie in eine Ordnung genommen werden müssen, wenn wir etwas Wirkkräftiges und Beständiges damit erreichen wollen. Und so lehrt uns die Stierkraft, daß die Urelemente in uns selbst gesättigt werden, wenn wir eben der magnetischen Komponente in uns selbst und in aller Natur ihren Tribut zollen.

Daß wir *dann* auch gesättigt werden mit irdischer Nahrung, weil eben durch unsere Kraft des Manifestierens auch die irdisch nährenden und schützenden Werte wieder zu uns zurück strömen.

Und schließlich nährt uns ein Drittes, und auch dies lehrt uns der Geist des Stier: und das ist die Würde, die uns aus uns selbst erwächst, wenn wir in der Lage sind und dies auch unter Beweis stellen, daß wir einen geordneten Standpunkt und einen kraftvollen Standort, eine Mitte eben zwischen den elektrischen und den magnetischen Kräften einnehmen können.

Wenn wir aus uns selbst heraus solcher Art Würde entwickeln, so sind wir weder zu sehr verhaftet – Geld und irdischen Dingen –, noch halten wir uns nur im Reich und Raum der Ideen auf, der Gedanken, der Visionen, auch der Träume. Die Würde des Lebens, die sich auch in den äußeren Erscheinun-

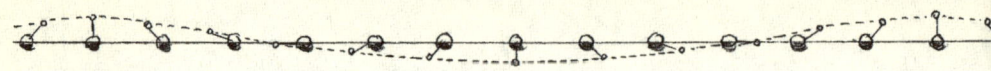

gen aufhält, hat gar keine andere Möglichkeit, als zu uns zurückzufliegen, weil wir sie eben von dort anziehen. So werden wir dann auch von der äußeren Welt mit der zu uns passenden Würde gekrönt.

Dies alles sagen uns der Stier und die Stierzeit; wobei wir aber wissen, daß nicht alle Tage Stierzeit ist, so schön sich das anhört, sondern daß Stierzeit eben ein Zwölftel des Kreises und damit einen Teilbereich von Lebensfeldern darstellt, die sich alle miteinander – wie groß ihre Unterschiedlichkeiten auch immer sein mögen – berühren und unser Denken, unsere Seele und unser Gemüt öffnen wollen für die Vielfalt des Lebens.

Diese Vielfalt drückt sich nun in jedem Menschen auf seine ganz spezifische Weise aus. Und so lehrt uns der Stier obendrein noch, daß wir nicht nur auf unsere eigene Kraft *stieren* sollen, sondern daß wir auch die Andersartigkeit und die Vielfalt der Menschencharaktere zulassen sollen.

DIE BOTSCHAFTEN UND KRÄFTE
DES STIERMONDES

Der Mond ist es, der hier nicht nur unser Geselle und der Ausführende für kosmisch manifestierende Strukturen ist, sondern der uns auch zum Führer und Leiter, zum Transformator sogar wird für unsere kreativen, visionären, inspirativen und schöpferischen Kräfte.

Der Mond selbst ist es ja, der zur Stierzeit diesen elektromagnetischen »Rundumschlag«, diese spiralige Bewegung vollführt und der bei dieser Bewegung unentwegt vom Lehrer und Meister wieder zum Lehrling und darauf folgend erneut zum Meister wird. Der Begriff des Lehrlings symbolisiert hier den elektromagnetischen Entladungsvorgang, der entsteht, wenn die Idee sozusagen Bodenkontakt bekommen hat. Im Augenblick dieser Entladung ist der Bote und Träger – der Mond eben – zum rein ausführenden Element geworden – eben zum Lehrling. Derselbe Mondimpuls jedoch wird im gleichen Augenblick von der großen Urkraft wieder aufgeladen, der Göttinnenkraft, die hinter allen Erscheinungen steht und die prinzipiell nährend wirkt. Mit dieser Kraft geladen kann sich nun das elektrische Prinzip wieder nach

170

außen schwingen und erneut schöpferische Ideen aus dem Äther empfangen.

Der Stiermond lehrt uns also, daß wir irdische Tätigkeiten immer aufs neue wiederholen müssen, um damit zu wachsender Meisterschaft zu gelangen und um etwas gestalten zu können. Der Mond im Stier lebt uns auf elektromagnetische Weise vor, daß wir in jeder Sache, der wir einmal meisterlich gerecht werden sollen, zuerst eine Lehrzeit zu absolvieren haben. Erst wenn die Erdkräfte durch stetige Übung und Fingerfertigkeit im betreffenden Thema bewältigt wurden und kein Hindernis mehr darstellen, können sich die größeren Ideen dann auch in Fülle ins Leben ergießen. Hieraus erwächst dann Meisterschaft. Klug sind wir, wenn wir dieses Prinzip in unser Leben mit hineinnehmen und wenn wir die Zeiten des Lernens, der Korrektheit, der kleinen Ordnung, des Zuhörens und auch des Dienens in vollem Bewußtsein auf uns nehmen – ohne Widerstand, ohne Widerstreben und ohne gegen alles mögliche zu revoltieren –, um dann nachfolgend den großen Kräften ihre Ausdrucksmöglichkeit zu schenken.

Wenn sich das Göttliche in die irdische Form ergießt, so muß die irdische Form zuerst dienen. Das ist weder leicht noch ein Honigschlecken, noch sind das eben »Herren-«, sondern »Lehrlingsjahre«, wie es so sinnig heißt. Wenn die menschliche Form aber transparent geworden ist über der Bewältigung der kleinen Dinge, dann setzt sie keinen Widerstand mehr entgegen und dann kann sich echte Inspiration im Menschenwerk ausdrücken und auf Erden als göttliches Bild erscheinen.

Doch auch wer nicht zu solchem geboren ist, gewinnt an Würde und Zufriedenheit, wenn er diese Prinzipien – vom Kleinen zum Großen, vom Dienen zum Herrschen – in seinem Leben anwendet, egal worum auch immer es gehen mag.

Jedenfalls zeigt uns die Stierzeit ganz klar auf, daß wir vom Universum dann etwas fordern können, wenn wir unsere Ideen in eine reale, materielle *Abbildung* und in eine Würde gebracht haben. Auch spirituelles Bewußtsein wie die Bewältigung irdischer Anforderungen müssen sich durch unser Leben beweisen. Dann sind wir gemittet, und dann sind wir auch zufrieden. Und dann haben wir auch von beidem: von geistiger Nährkraft und Güte wie von irdischer Nährkraft und Gütern.

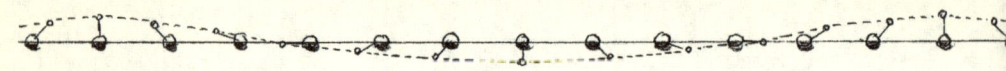

* Für Rückendeckung und für Erdanbindung sorgen; in die Natur gehen und mit den Naturwesen kommunizieren; Steinkreise oder Spiralen legen; dich mit Erde beschäftigen, töpfern; einen Baum umarmen,

* einen magischen oder besonderen Ring anfertigen lassen oder einen Reif tragen; eine Kette, eine Perlenkette, ein Armband ums Handgelenk tragen: aus Kristallen, Korallen oder Calzedonen, denn alle diese Dinge stärken dich jetzt besonders und helfen, deine Vorhaben zu verwirklichen.

Beim Wasser-mannmond fin-dest du ein ein Vollmond- und Wasserritual mit Edelsteinen.

* Einen Ring, einen Zusammenschluß, eine Vereinigung bilden. Private, wie geschäftliche Teamarbeit steht jetzt unter einem guten Stern; ganz besonders solche, bei der es auch um hierarchische Unterschiedlichkeiten geht. Kontakte zwischen Lehrern und Schülern sind jetzt höchst hilfreich.

* Eine Sache zu Ende bringen, vor der du dich schon länger gedrückt hast; etwas durchführen, was bereits darauf wartet; einen Zyklus abschließen; dich grundsätzlich auch kleinen Dingen widmen und die Würde in ihnen finden,

* den Familienzusammenhalt durch etwas Besonderes, etwas Festliches, einen Ausflug, eine besondere Kommunikation stärken.

* Im *Wonnemonat* Mai werden ja mit besonderer Vorliebe Ehen geschlossen. In solche Ehen werden die Stierkräfte als Impulsgeber mit hineingenommen, und ergeben sich recht kräftig austauschende Wechselfelder und durchaus allerlei Höhen und Tiefen. Nur wenn beide Partner die waltenden Grundprinzipien, unter denen ihre Verbindung steht, begreifen und auch anwenden, ist bei solchem Beginn die kosmische Energie von Dauerhaftigkeit vorhanden. Es kommt hier also sehr stark auf die Persönlichkeit und die Einstellung jedes der beiden Partner an; für dauerhafte *Wonne* verbürgt sich der Stier jedenfalls nicht so ohne weiteres, und schon gar nicht, ohne ständiges Bemühen! (Der Stiermond steht also nicht für Beständigkeit an sich, sondern für zyklische und wechselhafte Entladungs- und Energiegefüge.)

... UND WAS DICH STÄRKT

Häkeln, knüpfen, binden, flechten: einfach so, denn die Tätigkeit der Hände bildet zwischen den beiden Gehirnhälften entsprechende elektromagnetische Kontakte, Impulse, Bindungen, Verknüpfungen und Geflechte. Oder auch magisch, so werden diese Kontakte noch zusätzlich energetisiert;

* magische Kreise oder Spiralen ziehen – zu Hause oder in der Natur – und dich mit dem runden und spiraligen Prinzip real beschäftigen.
* Wer zu genereller Lebensschwächung neigt, dem würde es gut tun, die Kräfte des Stiermondes in einer besonderen Weise in sich haltbar zu machen: du könntest dir beim Friseur beispielsweise einen Rundschnitt schneiden lassen, so rund, wie frisurtechnisch und ästhetisch gesehen, eben irgend möglich. Diese Handlung wirkt zu dieser Zeit geradezu magisch!

WAS DU MEIDEN SOLLTEST ...
... UND WAS DICH SCHWÄCHT

Zuviel im Wasser planschen, weil dir das zuviel von deiner Lebensenergie herauszieht; aber auch zuviel Struktur, zuviel Hierarchie, Gouvernanten- und Lehrerhaftes, weil du dich dabei zu wenig elektromagnetisch austauschen kannst.

HEILSAMES

* Das homöopathische *Berberis*, etwa in einer D6, weil die Berberitze dir hilft, neue und bessere bio-elektromagnetische Grundstrukturen zu erbauen,
* das homöopathische *Pulsatilla*, etwa in einer D12, weil die Küchenschelle ein Energiegeber für den elektromagnetischen Entladungsvorgang ist,
* viel Wasser trinken, weil dadurch der bio-elektromagnetische Austausch in dir verbessert wird und weil so das Mondische eine bestimmte Idee in deinem Körper besser ausdrücken kann.

Siehe: *Deine homöopathische Anti-Streß-, Reise- und Hausapotheke*

173

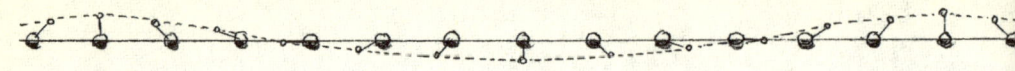

KÖRPERZUORDNUNG

Der Stiermond beleuchtet deinen Hals, den Nacken und die Schultern, die Zähne und die Knochen, aber auch alles Flutende, alle Fließsysteme, die Lymphe, das Blut. Besonders die Hals-Nacken-Wirbel sowie deine Schilddrüse sind dem Mond im Stier unterstellt. Alle diese Bereiche haben Doppelfunktion, und sie steuern sowohl stabilisierende, verengende und materialisierende Vorgänge wie zugleich öffnende, verströmende, fließende und transzendentere Bereiche. Die Hypophyse wirkt dabei als der höhere Steuermann. Damit wird auf die untergeordneten Hormondrüsen Einfluß ausgeübt und in der Folge auf multiple Stoffwechselsteuersysteme des Organismus; besonders auch seelischer Druck und Gegendruck werden von hier aus gesteuert, weswegen deine seelische »Grundausstattung« auch vom Halschakra und damit von der Schilddrüse aus gelenkt wird.

Auch zu Astrologie und Astro-Medizin findest du Büchertips.

Wenn die Zügel der Kompression (astrologisch dem Planeten Pluto zugeordnet) und der Konzentration (dem Planeten Saturn zugeordnet) zu straff gespannt sind, so erfährst du dich als minderwertig, traurig, eingeengt (komprimiert) oder depressiv. Ist hingegen der Zügel der Expansion – der strahlenden Sonne Jupiters – zu locker und nicht in seiner Ordnung, so kann es passieren, daß du deine Bodenhaftung zu leicht verlierst und deine Ideen nicht entsprechend glückvoll umsetzen kannst. Im Weisheitsspiel des Tarot erzählt eine Bildkarte von diesen beiden Kräften, die den Stiermond bestimmen: DER WAGEN.

Im Wassermann-mond werden Edelsteine besprochen, die Mondkräfte in Wasser übertragen. Du kannst dir damit eine persönliche Lichtapotheke zusammenstellen!

In diesem Mond kannst du deshalb besonders gut mit Kristallen (Kompression) oder mit Mondwasser (Fluten), aber auch mit Akupunktur (Konzentration) und Akupressur auf die obengenannten Körperbereiche einwirken und Öffnung oder Festigung erfahren, je nach deiner Erfordernis.

»Mütterchen« Erde

Die Erde – einmal für sich allein betrachtet – ist ein Wesen wie du und ich. Sie lebt. Sie hat Sinnesorgane, Gefühle, Empfindungen, sie atmet aus und ein. Sie verbraucht Energie, die ihr aus dem äußeren Universum, besonders aber aus inneren Geistkraftbereichen zuströmen und die sie nähren. Sie gibt Energien

wieder ab, scheidet Giftstoffe und Verbrauchtes aus und entläßt diese in einen kosmischen Raum, der sich *zwischen* den Dimensionen befindet; dort werden sie von höheren Geistkräften umgewandelt. Wenn dies nicht so wäre, hätten die Menschen sich selbst und ihren wunderbaren Heimatplaneten schon längst vergiftet und ausgelöscht.

Die Erde hat Gefühle. Sie träumt ihren Traum von Leben, von Kraft, von Pulsation, von Geist, Liebe und Wärme. Sie hat Zeiten, wo sie ruhig ist, fast könnte man dies schlafen nennen, und sie hat Zeiten, wo sie wach und aufmerksam ist. Die Erde steht in Kommunikation mit dem äußeren wie mit einem inneren (transatomaren) Universum, mit Sternen und Geistmächten, und sie kann sich mit diesen austauschen. Sie kann lauschen und hören und fühlen, was geplant ist, über Jahrzehnte hinaus, und sie hat die Fähigkeit und Möglichkeit, sich darauf einzustellen, sich in einen Abgleich mit den kosmischen Planungen zu begeben. Sie steht aber selbstverständlich auch in stetiger Kommunikation mit allem, was lebt und webt auf ihr und in ihr.

Die Erde ist mit allem, was auf ihr wächst, mit aller Natur wie in einer hin- und herflutenden Einheit verbunden, denn sie fühlt ganz genau, ob an bestimten Orten elektromagnetische und andere Energien gerade nach außen strömen oder nach innen, auch ob und wie diese sich auf verschiedenste Weise miteinander verbinden. Sie ist mit der Tiernatur verbunden; sie lauscht und fühlt dem Gang und Leben und Weben der Tiere nach, ähnlich, wie wenn wir im Meer tauchen und an die Oberfläche des Wassers schauen und dort etwa ein Lebewesen von unten sehen, wie es herumschwimmt.

Auch mit den Menschen ist Mutter Erde verbunden, aber in einer besonderen Weise, nämlich immer nur hälftig. So kann sie ihre Erdenbotschaften immer nur in alle die empfindsamen und empfindenden Bereiche des Menschen senden, und sie kann nur abwarten, was der jeweilige Mensch mit diesen Botschaften dann macht. Denn zum logischen und reflektierenden Denken des Menschen hat sie keinen unmittelbaren Zugang.

Die Erde hat hohe schützende und aufbauende wie entgiftende Fähigkeiten; sie durchatmet dich und wirkt austauschend; sie trägt vielerlei heilende Möglichkeiten, und sie besitzt auch energetisierende Punkte, Meridiane und Orte auf

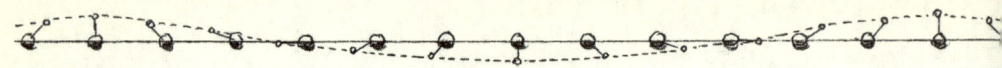

ihrem Erdenkörper. Sie schenkt sie uns, wenn wir klug genug sind, diese zu nutzen.

Ungestört schlafen: die Heilkraft des »guten Platzes«

Orte sind wie Menschen: Sie können magische Kraftzentren sein, aber auch traurige und kränkende Ausstrahlung haben. Wir sollten lernen, die richtigen Energieplätze für uns zu finden, nicht nur bei einer gelegentlichen geomantischen Exkursion oder einem magischen Urlaub – obwohl uns solche Erlebnisse Kraft, neuen Lebensmut und Auftrieb geben können –, sondern vor allem auch in unseren täglichen und nächtlichen Lebensfeldern. Es gibt nicht viel, was solche starken Ausstrahlungen auf uns und unsere Gefühle, auf unsere persönliche und körperliche Gesundheit oder Krankheit hat wie die Energiefelder zwischen Himmel und Erde, von denen wir bei Tag und bei Nacht umgeben sind. So gibt es Erdgitternetze, Kraftzonen, natur-elektromagnetische Felder, Wasseradern und etliches mehr. Die Gitternetze und die Wassernetze befinden sich – allesamt unsichtbar, aber mit starken Wirkkräften ausgestattet – unter der Erdoberfläche, und sie vernetzen, ähnlich wie eine Nähmaschine zwei Stoffteile, hier also Himmel und Erde miteinander und »nähen« diese wie mit großen Heftstichen zusammen.

Siehe auch im Bücher- und Adressenteil Sitzen oder liegen wir auf solchen »Heftnähten« – sie werden nach ihren Entdeckern Hartmann-Netzgitter und Curry-Netz genannt –, so fühlen wir uns in unserem Aufbruchs- und Expansionsbestreben durch sie eingeengt. Wir werden in unseren Empfindungen eingeschränkt, und das hat auf vielerlei Ebenen ungute Folgeerscheinungen für uns. Auch wirken die Gitterzonen verkrampfend auf unsere Nervenzellen, was wiederum viele unterschiedliche krankmachende Auswirkungen im Körper wie in der Seele haben kann. Du solltest deshalb solche Zonen dann, wenn du dich durchs Schlafen nicht erfrischt und erholt fühlst, auffinden lassen und deinen Bettplatz verändern.

Dann gibt es *Kreuzungen* von Wasseradern, und diese sind stets schädlich. Sie wirken verletzend und »ziehen« dich magisch in die Erde zurück: Sie machen dich krank, verletzen deine Seele und deinen Körper, machen dich aggressiv und haben auf vielerlei Vernetzungselemente deines Körpers, be-

sonders deiner Nerven, auflösende Eigenschaft. Sie können zu Krebskrankheiten führen, aber auch zu vielen anderen degenerativen Krankheiten. Es gibt keine schädlicheren Orte als solche Kreuzungszonen von Wasser, wenn du auf ihnen liegst, schläfst, sitzt oder arbeitest. Du solltest sie unbedingt meiden.

Falls du auf schädlichen Strahlungszonen liegst, kann es sein, daß du dich morgens bleischwer fühlst, die Muskeln, Knochen oder die Zähne tun dir weh, und du erholst dich bei Tag erst nach Stunden – wenn überhaupt – von diesem Schlaf. Feststellen kannst du dies selbst durch deine Aufmerksamkeit und Befindlichkeit: wenn du morgens nicht wohl, frisch und ausgeruht erwachst, wenn du müde bist, Schmerzen hast, dich verzerrt oder vom Leben gekränkt fühlst, und wenn alle diese Befindlichkeiten im Laufe des Tages besser werden, so dürfte es meist an einem ungeeigneten Schlafplatz liegen. Auch wenn dein Kind quer oder sonstwie seltsam im Bett liegt, nachts nicht in seinem eigenen Bett schlafen will, das Bett näßt oder gar chronisch krank ist, ist's höchste Zeit für eine Bettplatzveränderung und/oder eine qualifizierte Bettplatzuntersuchung.

Finde dir entweder selbst den rechten Platz, indem du solange an verschiedenen Plätzen schläfst, bis du dich morgens wohl fühlst, oder lerne, dich mit dem Pendel, einem Biotensor – das ist eine Einhandrute – und der Wünschelrute anzufreunden und im Lauf der Zeit umzugehen. Es gibt Bücher darüber, und es werden Kurse angeboten. Doch bedenke bei alldem: Auch hier fallen gewiß keine Meister vom Himmel, und eine entsprechende Lehrlingszeit muß jeder Qualität vorausgehen. Am einfachsten: du bittest einen guten Rutengänger um seinen Besuch, denn er ist der Fachmann hierfür.

Wenn du allerdings schon lange an einem schädlichen Platz gelegen hast, benötigt dein Organismus eine Umstellungsphase, in der es dir vorübergehend sogar noch schlechter gehen kann. Meist setzen dann starke Ausscheidungsvorgänge ein, auch deine Gefühle können starken Schwankungen unterworfen sein, und es kann sein, daß du jetzt überhaupt nicht mehr schläfst. Halte dann durch, und du wirst sicher belohnt werden.

Auch solltest du wissen, daß technische und elektromagnetische Felder, Ströme und Strahlungen, Mikrowellen, Fernseh-, Radio- und sonstige Wellen die Gitternetze und Wasseradern noch *zusätzlich* verzerren und aufladen; zumeist in schädlicher

Erfahrungen einer Rutengängerin von Käthe Bachler ist nicht nur für jede Mutter eine Offenbarung!

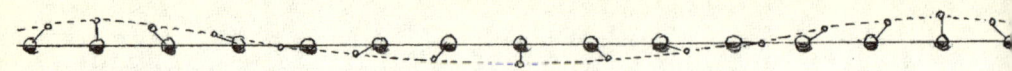

Weise. Besonders Fernseher haben diesbezüglich hohe Stör-wirkung, sogar in ausgeschaltetem Zustand und bei gezogenem Netzstecker. Du solltest nicht innnerhalb von drei Metern Um-kreis beim Schlafen solche Geräte haben, wenn du eine Schädi-gung vermeiden willst. Überhaupt gehören weder moderne technische Geräte, wie Radiowecker, noch Spiegel in die Nähe deines Bettplatzes. Stell den Radiowecker auf den Flur, und häng den Spiegel mindestens in der Nacht zu!

Literatur zu diesem Thema sowie Menschen, die sich jahre- bis jahrzehntelang intensiv – oft diskriminiert – damit beschäf-tigt haben, gibt es wahrlich genug; du kannst dich nun auch selbst damit beschäftigen, wenn du wieder frisch und gesund werden willst.

Die Suche nach dem aufbauenden und heilenden Platz geht nicht immer so einfach über die Bühne, denn Patentrezepte gibt es hier ganz sicher nicht. *Der gute Platz* ist sozusagen ein Gottesgeschenk, und wenn du einen solchen nicht hast, mußt du dich selbst damit beschenken – was aber einige Mühe, Zeit, Investitionen und Aufmerksamkeit kostet. Gute Rutengänger sind fast jeden Einsatz und ihr Geld wert. Manchmal muß man auf Entstörgeräte, Edelsteine, besonders (Rosen-)Quarze, auf Salz, Kupferspiralen, einen Schwingkreis und anderes zurück-greifen, was aber immer einen Notbehelf darstellt. Entstörhil-fen können zudem die unschöne Eigenschaft haben, sich im Laufe der Zeit selbst aufzuladen, weswegen sie regelmäßig überprüft werden sollten.

Um dein eigenes Empfinden zu sensibilisieren und selbst den guten Platz zu finden, mußt du dir schon die Mühe machen, dein Schlafzimmer auszuräumen, dein Bett – das übrigens aus Holz sein und keine Metalle enthalten sollte – mit Rollen versehen und die verschiedenen Plätze ausprobieren; wofür du jeweils mehrere Tage veranschlagen solltest. Gewiß kein einfa-ches Verfahren – aber das hat ja auch niemand gesagt!

Übrigens: Metalle wirken generell verzerrend – brauchst ja nur einen Kompaß daran zu halten –, Kunststoffteppiche, -vor-hänge, -bettwäsche können diverse Störfelder aufbauen, in de-nen keine lebendurchströmende Ionisation mehr stattfinden kann. Dein häusliches Stromnetz solltest du mit einem Netz-freischalter nachts abschalten.

Dies sind einige der hauptsächlichen häuslichen Störfelder-

Direktsuche des gu-ten Platzes. Auf-schluß- und und segensreiches Büchlein von Käthe Bachler. Siehe: Literatur-verzeichnis

themen, zumindest was deinen Schlafplatz angeht. Und genauso, wie du schädliche Zonen aufspüren und meiden lernen solltest, kannst du dir auch *deinen* ganz persönlichen Heilplatz in deiner Wohnung suchen. Es gibt ihn – wenn du nur genug Mühe aufwendest, ihn zu finden! In der Folge kannst du diesen Energieplatz dann durch deine eigene zunehmende Magie, durch Rituale, Gebete und Anrufungen, durch Edelsteine, Kräuter und Blüten, durch Kerzen, Düfte, Räuchern und anderes weiter und weiter verstärken.

Wenn du Freizeit, Wochenende oder Urlaub hast, kannst du dir aufbauende, nährende, erhöhende und heilende Orte auf Mutter Erdes Antlitz suchen: kannst Steinkreise besuchen, an Menhiren meditieren und deine Aufmerksamkeit für magische Landschaften, Gewässer, Meeresstrände, Höhlen, Felsen, Gebirge, aber auch für von Menschenhand errichtete besondere Bauten, wie Kapellen, Kirchen, Kathedralen, Schlösser, Burgen, Klöster, einen angelegten Park, Brunnen und sonstige Orte schärfen. Fast immer stehen diese sowieso auf alten Energiezonen. Du kannst anhand von Büchern und Karten magische Orte finden, oder du kannst zusammen mit einer Gruppe Gleichgesinnter magische Felsen, Höhlen und sonstige Kraftplätze aufsuchen und dich dort den besonderen Kräften öffnen: aber Vorsicht, nicht alle diese Kräfte sind immer nur positiv! Darum spüre, fühle und vertraue deinen Empfindungen. Und wenn dich die Energie zum Bleiben einlädt, so bleibe. Und wenn dich die Energie zum schnellen Verlassen auffordert, so geh auch! Manche Orte können auch geheilt werden.

Noch vieles gäbe es zu diesem Thema zu sagen, doch wollen wir es hier gut sein lassen. Im Anhang gebe ich dir Bücher und Adressen an.

Zur Baubiologie, auch dem Netzfreischalter und anderem, siehe Adressen

MAGIE UND RITUAL

Von Störstrahlung entladen

Wenn du dich entgiften und von schädlichen Strahlungen entladen willst, so benetze deine Stirn mit Wasser und suche dir einen Platz, wo du die Natur mit bloßen Füßen berührst. Am stärksten entladen kannst du dich früh am Morgen, in noch

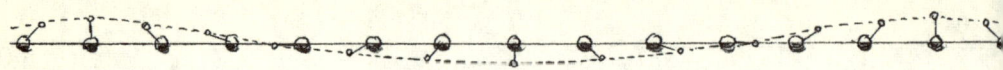

taufeuchtem Gras, auf bloßer Erde, an einem Flußufer, am Meer oder im Winter im Schnee (gilt aber auch hier stets nur mit angefeuchteter Stirn und nackten Füßen). Ein Balkon tut's meist aber auch schon. Es genügen wenige Augenblicke. Das Duschen hat ebenfalls solche entladende Kraft, was für das Baden in einer Wanne oder einem stehenden Gewässer nicht so gilt. Falls du mit Säckchen unter den Augen aufwachst – einem Zeichen für Nieren- wie auch für Herzschwäche –, nach solcher elektromagnetischen Entladung gehen sie im Lauf der Zeit weg, zumindest werden sie kleiner. *Pulsatilla* oder *Berberis* können dir hierbei zusätzliche Hilfe leisten.

Fühle beim »Tautreten«, wie ein Strom vom Himmel zur Erde herab durch dich hindurchfließt und deine Unruhe, deine Traurigkeiten, Sorgen, Schmerzen, Müdigkeit und Giftstoffe mit sich nimmt. Laß es geschehen.

Fühle dich frei und entbunden, ruhe in dir selbst. Danke der Erde. OM

Ein Mond-Erde-Ritual

Im Stiermond kannst du besonders gut himmlische Kräfte empfangen und diese in irdische Materialien, in Steine, Hölzer und anderes leiten. Du kannst mit diesen aufgeladenen Steinen dann auch zu einem späteren Zeitpunkt magisch weiterarbeiten. Wähle dir Materialien aus, die dir als Empfänger dienen sollen. In dem folgenden Ritual verwenden wir Steine, die du selbst von deinen Spaziergängen mitgebracht hast und die dir etwas sagen.

Vorbereiten ...

Dusche dich, und lege dir zwanzig Steine bereit; dazu stell dir eine Schüssel mit frischem Wasser bereit.

... Durchführen

Setze dich auf deinen Energieplatz, entspanne dich und atme dreimal tief ein und aus. Erde dich, indem du siehst, wie aus deinen Füßen goldene Wurzeln in die Tiefe der Erde wachsen. Sie wachsen immer tiefer, bis zum Mittelpunkt der Erde. Dort

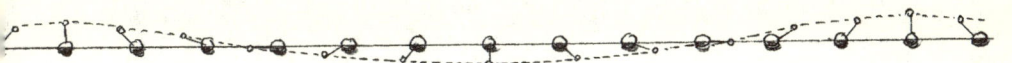

verbinden sie sich mit höchsten Geistwesen, die dich reinigen, klären und dich empfangsbereit machen. Sprich den Segenslaut OM oder eine kleine Invokation, etwa so:

> Ich bin empfangsbereit
> für den Willen des Universums,
> der durch mich strömt
> und der meinen Geist und meine Hände
> für heilende Taten segnet.
> OM

Sieh nun, wie sich ein strahlender Sonnenwirbel über deinem Kopf   Energieübung
bildet, der wie ein Trichter schöpferische Bilder des Universums ein-
saugt, die dir nützlich sind oder die dich heilen. Sieh jetzt eine
Sonnenblume aus Lichtwirbeln über deinem Kopf. Die braunen
Kerne der Sonnenblume nähren dein Herz und schenken dir Aus-
dauer für deine Aufgaben. Die leuchtend goldenen Sonnenstrahlen
nehmen bei ihrem Abstieg in dein Herz kosmische Ideen, Bilder und
Farben mit sich. Schau, welche Farbe JETZT in dein Herz einströmt
und vorherrschend ist. Sieh nun aus der Farbe eine bildhafte Form
entstehen. Sie will dir etwas sagen. Sieh, wie das Bild in deinem
Herzen zu leben und zu pulsieren beginnt, wie das Herz eines
Embryos. Sieh, welch ein fühlendes Wesen daraus entsteht. Wie sieht
es aus? Was will es dir sagen? Sieh, welche Farben und Formen nun
hinzukommen. Sieh nun neben dem Wesen – Mensch, Tier oder
Engel – einen Baum, mit Wurzeln, grünen Blättern, Blüten oder
Früchten. Was ist das für ein Baum? In welchem Zustand ist er?
Denke an deine derzeitigen Lebensthemen, und beobachte den Baum,
was er dir hierzu sagen will. Sieh das oder die Tiere, die sich an den
Wurzeln des Baumes, neben seinem Stamm oder in seinen Wipfeln
zeigen und die dir Helfer sein wollen. Frage sie um Rat, wenn du
solchen brauchst, und beobachte, wie sie sich verhalten und welche
Symbole sie dir geben. Sieh nun eine Schatzkiste am Fuße des
Baumes stehen. Öffne sie und schau, was darin ist: Der Inhalt will
dir etwas sagen, und du weißt, was damit gemeint ist. Laß die
Bilder und die Wesen wachsen, sich verändern, sieh, wie sie mitein-
ander kommunizieren; halt sie nicht fest. Fühle die universellen
Hilfen, das Licht und den Segen, der sie und dich durchströmt. Du
bist nun ein Mittler zwischen Himmel und Erde und die Kräfte
strömen durch dich.

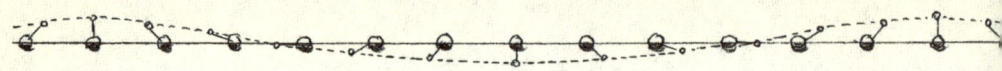

Du kannst diese Energieübung mit ihren Botschaften nun hier mit einem Dank beenden. Du kannst sie aber auch zum Ritual weitergestalten.

Leg hierfür aus deinen Steinen (oder Natursubstanzen, wie Tannenzapfen, Haselnüssen mit Schale, Muscheln usw.) eine Spirale – geh dabei von außen nach innen – und benetze jedesmal, bevor du den nächsten Stein berührst und legst, deine Hände mit dem Wasser aus der Schale. Du legst damit auf naturmagische Weise elektromagnetische Spannungsbögen in deiner Spirale und zugleich auch in dir an. Du wirst zunehmend kraftgeladen. Wenn du einfach nur Energie tanken willst, so kannst du dich nach dem letzten – dem zwanzigsten – Stein in die Mitte der Spirale stellen, setzen oder legen und fühlen, wie du immer stärker mit universeller Kraft geladen wirst. Fühle dich als die Zahl einundzwanzig, die Zahl des Lebens, die Zahl des Universums. Fühle dich, wie du als die Zahl einundzwanzig für die Beendigung eines Zyklus und zugleich für einen Neubeginn stehst. Vielleicht magst du einmal die entsprechende Bildkarte der Weisheitsbilder des Tarot in die Spirale mit hineinnehmen? Die letzte Karte der großen Arkana heißt DIE WELT und sie zeigt den zur Ganzheit erwachten androgynen Menschen, umgeben von den vier Erzengeln, umhüllt von einem Lorbeerkranz und tanzend in den Fluten des Alls wie ein Derwisch. Fühle, wie diese Energie in dir Raum nimmt. Fühle dich als der neue Mensch, der sich selbst als Heilkraft ins Leben gibt, um an der Erneuerung des Planeten teilzunehmen. Falls du dich aber lieber selber bewegst, als stille zu sitzen, so tanze selbst den Spiraltanz des Derwisch mit, den kreisenden Tanz des Lebens.

Du kannst die Spirale auch nutzen, wenn du etwas beenden willst und dich dabei der Hilfe des Universums versichern willst. Auch zum Schutz kannst du sie einsetzen; dann mußt du jedoch den Eingang der Spirale mit einem besonderen Wächterstein zum Kreis schließen.

Unsere Galaxis, ja, das gesamte Universum schwingt spiralig; die Spirale ist das Grundmuster des Lebens, das Grundmuster der DNS, in der deine Erbanlagen, dein Karma, deine Blaupause für dieses Leben, deine Gaben und Talente gespeichert sind. Du kannst die Spirale für jede Art von Ritual einsetzen, das du dir selbst erdenkst. Sei also erfinderisch!

Wenn dir deine inneren Bilder noch Fragen offen gelassen haben, so kannst du zusätzlich die Weisheit des Tarot befragen.

. . . und Beenden

Nun bist du energetisiert und erfrischt. Verlaß das spiralige Kraftfeld mit einem Dank, und nimm die Energie in deine Aufgaben mit. Die Energieformation kannst du auflösen und die geladenen Steine für vielerlei Rituale oder als Kraftgeber weiterverwenden; du kannst die Spirale der Steine aber auch liegen lassen und dich immer wieder einmal daran erfreuen.

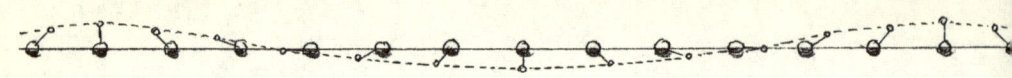

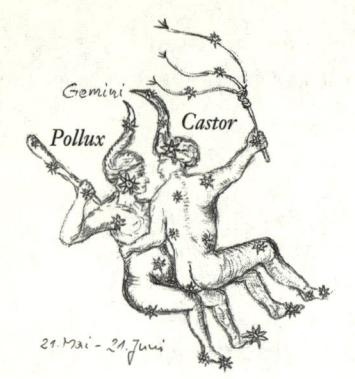

Gemini

Pollux   Castor

21. Mai – 21. Juni

_3

DER ACHTE MOND
IM ZWILLING
Lichtübertragung

Die Blüten sprechen
Sender und Empfänger von Botschaften

Wenn Zwillingszeit ist, dann ist es licht und hell in der gesamten Natur. Die Bäume haben getrieben, und viele stehen auch noch im Schmuck zartgrüner Blätter und zartester Blüten, die uns schon durch ihre Form und durch die strahlende Heiterkeit, die sie in unserem Herzen erwecken, zeigen, daß sie universelle Lichtbotschaften empfangen. Eine geöffnete Blüte ist eine Art von Empfänger für Sternenenergien; sie erinnert ja auch an die Parabolspiegel, mit denen der Mensch Botschaften aus dem All empfängt.

Zugleich sind die Blüten aber auch Sender: Sie senden Informationen aus der irdischen Realität, aus der Stofflichkeit und aus der Begreifbarkeit – dem Bereich, wo das Leben fühlbar, schmeckbar, riechbar, hörbar und sichtbar ist – hinaus in die Welten des All. Eine Blüte ist also Sender wie Empfänger zugleich, und die Blüten der Bäume und auch die aller Pflanzen können entsprechend genutzt werden.

IM ZEITGEIST DES ZWILLING

Die Energie ist jetzt hell, licht, leicht; die Füße berühren nur flüchtig den Boden. Merkur, der Götterbote ist dieser luftigen Lichtzeit des Zwillings zugeordnet; er wird in mythologischen Abbildungen meist mit Flügelchen an den Füßen und an seinem Helm dargestellt. Das Licht ist hell und wird oft sogar als schneidend und stechend empfunden, denn es lebt nicht so sehr aus dem Kontakt mit Mutter Erde, sondern ist mehr dem äußeren Universum und den leichten, flinken, elektrischen

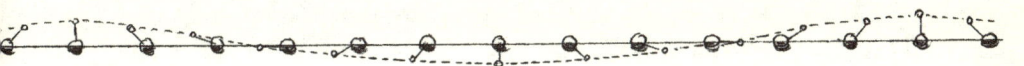

Dingen, den Wissenschaften und vielen Neuheiten geöffnet. So ist auch die Standfestigkeit in der Zwillingszeit und auch im Zwillingsmond erheblich gemindert, weswegen recht hohe Ausrutschgefahr besteht. Dies gilt auf allen Ebenen des Bewußtseins und besonders auf der materiellen Ebene: Man kann jetzt leichter als sonst auf einer Treppe oder sonstwo ausrutschen, stürzen, sich die Knöchel verstauchen. Stürze von einer Leiter, beim Sport, vom Fahrrad, Motorrad, Pferd oder was auch immer sind möglicher als sonst. Also sei besonders achtsam. Zwillingstage sind nicht gerade die besten, um Bodenständiges vorzubereiten und zu beginnen, etwa ein Haus zu bauen, einen Grundstein zu legen oder einen Vertrag tragkräftig zu gestalten.

Die Duplizität der Erscheinungen (die »*Zwie*-heit« des *Zwi*llings) steht irgendwo immer im Hintergrund, so daß bei aller Klugheit und Klarheit der Gedankengänge den Dingen dennoch keine in sich geschlossene Konsequenz innewohnt. Vieles kann nicht gültig abgeschlossen werden. Oft sind so viele Nebendinge zu beachten, daß die Abfolge im großen Ganzen abhanden kommt.

Es ist auch nicht gerade die Zeit von Verbrüderungen oder beständigen Freundschaften, denn alles spielt sich mehr an der Oberfläche ab, hat keinen Tiefgang. Auch eine weitblickende Überschau ist hier nicht vorhanden, eher schon ein In-die-Ecke-gedrängt-Sein. Es geht in allem, besonders im Geistigen, mehr um die kleinen Dinge.

DIE BOTSCHAFTEN UND KRÄFTE DES ZWILLINGSMONDES

Der Mond bringt hier eine neue Dimension in die Energie der Zwillingszeit, weil er ausgleicht, verbindet und wandelt. Wo die Kräfte zu kraß sind in ihrer dualen Ausdrucksweise, führt er sie sachte zueinander. Über die empfindenden Mondkräfte kann die Gespaltenheit des Zwillings-Denkens gemildert werden. Wo Angelegenheiten zu biegsam, zu glatt oder zu rutschig sind, als daß sie Bestand haben könnten, bringen die Mondkräfte eine gewisse Rauhigkeit auf die eisartige Glätte des Zwillings. Man könnte die Mondkräfte im Zwilling mit Steigfellen vergleichen, die man früher (als es

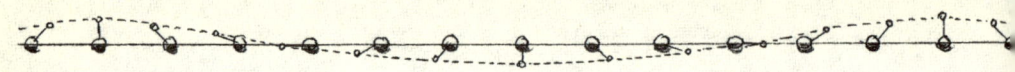

Lifte noch nicht gab) unter die Skier befestigte, um beim Anstieg das Zurückgleiten zu vermeiden.

Die Zwillingszeit im Jahreslauf ist somit nicht die Domäne der Sonne – wenn sie auch und gerade weil sie hier am höchsten steht und am hellsten scheint –, sondern eine *Hoch-Zeit* des Mondes. Besonders die Gefühle sind während der Zwillingszeit etwas eingeengt, wie »eingeschachtelt« und auch das Denken bleibt eher mal im Kleinkarierten hängen. Wenn wir uns aber auf die mondische Seite einschwingen und auf die feinen Kräfte, wenn wir verzeihen können und uns von der Sensibilität des Mondes entführen lassen, haben wir die Möglichkeit, aus den Gefühlspanzern herauszusteigen. Solche muskulären Verspannungen entstehen, wenn die Dinge zu sehr vom Verstand aus bewertet, beurteilt und *zwie*-geteilt werden.

WAS DIR GUTTUT …

Jeder beurteilende und gar verurteilende Gedanke bewirkt Spannungen im Muskelsystem, die durch sensible Massage, zusammen mit Gesprächstherapien, Yoga und vielerlei andere auch im Muskelsystem ansetzende Therapien, vor allem aber durch Vergebung gelöst werden können. Wilhelm Reich hat auf diesem Gebiet Grundlagenforschung betrieben: er entwikkelte nicht nur Biotechnologien, um die im Universum unbegrenzt vorhandene Orgonenergie für den Menschen verfügbar zu machen, sondern verband die kosmische Tachyonenenergie (wie sie heute meist genannt wird) mit psychotherapeutischen Gesprächen. Die muskulären Panzerungen konnten sich so heilsam lösen. Auf Wilhelm Reichs bahnbrechenden Erfindungen aufbauend, gibt es heute Technologien, die Orgonenergie nutzen.

SIEHE: BÜCHERTIPS

* Weiterhin: Loslassen üben, entkrampfende Dinge tun, wie spazieren gehen, tanzen, Seilhüpfen, Trampolinspringen oder schlicht und einfach dich ausruhen oder schöne Musik hören,

* die Farbe Grün entkrampft und entspannt ebenfalls; dich nicht um schwierige Themen kümmern und auch nicht um die Themen anderer Leute, soweit vermeidbar; dich in der Natur und im Grünen aufhalten.

Magnesium ist *das* entspannende Mineral, weswegen es einer der *Stars* deiner Hausapotheke werden könnte! Du findest es im Fischemond.

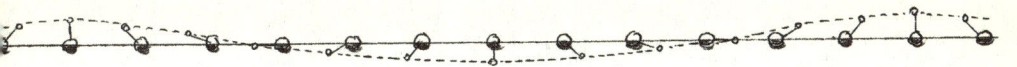

. . . UND WAS DICH STÄRKT

Seelenfreundschaften schließen oder stärken; alles seelisch Verbindende; einander liebhaben und es auch zeigen.

WAS DU MEIDEN SOLLTEST . . .
. . . UND WAS DICH SCHWÄCHT

Zur Zwillingszeit ist das Leben ein wenig wie auf eine Gratwanderung reduziert, denn mitten im Zwilling verläuft eine Art von »kosmischer Naht«; und da ist eben generelle Vorsicht angebracht. Deshalb:

* Nicht in Strukturen »herumrühren«, die sowieso schon belastet sind. Streit aus dem Weg gehen, denn er könnte jetzt eine häßliche Wirkung haben und ungut ausgehen.
* »Rutschiges« jeglicher Art und auf allen Ebenen! Vorsicht vor kleinen Verletzungen, Splittern, Ausrutschen und ähnlichem. Es besteht eine Neigung zu kleinen Unfällen, die der Skurrilität nicht entbehren . . . (Beobachte einmal die Menschen um dich zur Zwillings(mond)zeit, und reflektiere dieses Thema, du wist sicherlich recht originelle Einsichten dabei bekommen!) Gerade die kleinen und harmlos aussehenden Verletzungen haben es »in sich«: Sie können sich entzünden, eitern, stark bluten, lange Schmerzen oder sonstige Probleme bereiten. Vorsicht auch vor Infekten, Blutvergiftung etc.!
* Vorsicht! Sich nicht auf Nebengleise ziehen lassen; sich nicht auf eine »abschüssige Bahn« begeben, das könnte jetzt leicht schiefgehen; lieber auf Nummer Sicher gehen und das Glück hier nicht strapazieren, denn Jupiter, der Glücksplanet, hat während der Zwillingsenergie keinen Raum und keine Mitsprache.
* Lieber keine Zähne während der Zwillingszeit ziehen lassen, so möglich, denn das könnte tiefe und langdauernde, womöglich eitrige Wunden geben.

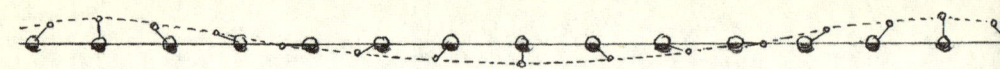

* *Magnesium phosphoricum*, das Entkrampfungsmittel der Biochemie, etwa in einer D6 oder D12 und
* *Silicea* D12 – das Schönheitsmittel der biochemischen Salze, passen jetzt gut, und
* *Ferrum phosphoricum* D6 gibt etwas mehr Bodenhaftung.
* Baden mit Milch und mit sinnlichen ätherischen Ölen; Lavendel etwa hat die hier nützlichen entkrampfenden Eigenschaften.

Das phosphorsaure *Eisensalz* sollte in jeder Handtasche, im Medizinbeutel und im Handschuhfach deines Autos vorhanden sein! Beim Fischemond wird es besprochen.

Siehe beim Widdermond: *Feenmilch Morgaine*

DIE KÖRPERZUORDNUNG

Das sind die Hände und Arme bis zu den Schultern, das Gehirn (die Teile, die dem logischen Denken zugeordnet sind) und das Nervensystem, der Gleichgewichtssinn, die Lunge mit den Bronchien und der Luftröhre. Auch findet sich ein Bezug zum Herzen: hier gibt es leicht einen Druck auf der Brust. Menschen, die mit Asthma, Bronchitis oder Herzbeschwerden zu tun haben, sollten jetzt besonders vorsichtig sein. Auch zum Sexualchakra und zu den Geschlechtsorganen hat der Zwilling eine Beziehung.

EIN VOLLMONDRITUAL MIT DEN DEVAS DER BLÜTEN

Sonnen-Blütenessenzen als Empfänger von kosmischen Botschaften

Zum Empfänger wird für uns eine Blüte, wenn sie am Tage bei vollem Sonnenschein, klarem Himmel und über die Mittagszeit bis etwa 15 Uhr in eine Schale mit Wasser gelegt wird. Die Lichtengel der Blüten – die Devas – empfangen die Sonnenbotschaften mit Hilfe ihrer ganz individuellen Eigenart und geben diese in das Wasser hinein ab. Auf solche Weise entstehen die bekannten Blütenessenzen nach Dr. Bach oder auch die Kalifornischen Blütenessenzen und andere. Sie werden hier nicht weiter besprochen, denn es gibt sehr viel Literatur dazu, in welcher auch nachzulesen steht, wie sie angesetzt werden.

In der *homöopathischen Hausapotheke* findest du die *Rescue remedy*-Notfalltropfen aus der Blütentherapie von Dr. Edward Bach.

Alle Sonnen-Blütenessenzen geben uns Hilfe, indem sie uns unser kosmisches Erbe vermitteln: Freiheit, Leichtigkeit, Licht, Frieden, Erkenntnis, Frohsinn – alles Dinge, die mit Ausdehnung und mit Befreiung von den magnetischen und bindenden Gesetzen auf diesem Planeten zu tun haben. Jede Blütendeva empfängt das Universum und die Sternzeichen, in denen sich die Sonne gerade aufhält, nach ihrer Art und schenkt uns diese Informationen heilend weiter. Sonnen-Blütenessenzen machen uns immer leichter und entheben uns ein wenig der Erdenschwere, natürlich stets im Rahmen der jeweiligen Spezifität einer Pflanze oder eines Baumes. Es sind immer Engelsflügel in solcherart Heilwasser enthalten. Die Devas der Blüte vermitteln uns ihre Art, die Welt und deren Gesetze zu betrachten: eben von außerhalb; von der Peripherie her; eben von der Feinstofflichkeit und einer hohen ätherischen Ausdehnung und von einem äußeren Licht her.

Mond-Blütenessenzen
als Sender von irdischen Botschaften

Dann gibt es aber noch eine zweite Art, die Blütendevas und ihre Hilfen für uns nützlich einzusetzen: die Blüten nämlich umgekehrt als Sender zu benutzen und irdische Fragen und Botschaften ins All hinauszusenden, um von dort eine neue Art einer unmittelbaren Handreichung, Antworten und Hilfe zu bekommen. Hierfür benötigen wir das Licht des Vollmondes. Die Blüten wirken dabei als parabolspiegelartige Sendestationen deiner Bitten, Fragen oder sonstigen Botschaften.

Vorbereiten ...

Wir pflücken hierfür geöffnete Blüten – die uns intuitiv ansprechen oder über die wir zuvor schon meditiert haben – bei Tages- und Sonnenlicht, am Tag vor Vollmond und bei möglichst wolkenlosem Himmel, was in diesem Falle am besten schon vormittags, spätestens bis 12 Uhr Mittag, geschieht. Wir legen sie in eine Schale mit Wasser und lassen diese Schale bis zum Einbruch der Nacht im Freien stehen. Besonders passende Blüten sind blaue, weiße, gelbe und gelb-orangene Blüten, besonders das Leberblümchen, die

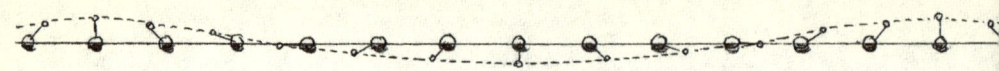

Schlüsselblume, aber auch viele andere, die dir intuitiv einfach nahestehen. Wenn du spezielle Kräfte bereits bekannter Blüten – die deinen Fragestellungen entsprechen – einsetzen willst, so kannst du in einem Blütenbuch nachschlagen und dir eine geeignete Blüte aussuchen.

. . . Durchführen

Ist die Mondgöttin am Himmel leuchtend sichtbar, legen wir – jetzt erst, keinesfalls schon am Tage! – einen runden, ovalen, kugeligen oder auch flachen Kieselstein oder einen Milchquarz in die Mitte der Schale. Dieser Stein zentriert die Kräfte des Mondes.

Die Blüten sind nun mit dem Licht des Vollmondes verbunden und durch den Kieselstein entsteht zudem ein zurückverbindender Rundumschluß: ein energetischer und elektomagnetischer »Kurzschluß« zwischen Materie – dem Erdboden mit seinen physikalischen Gesetzen – und den außerirdischen Elementen und Geistwesen. Mittler sind die Schale, das Wasser, der zentrierende Mittelpunktsstein, die Blüte(n) und der Vollmondstrahl. Die Schale sollte auf einem Tisch in der Natur (Balkon etc.) stehen.

Kontakt mit dem hohen Selbst aufnehmen

Als irdischer Mensch mit deiner Erdenschwere und durchwebt von den Gesetzen des Elektromagnetismus, samt all seiner Hemmnisse, Erschwerungen, Probleme und mannigfaltiger bindender Strukturen kannst du nun diese Anordnung benutzen, um in unmittelbaren Kontakt mit der Mondgöttin oder den Sternengeistern des äußeren Universums zu gelangen. Du kannst aber auch (leichter) mit deinem eigenen hohen Selbst sprechen, mit deinen Engeln oder Schutzengeln Kontakt aufnehmen, mit einem bestimmten Planetengeist in Kommunikation treten oder wozu immer es dich eben zieht.

Stell dir einfach eine Art von energetischem Sprachrohr, eine unmittelbare Licht-Raumsonde, einen Lichtkanal vor, der das Irdische und das Außerirdische wie mit einer sich reichenden Hand miteinander verknüpft. Und nun kannst du diesen Kanal nutzen und deine Probleme und Sorgen ausbreiten. Du wirst

die Handreichung so unmittelbar wie nur irgend möglich spüren, und du kannst Antworten erhalten, die dir gemäß sind und so nah wie sonst nie.

Für die Konzentration der Antwort sorgt der Kiesel- oder der runde Quarzstein in der Mitte der Schale. Er ist deshalb sehr wichtig, und ohne ihn geht das Verfahren nicht. Du kannst dann mit diesem Stein und mit diesem Wasser solange energetisch arbeiten, meditieren oder mit den damit verbundenen Inspirationen umgehen, bis die Antwort deines hohen Selbst – oder der angesprochenen Engel und hilfreichen Geister – für dich ganz klar ist. Tip: Nimm dir ein Kassettengerät und (sicherheitshalber sogar zwei) 90-Minuten-Leerkassetten mit und nimm dein Gespräch auf. Schalte während der Pausen nicht ab, und störe dich keinesfalls an längeren Leeraufnahmen, denn die Energie der Mondgöttin wird auch während der Sprechpausen vom Band aufgenommen! Du kannst später wundervoll mit diesem Band meditieren, und die Energie kommt voll rüber!

Du kannst die Schale mit dem Mondblütenwasser anschließend auch für ein sonstiges dir geeignet erscheinendes Ritual benutzen, dir hierfür einen Kreis aus Blüten auf den Fußboden streuen, einen Lichtengel und den Lichtkanal herbeirufen, die Schale in die Mitte stellen und eine Zwiesprache, ein echtes Gespräch mit den gerufenen geistigen Wesen beginnen. Das Mondblütenwasser ist im nächtlichen Licht der Mondgöttin, aber auch am nächsten Tag noch im Licht des Tages wirksam.

Du kannst das Mondblütenwasser auch mit etwas Branntwein versetzen und es damit haltbar machen, sofern du es für mehrere Tage, etwa für Rituale, Fragen oder Meditationen brauchst.

Du kannst dieses Energiewasser auch in eine Sprühflasche füllen, es in deinem Raum oder auf deinem Kopf versprühen, deine Hände damit benetzen, etwa wenn du am Mondtagebuchschreiben bist, oder es vor dem Einschlafen über deinem Kopfkissen vernebeln, damit dir deine Träume faßbarer werden.

. . . und Beenden

Einen Dank an alle Helfer!

Wenn ein solches Ritual samt der Fragestellungen und Antworten beendet ist, wird das Wasser weggeschüttet. Segen!

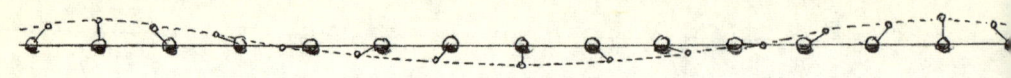

Cancer

29. Juni – 23. Juli

DER NEUNTE MOND
IM KREBS
Magische Seelenverbindung

Verschmelzung von Sonne und Mond
und ein Kräuter-Traumkissen

Die Zeit des Krebses beginnt mit der Sommersonnenwende und dem Höchststand der Sonne. Ihre höchste Macht hat die Sonne nun ausgedrückt, und so nimmt ihre Kraft ab jetzt Schritt um Schritt wieder ab. Dafür nimmt ab jetzt die Macht der Mondin und der nächtlichen Sternenwelten auf Erden wieder zu.

Zur Sommersonnenwende wurden in früheren Zeiten Fruchtbarkeitsriten gefeiert, und auch heute fluten zu dieser Zeit die Energien von *Yin* und *Yang*, weiblich und männlich, auf eine existentielle und sexuelle Weise ineinander. Die Winter- und die Sommer-Sonnenwende bilden eine kraftvolle Energieachse durch das Jahr; die Sonne im winterkalten Steinbock und der Mond im sommerlich wärmenden Krebs umarmen einander: im Winter mehr freundschaftlich und als Kameraden, im Sommer hingegen zärtlich, gefühlvoll, verschmelzend und sexuell.

Wo aber sich die polaren Prinzipien des *Yin* und des *Yang* feindlich gegenüberstehen, sich nicht verstehen und wo sie auf offensichtliche oder auch auf subtile und verborgene Weise miteinander kämpfen, dort kann jetzt Frieden sein. Denn Heilung durch Seelenverbindung und durch Austausch von Empfindungen kann zur Krebszeit, wo die Pole auch im kosmischen Geschehen einander nah und auf Seelenaustausch und Heilung eingestimmt sind, besonders gut beginnen.

Siehe auch beim
Steinbockmond

192

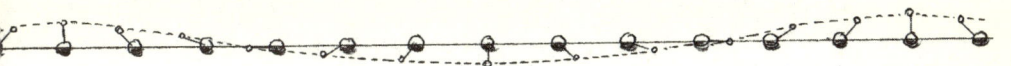

Im Zeitgeist des Krebses

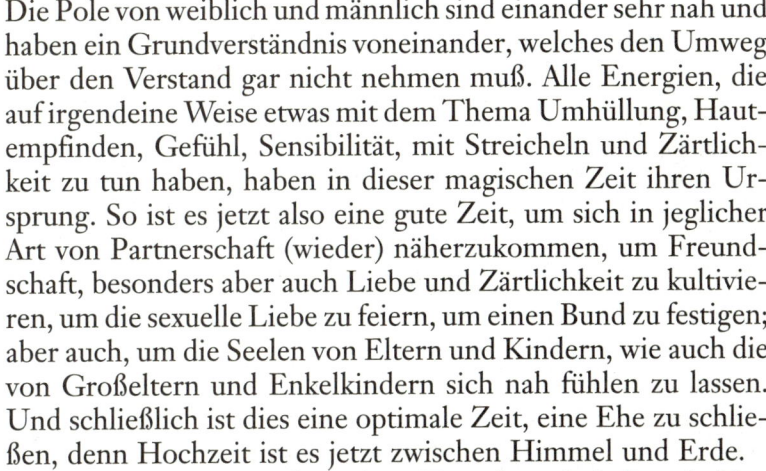

Die Pole von weiblich und männlich sind einander sehr nah und haben ein Grundverständnis voneinander, welches den Umweg über den Verstand gar nicht nehmen muß. Alle Energien, die auf irgendeine Weise etwas mit dem Thema Umhüllung, Hautempfinden, Gefühl, Sensibilität, mit Streicheln und Zärtlichkeit zu tun haben, haben in dieser magischen Zeit ihren Ursprung. So ist es jetzt also eine gute Zeit, um sich in jeglicher Art von Partnerschaft (wieder) näherzukommen, um Freundschaft, besonders aber auch Liebe und Zärtlichkeit zu kultivieren, um die sexuelle Liebe zu feiern, um einen Bund zu festigen; aber auch, um die Seelen von Eltern und Kindern, wie auch die von Großeltern und Enkelkindern sich nah fühlen zu lassen. Und schließlich ist dies eine optimale Zeit, eine Ehe zu schließen, denn Hochzeit ist es jetzt zwischen Himmel und Erde.

Auch in einem astrologischen Horoskop sind diese beiden Wendepunkte der Zeit als eine wesentliche Energie- und Lebensachse erkennbar. Du kannst dir einen Baum dabei vorstellen – die verborgenen Wurzeln entsprechen dem Krebsmond, und die sichtbare Krone entspricht der Steinbocksonne. Genauso wie dieser Baum eine Ganzheit ist, bist auch du eine Ganzheit: weil die Zeit durch dich hindurchläuft und mit den begleitenden elektromagnetischen Energien die verschiedenen Bereiche deines Körpers, vom Kopf bis zu den Füßen und wieder zurück, miteinander verbindet. Dies geschieht nicht nur im Jahreskreislauf, sondern ebenso – meist noch erheblich ausgeprägter – im Mondeskreislauf, im Tageskreislauf, genauso im Stundenkreislauf; denn das Größere gibt sich im Multiversum nach unten stets in seiner Entsprechung weiter. So reichen sich zur Krebszeit auch das Verborgene und das Offensichtliche die Hände und arbeiten behutsam Hand in Hand.

Die Botschaften und Kräfte
des Krebsmondes

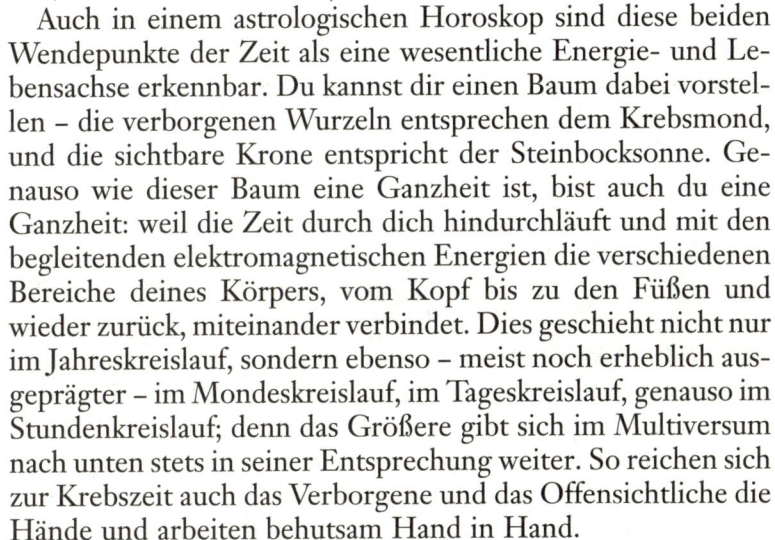

Dies ist eine Zeit großer Güte, und klug bist du, wenn du in deinen Beziehungen diese Güte sich entfalten läßt. Die begrenzende, umhüllende und schützende Kraft der Steinbocksonne

Siehe: *Im Zeitgeist des Steinbocks*

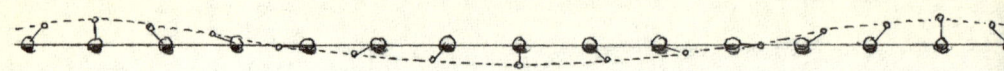

und die von innen nach außen expandierende, nährende Kraft des Krebsmondes sind sich jetzt so nah, daß die Trennung zwischen diesen sonst durchaus auch miteinander im Widerpart liegenden Prinzipien nahezu aufgehoben ist. Auch kannst du jetzt viel leichter als sonst Kontakt mit Pflanzenwesen, mit Baumgeistern, Blütendevas oder sonstigen Naturwesenheiten aufnehmen.

Beobachte dich in dieser Zeit, und erlaube dir und den Menschen, mit denen du verbunden bist, eine Zeit des zärtlichen Miteinander-Umgehens. Kultiviere Innigkeit, Zärtlichkeit, Liebe, Verschmelzung. Stimm dich auf Nähe und Herzenswärme ein. Wenn du beispielsweise einmal eine Partnermassage ausprobieren willst, könntest du dir ein besonderes Öl dazu herstellen: Nimm Mandelöl, und gib das ätherische Öl der Rose hinein – denn die Mandel und die Rose sind vollkommene Symbole dieser Zeit –, schüttle gut, und stimme dich auf die sanfte, wärmende und alchymisch verschmelzende Energie der Rosenblüte ein, während du das Öl mit kreisenden sanften Bewegungen aufträgst. Du kannst eine schöne, fließende, meditative Musik dazu auflegen und dich dem Duft und der strömenden Energie hingeben. Auch die Energie des Rosenquarzes oder eine Vase mit frischen Rosen paßt wunderbar dazu.

Siehe *Ein Liebe-und-Lust-Genie-ßen-Ritual*

Wenn der Mond im Krebs steht, ist er auf eine ganz besondere Weise bei sich selbst zu Hause: Er erwacht zu einer Art selbststrahlender Mondsonne. Aus Silber wird auf alchymische Weise Gold, und dieses Gold enthält das Silber in sich. Aus dem Unbewußten wird langsam zunehmend Bewußtes. Aus dem Unterdrückten wird Befreites, und aus dem Animalischen erwacht Seelengeistiges. Aus dem opferbereiten, dienenden, Seele tragenden, dem mehr weiblichen Prinzip erwacht die Macht. Und dies ist die Macht der Großen Göttin aus alter Zeit. Es ist die Macht, die von den Frauen dieser Erde und von den unterdrückten Völkern dieser Erde wieder selbststrahlend und magisch in die eigene Hand genommen werden soll.

Im Jungfraumond findest du weitere Informationen dazu.

Verwende also Silber, und es wird seinen Beitrag leisten, um sich in dir und durch dich alchymisch zu Gold zu verwandeln. Nutze die Kraft edler Perlen, und sie werden dich des Königtums deiner Seele bewußt werden lassen. Nimm dir die Zeit und den Raum, dich selbst und deine Seele in dieser Weise auch zu suchen und zu Wort kommen zu lassen. Kräftige dich, indem

du dich mit Gleichgesinnten verbindest und ihr euch über alle diese Dinge miteinander austauscht. Nutze dazu die Kraft der Zeit, denn im Krebsmond ist die Tür zu dieser Dimension am durchsichtigsten. Jetzt ist dein *drittes Auge* am empfänglichsten und die Visionen, die deiner Seele eingeboren sind und derentwegen du den Planeten betreten hast, um sie zu verwirklichen, sind dir am nächsten.

In dieser Zeit bist du ganz klar, wenn du weiblich bist, wenn du als Mann sensibel bist oder wenn du unterdrückt bist, und du kannst sehr bewußt über die Schritte deiner Befreiung nachdenken. Dein Zellplasma ist in höchstmöglicher Klarheit, es reinigt sich und wird zunehmend selbststrahlend (*radio-aktiv*), gemäß deinem Entwicklungsstand und den Kräften, die du zuläßt und die du auch bewußt einsetzt. Auch deine Kapillaren, die Endgefäße deiner Arterien, wie die deiner Venen werden jetzt von diesem Zeitgeist der Befreiung durchströmt.

Siehe auch *Selbststrahlende Atome und neues Bewußtsein*

Wenn du jetzt die alchymischen Kräfte von Butter, Milch und unbehandelter Sahne einsetzt – besonders in Verbindung mit Kräutern, jodhaltigen Algen oder Früchten wie Kiwis, Himbeeren, Avocado, Ananas oder auch Mandeln –, so kannst du große Fortschritte machen.

»Großmutter« Mond – wie die Indianer die große Mondin nennen – sorgt für das erwachende, zu ihr gehörende Geschlecht und so finden die Gegenmächte immer weniger Möglichkeiten, die Katalysatoren und Kräfte der Neuen Zeit zu manipulieren. Die neue Kraft sorgt für sich selbst, denn sie teilt die »Geschlechter«: diejenigen, die der neuen Zeit angehören, von denen, die hierzu gar keinen Zugang haben wollen. Sie trennt die Spreu vom Weizen. Sie sammelt ein, was zu ihr gehört und ausgeharrt hat. Und sie verwirft, was nur manipuliert und benützt hat, was die Naturkräfte mißbraucht und vergewaltigt hat. Denn dieselbe Kraft wirkt – täglich zunehmend – einmal heilend und fördernd und das andere Mal vergiftend und in den Tod hinabziehend, dem inneren Leben eines Menschen gemäß.

Der »Kanal« (Channel) zwischen dem Unbewußten und Bewußten, zwischen dem Animalischen – auch den *animals*, den Tieren – und zwischen dem denkenden Bewußtsein, der solange verschüttet war, wird gerade gereinigt. Dieser Kanal reinigt sich von selbst, wenn wir die mondischen Kräfte immer

Weiterführende Göttinnen-Texte zum Thema: »Ende des Fischezeitalters und zum Wassermannzeitgeist« findest du in: *Die Lichtkräfte unserer Nahrung*

195

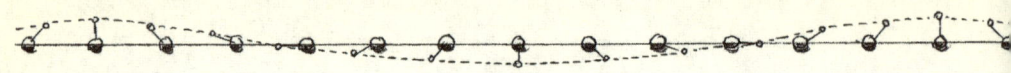

mehr zulassen in unserem Leben. Er reinigt sich aber auch, wenn wir den Tieren als unseren Brüdern die Hand reichen und einen Beitrag leisten, sie aus ihren Gefängnissen und Folterstätten (konventionelle Tierhaltung genannt) zu befreien. Es tut uns nicht gut, Tiere, unsere Mitgefährten zu essen, die aus solchen Folterstätten kommen. Wir sollten deshalb alles daran setzen, wenn und solange wir eben noch Tiere essen – denn es gibt Zeiten und Phasen, wo viele von uns durchaus gelegentlich dieser tierischen Kräfte bedürfen –, daß wir dann das Fleisch ungequälter und möglichst streßarm getöteter Tiere zu uns nehmen. Alles andere Fleisch wirkt immer schwerer vergiftend, und es blockiert die Entfaltung. Ganz besonders gilt dies für die Zeit des Krebsmondes.

Der Krebsmond esoterisch

Wenn der Mond im Krebs steht, so erinnert er dich daran – tief, tief verborgen in deinen Genen –, daß seine Kräfte einmal weit über diesen Planeten, ja sogar über dieses Sonnensystem hinausreichten. Denn er war einmal Teil eines übergeordneten Sonnensystems, das mit selbststrahlenden Kräften *radio-aktiv* ausgestattet war.

Deshalb erzählen die Mythen des gesamten Erdkreises von diesem kosmischen Ereignis, von einer atomaren Zerstörung und vom Absturz dieser Sonne ins Meer. Eine planetare Umpolung und eine Veränderung chemischer und elektrophysikalischer Grundgesetze waren damit verbunden.

Eine Tür, ein Dimensionstor schloß sich damit. Die abstürzende Sonne verbrannte die Erde, und sie nahm ihre ursprüngliche Idee, ihre Kraft und ihr Geheimnis mit in ihr kaltes Meeresgrab. Nur die Mythen wissen noch davon. Nur die Fische und die Meeresbewohner erzählen einander von diesem Ereignis und wissen davon. Und nur die Seelenwesen, die sich über die kosmische Dimension des Fischezeichens einen Zugang und eine offene Tür erhalten haben, wissen oder ahnen davon. Die Tür, die sich verschlossen hat, ist das *Dritte Auge* des Menschen; und eben dies öffnet sich heute bei immer mehr Menschen wieder und erweckt das Ahnen in ihrer Seele und die Weisheit und die Erinnerung an die Zeit vor dieser kosmischen Katastrophe.

Als das geschah, gab es eine Umpolung auf dem Planeten, die mehrere Dimensionen umfaßte und die sich bis in die Genetik, ins Wesen der Tiere und Menschen und bis hinein ins atomare Bewußtsein ereignete. Die ehemalige Sonne nahm das Gemüt und Bewußtsein des Wassers an, als dem irdischem Träger von Empfindung, damit wenigstens in der Seele, im tief Untergründigen und im verborgensten Unbewußten noch eine Ahnung der vormals heiligen Zeit vorhanden blieb. Eine uralte kosmische Sonne – Trabant einer noch höheren kosmischen Sonnenmutter – wurde zum Erdenmond; als Mondgöttin erscheint sie in unseren Träumen und lehrt uns, das Vergessen in unserer Zeit heute nicht mehr zu akzeptieren.

Eine Wieder-zurück-Umpolung hat begonnen, und neuartige Kernkräfte erstrahlen im beginnenden neuen Zeitalter wieder aus unseren Zellen. Wenn der Mond im Krebs steht, strahlt er auch heute schon viel mehr von seiner ehemaligen eigenstrahlenden Qualität auf dich und die Erdenwesen herein. So kannst auch du dir Schritt um Schritt die magische Kraft, die existentielle Kraft, die mond-sonnenstrahlende Kraft des Neuen Zeitalters erarbeiten. Dieses alles geschieht zudem auch aus einer beginnenden atomaren Umpolung heraus, und wenn du lernst, die neuartige Aktivität magisch immer stärker durch dich zum Ausdruck zu bringen, so ziehst du damit automatisch unguten patriarchalen Strukturen den Boden unter den Füßen weg. Auch dies ist ein Stück der wiederkehrenden Gerechtigkeit. Die Kräfte werden neu verteilt. Nimm sie auch an, denn wir leben nun mal im Zeitalter des Ausgleichs, für die die Tarotkarte XX – GERICHT steht. Betrachte sie dir einmal – und laß deine eigene Auferstehung zu!

... WAS DIR GUTTUT

* Wenn du in dieser Zeit Algen verwendest, zum Einnehmen, essen, als Tee, als Suppe, zum Baden, als Haarshampoo, als Lotion oder als Creme für deine Haut – jetzt können sie am meisten bewirken.
* Nahrung: Äpfel, Quitten, Himbeeren und Beerenfrüchte und frische Früchte aller Art, Sahne, Butter, frisches Eigelb, Zimt, Reis, grüne frische Kräuter, besonders auch Basilikum;

Siehe: Büchertips

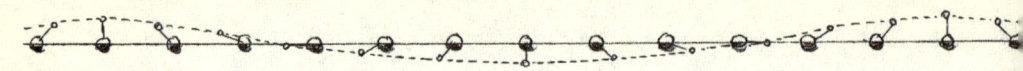

Basilikumbutter, geflügelte Tiere oder Fische; möglichst keine Erdtiere; alles, was jung und frisch ist, was Vitalität und Klarheit aufweist, wie Keime, Sprossen und Weizengras; Fruchtspeisen mit dem Geliermittel Agar-Agar, das aus Algen gewonnen ist,

* alle Kräuter dieser Erde, die dem Mond im Krebs besonders heilsam zugeordnet sind und die hier ihre höchste Energie besitzen, wobei es in dieser Zeit völlig egal ist, ob du sie tags oder nachts pflückst, bearbeitest oder zubereitest.

* Blütenpollen; die strahlende Kraft der Sonnenblume – als Blüte, als Essenz, als Kerne oder auch als Öl; sogar als Photo,

Siehe: Die Hüterin der Kristalle und Mineralien

* das Tragen von Amuletten, besonders solchen aus Silber, Gold oder Platin – die Form sollte rund sein, einer Sonnenblume mit Strahlen ähnlich; auch das chinesische *Yin-Yang*-Symbol gehört hierher.

* Aus dem Reich der Edelsteine passen zum Krebsmond besonders gut: der Aquamarin, der Türkis, der Carneol – das sind die drei wichtigsten –, das kupferfarbene Falkenauge, der Rhodochrosit und der Malachit.

* Im Krebsmond tut es dir auch gut, wenn du ausgehst, dich schmückst, deine schönsten, dich selbst am meisten erfreuenden Kleider anziehst und wenn du deine inneren Energien voller Freude, kraftvoll, farbig und festlich nach außen strömen läßt. Hier kannst du feiern, eine Frauengruppe gründen oder Rituale abhalten, Bündnisse schließen.

Es ist sicherlich interessant für dich, hierzu den Steinbockmond, sowie den Stiermond zu vergleichen!

* Verbindungen aller Art stehen jetzt unter einem besonderen Segen und Schutz, gleichgültig, ob es sich um eine Heirat, eine Verbindung zwischen Mann und Frau, zwischen Freundinnen oder zwischen Brüdern, um Eltern oder Großeltern und Eltern oder Kinder, um ein geschäftliches Bündnis oder was auch immer handelt. Der Segen des mütterlichen Erbes, der Segen deiner Großmütter und der Mondgöttin kommen zu dieser Zeit für den Bund voll zur Auswirkung.

. . . UND WAS DICH STÄRKT

Schaffe dir eine Möglichkeit, während dieser Zeit kraftvoll aufzutreten. Kultiviere dein Seelenbewußtsein, indem du dich mit dir ähnlichen Menschen zusammentust. Gehe hinaus aus

deinem Heim und dem gemütlichen Hort (der sonst immer dem Krebs zugeschrieben wird), und ermögliche dir selbst dein Strahlen. Sieh auch zu, daß es andere erreicht. Fühl deine sonnenstrahlende Seelenkraft, indem du dir Konzepte erstellst, Wege bahnst, Kanäle erschaffst, über die und in denen du deine besten Eigenschaften leben kannst.

Was du meiden solltest ...
... und was dich schwächt

Wenn du nur den Seelenanteil in dir lebst, der opferbereite und dienende Strukturen aufweist. Vermeide Situationen, die solcherart alte Verhaltensweisen erneut hervorrufen. Sei wohl mutig, aber nur soweit, wie du es selbst ganz von innen heraus zulassen kannst, weil es wirklich zu dir paßt. Geh Auseinandersetzungen in dieser Zeit besser aus dem Weg, solange du noch nicht so stark bist, diese jetzt auch ganz sicher zu bewältigen.

Vom Dienen zur Seelenmagie, siehe: Büchertips

Heilsames

* Die Bachblüten-Essenzen,
* die Rose und die Sonnenblume,
* alle grünen Kräuter,
* leuchtende, goldene Farben, besonders goldorange, rotgold, goldgelb,
* Prunkvolles und Prächtiges; Brokat, Damast.

Die Körperzuordnung

* Der Krebsmond beleuchtet den gesamten Körper. Seine Strahlen und magischen Botschaften werden von der Hypophyse, aber auch vom Zwerchfell empfangen. Sie werden weiterverteilt über die Schilddrüse und das hierzu gehörige Chakra, das hälftig dem Steinbock zugeordnet ist, sowie über das Hara-Zentrum, das dem Krebs als Gegenspieler zugeordnet ist.

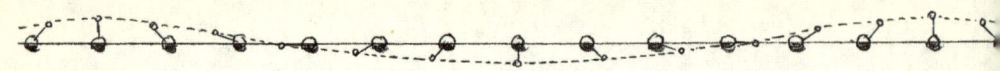

* Zum Hara-Zentrum gehören Gebärmutter, Eierstöcke und überhaupt alles, was mit weiblicher Sexualität und Lebenslust, aber auch mit Empfängnis, Schwangerschaft, mit Austragen, Reifung und Fülle zu tun hat. Auch Nieren und Blase gehören hierzu. Es geht um die Göttinnenenergie an sich und darum, sich und seine Existenz in seinen Nachkommen weiterzuverströmen. Das Leben selbst wird im Krebsmond weitergegeben, und zwar auf eine matriarchale Weise, die das Weibliche in höchsten Ehren hält und ihm die *Krone des Lebens* verleiht.
* Weiter die Augen, Augenwimpern, die Haare; alles, worin das Licht in deinem Körper sich noch versteckt aufhält. Das sind: die Keimzellen; die *Mitochondrien* – Organellen und Bio-Kraftwerke in jeder Zelle –, aber auch das Innerste aller Zellen überhaupt; die Knochen; alle roten Blutkörperchen; die Blutbildungsstätten; die Lymphe;
* weiter die Mundhöhle und der Speichel; alles Sensible, das auch an das vegetative Nervensystem gebunden ist,
* der biologische Elektromagnetismus, der eines seiner Hauptzentren in der Mundhöhle hat: Deswegen wirkt auch Homöopathie, über die Mundhöhle aufgenommen, so unmittelbar ins körperlich-geistig-seelische Geflecht hinein. Und: Speichelflüssigkeit ist ein magisches Element, sie enthält alle deine Körper- und Seelenbotschaften!

Siehe auch: *Mit Homöopathie heiler werden*

MAGIE UND RITUAL

Das Traumkissen- und Kräuterritual

Du kannst aus der Herstellung eines Kräuter-Traumkissens ein Ritual machen: So ist es noch intensiver mit dir und den Themen deines Lebens verbunden. Zunächst überlege dir, welche getrockneten Kräuter und Pflanzen du verwenden willst und welche dir intuitiv nahe sind; du könntest dich auch durch Abbildungen in einem Kräuterbuch inspirieren und dich von den Pflanzen-Devas berühren lassen.

Was du dazu brauchst ...

Besorge dir mehrere der nachfolgend besprochenen Kräuter, Pflanzen und Wurzeln – die für dich, dein Kind, deine Freundin passend sind – in einem Kräuterhandel oder aus der Apotheke oder sammle (Naturschutz beachten!) und trockne sie dir selbst. (Natürlich kannst du auch andere Kräuter auswählen, die zu dir passen, oder auch dir ein fertiges Kräuterkissen kaufen und es rituell einweihen.)

Im Anhang findest du Adressen dazu.

* Besorge dir eventuell noch das ätherische Öl der Rose und des Lavendels.
* Besorge dir einen feingewebten, dichten Stoff in einer Farbe, die dich anspricht oder die zu deinem Heilthema gut paßt.
* Nähe dir ein Kissen in der Größe und Form, wie es dir am bequemsten zum Daraufliegen ist. Ein Maß von 45 cm x 28 cm hat sich gut bewährt. Du könntest aber auch ein mondsichelförmiges, mandelförmiges oder sonst dir geeignet erscheinendes Format für dein Kissen wählen oder auch einen Mond aus einem anderen Stoff und in anderer Farbe auf deine Kissenhülle applizieren. Als Verschluß wählst du am sinnvollsten einen Klettverschluß, denn er läßt sich leicht öffnen und wieder verschließen, ohne daß Kräuterkrümel sich im Reißverschluß verklemmen. Wenn du selbst nicht nähen kannst, so bitte eine Freundin, Omi, Tante oder sonst jemand um diesen Gefallen, vielleicht im Austausch gegen ein eigenes Kräuterkissen? Oder du bietest etwas Praktisches an, wie Babysitten, einkaufen, Obst aus deinem Garten, Eingemachtes, einen gemeinsamen Ausflug oder eine Einladung zu irgend etwas Besonderem?

Zum Beispiel ...
Mit der Mondgöttin in Zauberhöhlen feiern

... Durchführen

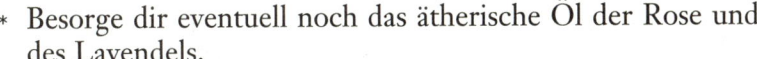

* Sorge für Ungestörtheit. Lege dir eine Decke, ein Bettuch oder sonst eine Ritualdecke auf den Fußboden. Dieses Tuch sollte dann aber nur noch für Rituale verwendet werden!
* Stecke ein naturreines Räucherstäbchen in die Erde einer Zimmerpflanze und stelle diese Pflanze zu dir auf den Fußboden. (Sie freut sich darüber, bei deinem Pflanzenritual dabei sein zu dürfen, und verbindet sich mit dem heilsamen und reinigenden Rauch.)

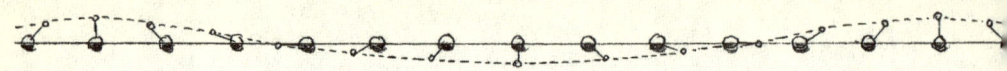

* Lege dir Papier und Stift oder dein kreatives Tagebuch bereit, falls du nachher Botschaften der Pflanzendevas aufschreiben willst.
* Lege deine Kräuter kreisförmig um dich herum auf deinem Tuch auf dem Fußboden aus, während du dich im Zentrum dieser Kräuter-Rosette niederläßt. Wenn du magst und sofern vorhanden, könntest du den Kreis der Kräuter mit Rosenquarzen, Lapislazulis, Türkisen, Perlen, Calzedonen, aber auch mit Carneolen oder Korallen ergänzen. Alle diese Edelsteine haben eine besondere Beziehung zum Mond und zu deinem Ritual. Lege dir das bereits genähte Kissen und die Fläschchen mit den ätherischen Ölen ebenfalls zurecht.

Siehe auch: *Kerzen als Botschafter des Lichts* * Wenn du magst, könntest du auch eine oder drei Kerzen bei deinem Ritual mit entzünden.
* Nun sprich einen Segen und laß dich zugleich segnen von all diesen wunderbaren Kräften. Etwa so:

OM
Ich sende Segen aus für . . .
(einen Menschen, eine Bewegung, eine Idee,
für Unterdrückte, für den Planeten als Ganzes
oder was immer du unterstützen willst).
Ich bin gesegnet.
Ich empfange Inspiration und Heilkraft
durch die Engel dieser Pflanzen und Kräuter.
OM

* Laß meditative Ruhe in dich einkehren, und fühle, ob eine bestimmte Pflanze mit dir Kontakt aufnehmen will oder ob du dich zu einer besonders hingezogen fühlst. Wenn das so ist, dann fühl dich immer stärker in sie ein, und lausche deinen Empfindungen und all dem, was sich an Botschaften in deinem Herzen entfaltet.
Vielleicht gibt es auch eine besondere Botschaft für dich und die Themen deines derzeitigen Lebens, die du dir dann sicherlich gerne aufschreiben wirst. Manche Worte und Sätze kommen während eines Rituals so eindeutig, daß es sich lohnt, sie direkt zu notieren. Manchmal erhältst du auch später erst beim Wieder-nachlesen einen Aha-Moment.
* Fülle nun die Kräuter und Pflanzen, die bereitliegen, in dein

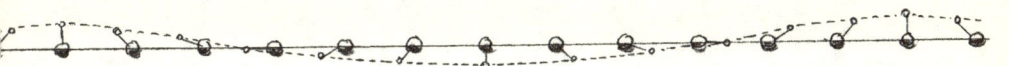

Kissen hinein. Laß dich dabei von deiner Intuition führen, was die Auswahl und die Mengen angeht. Fülle das Kissen aber nur locker, sonst liegst du in der Nacht zu hart darauf!

* Tropfe drei Tropfen ätherisches Rosenöl und/oder Lavendelöl auf die Kräutermischung in deinem Kissen.
* Bitte nun die Engel und Devas der Pflanzen, dir während der Nacht auf den Reisen, die deine Seele unternimmt, beizustehen, dir Schutz zu geben und dir Inspirationen zu senden, die du mit in dein Erwachen hineinnehmen kannst. Sprich mit den Devas; unterhalte dich mit ihnen ganz natürlich, wie mit einem Freund.

Bezugsquellen für Rosenöl findest du im Anhang

... Beenden

Segne zuletzt noch einmal den Inhalt deines Traumkissens, bevor du es verschließt. Dann bedanke dich und beende das Ritual.

Verwenden ...

Und nun viel Erfolg bei deinen nächtlichen Traumausflügen! Sprich vor dem Einschlafen mit deinen Engeln. Nimm dir ganz fest vor, daß du dich an wichtige Träume und Botschaften erinnerst. Lege dir jedenfalls dein kreatives Tagebuch oder dein Traumbuch und einen leicht und gut schreibenden Stift neben deinem Bett zurecht, damit du beim Erwachen und im Halbschlaf auch sofort aufschreiben kannst, was dir die Devas vermittelt haben oder mit welchen Ideen du dein Leben bereichern willst.

Tip: Achte darauf, dich deines Traumes auch auf derselben Seite des Kopfes zu erinnern – und ihn aufzuschreiben – auf der du während des Traumes schlafend gelegen hast!

Aktivieren ...

Von Zeit zu Zeit solltest du dein Traumkissen öffnen und erneut ätherisches Rosen- oder Lavendelöl einträufeln. Mache auch aus dieser erneuten Aktivierung deines Traumkissens jeweils wieder ein kleines Ritual. Rüttle und schüttle dabei die Kräuter gut – bei trockenem Wetter kannst du sie auch einmal für eine Stunde ins Freie legen –, und vermische sie erneut. Du

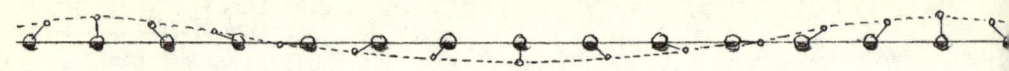

kannst dann auch einige Zimtstangen und Sternanis zugeben, wenn du möchtest. Zimt hat schützende und sanft wärmende Heilenergien, und Anis schenkt dir frohen Mut; beides ist auch besonders gut für Kinder geeignet!

Dein Kräuterkissen behält seine Kraft für zwei Jahre. Danach solltest du den Inhalt mit einem Dank der Natur zurückgeben und es anschließend wieder mit frischen Kräutern auffüllen.

Nachfolgend gebe ich dir eine besonders geeignete Auswahl.

Die Rosenblätter
Die Rose steht für Herzensfreundlichkeit, zärtliche Liebe, Freundschaft und innige Verbindung. Sie kräftigt dein Blut und gibt dir das Geschenk, daß sich alle in deinem Traumkissen versammelten Energien vereinigen, um gemeinsam eine Verbindung zu deinem hohen Selbst herstellen. Sie strahlt aber auch in die Tiefen deiner Vergangenheit, sofern es hier etwas Heilsames für dich zu wissen gibt. (Deshalb ist auch das ätherische Rosenöl ungemein nützlich in deinem Traumkissen, wenngleich es naturgemäß zu den teuersten ätherischen Essenzen gehört.)

Die Lavendelblüte
schenkt dir Traumgesichte und heilt deine Seelenschmerzen, wenn du sie in deinem Traumkissen verwendest. Die Blüten des Lavendels stehen dann für Inspiration und Klarheit des Erinnerns und bringen die Lichter, Kräfte und Visionen deiner nächtlichen Traumreisen hinab in die Wirklichkeit deines Erdenlebens. Nutze sie!

Die Lindenblüte
enthält eine große Grundkraft, und sie steht für Ergebnisse. Im Traumkissen hilft sie dir, deine Inspirationen auf den Punkt zu bringen, damit sie von der Kraft deiner Hände in Wirklichkeit umgesetzt werden. Die Deva der Lindenblüte fackelt nicht lange, aber sie flüstert dir ins Ohr, wie du eben am besten Ergebnisse erzielen kannst.

Die Geißblattblüte
Diese Blüte, die als Honeysuckle auch zu den Bachblüten gehört, stärkt deine Schultern, und sie macht dich breit und

mächtig. Sie schenkt dir Geduld, Tragkraft und Beständigkeit in deinen irdischen Angelegenheiten, dabei aber dennoch die nötige Durchsetzungskraft. Deshalb ergibt sie auch ein Traumkissen für heimwehkranke Kinder und Erwachsene! Auch verbindet sie dich mit dem heilenden Urstrom allen Lebens. Ein starker Elektromagnetismus ist ihr zu eigen. Wenn du also das Gefühl hast, daß es dir gut tut, von einem machtvollen, alles verbindenden Urstrom des Lebens aktiviert zu werden, so nutze diese Pflanze; es können auch recht kraftvolle Erneuerungsprozesse durch sie initiiert werden.

Die Gänseblümchen-Blüte
bringt Spannung in dich und dein Leben. Sie hilft dir, dich fit, spannungsgeladen und vital zu fühlen. Sie füllt deine Brennkammern auf, wenn du sie Nachts und in deinem Kräuterkissen verwendest. (Bei Tage haben manche Kräuter und Pflanzen unter Umständen eine etwas andere Wirkung.)

Die Blüte des Roten Klees
Der Rotklee bringt Wärme und Honigsüße in deine nächtlichen Astralwanderungen und in der Folge dann auch in dein tägliches Leben. Er wärmt deine Flügel – das sind die ätherischen Verbindungen, die du hinaus zu den Geistwesen und zu den Engeln besitzt – und bringt diese so mehr in dein unmittelbares Erleben. Nicht nur du, sondern auch deine Engel freuen sich darüber. Dein Kissen könnte deshalb durchaus zu zwei Dritteln mit Rotklee gefüllt sein!

Die Veilchenblüte
trocknet deine Tränen, schickt negative Kräfte von dir weg und hat die Fähigkeit, Traurigkeit wie Schmerzen zu lindern und die Seele zu entgiften. Die Veilchenwurzel tut eben dasselbe, aber in noch stärkerem Ausmaß. Wenigstens einige Veilchenblüten solltest du deshalb deinem Kräuterkissen stets beifügen. Die Duftveilchen, *Viola odorata* haben die eindeutigste und stärkste Wirkung, doch auch Hundsveilchen, *Viola canina* sind geeignet.

Die Schafgarbenblüte
wirkt generell heilend im nächtlichen Kräuterkissen. Sie stärkt dir den Rücken und verbindet dich mit aller Natur und

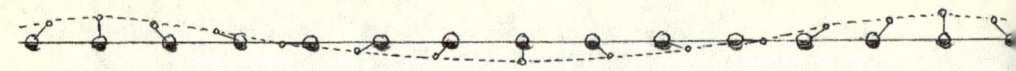

dem Wissen der Kräuter überhaupt. Sie kann dir helfen, die rechten Heilmittel und den rechten Heiler zu finden, wenn du krank bist, denn in ihr wohnt eine weisungskräftige magische Energie.

Die Arnikablüte

kräftigt – im Traumkissen – speziell deine Lendenwirbelsäule, aber auch dein Harazentrum und damit die Macht und Magie der großen Muttergöttin. Das wirkt sich im gesamten Bereich deiner Grundexistenz, aber auch in deiner Sexualität, in deinem gesamten weiblichen Bereich und auch in der Blase aus. Die Magie wird in dir erweckt und gestärkt, und du kannst zunehmend die Macht der Göttin in dir selbst erleben. Wenn du also zur Magierin erwachen willst und den Stab des Handelns und der Tatkraft und des Willens immer machtvoller handhaben willst, wenn du deine Sexualität kraftvoll beleben willst oder auch wenn du Schmerzen, Beschwerden oder Kraftlosigkeit in der Lendenwirbelsäule hast, dann nutze die Blütenkraft der *Arnika montana*. (Dann solltest du dein Traumkissen allerdings auch immer einmal wieder auf die entsprechende Region auflegen.) Auch wenn du zu duldsam bist und dir immer wieder zuviel gefallen läßt, solltest du ihre Kräfte nutzen. Sie steht wohl unter Naturschutz, doch wirst du sicher eine Möglichkeit der Beschaffung über den eigenen Anbau oder einen guten Kräuterhandel finden.

Die Iris

hat den Duft des Himmels als Geschenk bis in ihre tiefsten Wurzeln hinein erhalten. Dieses Geschenk gibt sie an dich weiter, so daß auch du den himmlischen Duft, das Licht und die himmlischen Kräfte in den Wurzeln deines Lebens, in deiner Seele und in allen deinen irdischen Angelegenheiten erleben kannst.

* *Deshalb ist die Iriswurzel ein Glückstalisman.* Du kannst eine solche Wurzel in einem Medizinbeutel oder einer kleinen Tasche – verborgen wie eine Wurzel in der Erde – bei dir tragen. Sie will dir in allerlei Nöten hilfreich und ein Glücksbringer sein. Sie darf aber nicht sichtbar getragen werden, sondern will dein Geheimnis bleiben.

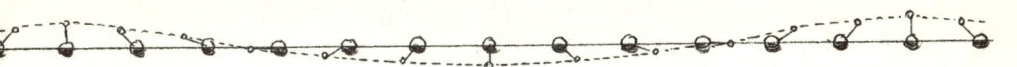

Im nächtlichen Kräuterkissen hilft sie dir, die Wege zu deinem Glück leichter aufzufinden und die entsprechenden Ideen und Hinweise in deinem Kopf wirksam werden zu lassen.

Die Irisblüte steht für das gleiche und ist Sinnbild und Symbol für die eben beschriebenen Kräfte; ohne die Wurzel bleibt sie jedoch im bildhaft-symbolischen Bereich stecken. Für die realisierende Kraft ist die Wurzel unumgänglich notwendig.

Die Kamillenblüte

bringt Sonne in deine Träume und in dein Leben. Sie ist eine Sonne; sie begleitet dich und leuchtet dir, sie geht dir beschützend auf allen deinen Wegen voraus. Auch wirkt sie heilsam im nächtlichen Kräuterkissen bei Beschwerden in deinem Mund, in deiner Mundhöhle, den Zähnen und dem Zahnfleisch.

Sie verträgt sich besonders gut mit Efeu; denn dieser ist einer ihrer nächsten Brüder.

Der Efeu

wärmt dich des Nachts und gibt dir Kraft und Boden unter deinen Füßen. Deine Bodenständigkeit wächst, und doch ist darin nichts Grobes enthalten, sondern im Gegenteil eine Eleganz und Originalität. Wenn du also dabei bist, in irgendeiner Weise dir ein neues Haus zu erbauen, in welcher übertragenden Bedeutung auch immer, so nutze die Kraft des Efeus.

Die Weinrebe – ungespritzte Blätter

Junge grüne Weinblätter, die sonnenbeschienen bei Höchststand der Sonne geerntet werden, die mit einem Messer oder einer Schere geschnitten und im Schatten getrocknet wurden, sind für solche Menschen geeignet, die sich in materiellen Kämpfen befinden. Sie sind nützlich für diejenigen, die sich in Auseinandersetzungen mit groben und destruktiven Kräften befinden oder die mit ernsteren Schmerzen, Beschwerden oder Krankheiten behaftet sind. In allen diesen Fällen geben sie stärkste Widerstandskräfte auch gegen Bedrohungen, Versuchungen oder Verführungen. Sie wirken auch heilsam bei Süchten und unterstützen jede Suchttherapie. Je nach Stärke der Erfordernis können die Weinblätter in der Menge der – bis hin zur alleinigen – Füllung verwendet werden. Wer aber nicht solche Erfordernis in seinem Leben spürt oder hat, für den kann die

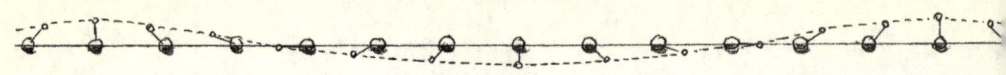

Kraft zu massiv werden, zu festhaltend. Deshalb solltest du es gut bedenken und es vielleicht ausprobieren, ob diese Kraft für dich passend ist. Wer etwa zu Kopfschmerzen oder Lähmungen neigt, sollte Weinblätter in dieser Weise nicht verwenden.

Alant

ist eine seit dem Altertum bekannte und im Mittelalter viel verwendete Heilpflanze mit weitem Wirkungskreis. Sie wurde auch zur Abwehr übler Geister (und Dämonen) gebraucht. Verwendet zu Heilzwecken wird die Wurzel. Die Wurzel des Alant, im Traumkissen verwendet, öffnet Wunden – auch solche seelischer Art –, die vergiftet, im Untergrund faulig oder verunreinigt sind. Sie eröffnet Geschwüre, die aus einem untergründigen Gift oder einer verunreinigten Verletzung entstanden sind. Die vergiftende Fäulnis wird auf allen Ebenen beseitigt, was ganz besonders auch für Seelenverletzungen gilt, die nicht heilen wollen! Alant öffnet durch Engelkräfte in der Nacht deine Wunde, leitet das Wundgift aus und bringt dich damit dir selbst wieder näher. Denn du kannst diesen Bereich, den du aus deinem Leben ausklammern mußtest, wieder zu dir hinzunehmen und in dich hineinnehmen. Alant macht dich somit wieder vollständiger. Nutze seine Kräfte!

Die Gundelrebenblüte

und auch ihr Kraut helfen dir – vor allem im Traumkissen –, mit Druck und Gegendruck besser umzugehen: Sie hilft dir, dich nicht zu verleugnen und dein Wesen immer besser zum Ausdruck zu bringen, aber dasselbe auch den anderen Menschen, mit denen du umgehst, zuzugestehen. Dies geschieht in einer Art Wechsel – nicht durch gegenseitige Durchdringung, sondern durch wechselnden Ausdruck, ähnlich einem Schlagabtausch im Tennis. Die Gundelrebe macht dich deshalb auch magisch, denn sie lehrt dich, deinen Punchingball-Partner mit dir in einen lebendigen Schlagabtausch zu bringen. Auch hilft sie dir, dich nicht nur in Mühsal zu vergraben, sondern das Leben mehr von dieser spielerischen Seite des Schlagabtausches aufzunehmen. Sie schenkt dir aber zu all diesem noch ihren Begeisterung erweckenden Stern dazu.
Und nun wünsche ich dir gute und richtungsweisende magische Träume!

DER ZEHNTE MOND IM LÖWEN
Magische Feste

Mit der Mondgöttin in Zauberhöhlen feiern

Wenn es im Hochsommer Löwezeit ist, sollten auch die Menschen ihre schönsten Sonnen- und Ferienseiten feiern können. Wer jetzt wirklich Kind sein darf, hat es gut: kann sich endlich mal sattspielen in lange ersehnten Schulferien oder sich von seiner Jahresarbeit – oftmals auf grundverschiedenste Art zu seinem sonstigen Leben – erholen. Wenn die Sonne im Löwen steht, feiert auch die Natur ihre feurigste und glühendste Pracht, und die Arbeit hat natürlicherweise nur einen untergeordneten Stellenwert. Denn das oftmals so gestrenge Regiment des Planeten Saturn, der die Symbolgestalt der dunkel winterlichen Steinbockzeit ist und Meister über Zeit, Struktur, Lernen und Arbeit, hat jetzt im Zeichen des Löwen keine Herrschaft.

Die Löwesonne ist – energetisch gesehen – noch jung und kindlich. Sie darf das Leben noch spielerisch und als ein Abenteuer betrachten, und sie braucht die Konsequenzen ihres Tuns noch nicht zu sehr zu beachten. Sie steht sozusagen noch unter Schutz- und Schonzeit, und so darfst auch du dich jetzt noch ein wenig auf dein Kindsein berufen.

Wenn Sonne oder Mond durch das Tierkreiszeichen des Löwen wandern, ist jedoch auch magische Zeit, und du kannst dich in Magie üben. Aber auch diese Magie erprobt sich erst noch. Die Löwesonne wird von übergeordneten Kräften wohlwollend betrachtet, eventuelle Fehler werden ihr noch nicht allzusehr »angekreidet«. Die Löwesonne darf noch eher spielerisch ihr eigenes magisches Feuer erproben. Und so darfst auch du, wenn Löwezeit ist, dich mit den feurigen Kräften des Universums verbinden, sie in dein Leben hineinnehmen und mit der Magie deines persönlichen Ausdrucks noch etwas herum-

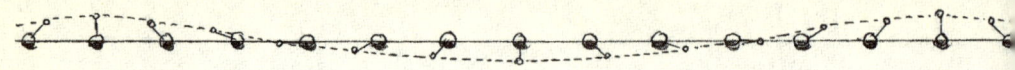

spielen. So wirst du magischer und lernst, daß den großen Dingen immer zuerst die Bewältigung der kleinen Dinge voraus geht. Du darfst hier, wie es die Kinder tun, über das Spielen langsam in »den Ernst des Lebens« hineinwachsen und auch die neue magische Sprache erlernen, wie es die Kinder tun: mühelos!

IM ZEITGEIST DES LÖWEN

Im Löwen kannst du das Leben feiern, fröhlich und auch neugierig sein und dein eigenes inneres Feuer tänzerisch und leuchtend erproben. Du kannst es jetzt mit Leichtigkeit nach außen bringen und dich am Leben als einem festlichen Spiel erfreuen. Nimm Farben dazu, besonders solche mit hoher Leuchtkraft. Erfahre deine schöpferische und magische Fülle, und erfreue dich an ihren Ergebnissen. Begeistere dich durch dich selbst, und gib dich selbst eher spielerisch ins Leben hinein. Dann wirst du gewinnen.

DIE BOTSCHAFTEN UND KRÄFTE DES LÖWEMONDES

Polarer geht's nicht mehr! Wenn der Mond im Löwezeichen steht, wird daher eine ziemlich starke Diskrepanz und eine große Unterschiedlichkeit – ja, sogar eine Art von Kluft, ein Bruch – mitten im Herzen der Welten offenbar. Dieser Bruch trennt die sichtbare und sinnliche Dimension sonnenstrahlend *äußeren* Erlebens von der *inneren* Dimension alles Seelischen: So geht es im Löwemond also ums Loslassen und ums Fallenlassen; hier schwimmt die Seele im großen Weltenozean.
   Und genau dies ist es, was der Löwesonne manchmal solche Ängste bereitet: der sonnenstrahlende menschliche Geist vermutet hierin Kraftlosigkeit. Der Verstand vermutet Irrealität darin. Die Freude an der Farbigkeit und Pracht weltlich löwesonnigen Erlebens mag sogar – tief im Unbewußten verborgen – Dunkelheit, Schmerz und Tod darin vermuten. So kann sich, wenn sich die Mondgöttin im goldenen Löwezeichen aufhält, in manchem Menschen ein großer Bruch offenbaren: Er zieht

sich mitten durch sein Herz hindurch. Manchen löwebetonten Menschen mag es geben, der sich auf Seelisches – aus Angst vor dem sich Verlieren – überhaupt gar nicht erst einlassen will. Doch kann es geschehen, daß ein immer nur außenweltbetonter Mensch irgendwann erkennt, daß ihm bei alledem seine Seele irgendwie abhanden gekommen ist.

Um sich an die unbekannte Dimension, die Weltenseele, hinzugeben, braucht's allerhand Mut. Im Märchen vom Froschkönig und auch in dem von Frau Holle können wir etwas davon erahnen, daß wir auch einfach mal ins Ungewisse springen müssen, wenn wir eine Entzauberung bewirken wollen; daß das Spiel mit der goldenen Kugel so seine Gefahren hat; daß irgendwann unsere so wunderschöne goldene Sonnenkugel im tiefen Brunnen – der Weltenseele – verschwinden kann; daß wir auch selbst etwas dazu beizutragen haben, um diese goldene Kugel – unser Herzenszentrum – auch mit etwas Seelenglanz zu durchwirken.

Irgendwann heißt es ja doch für jeden von uns, das »sichere« Ufer materieller Sichtbarkeit zu verlassen und ins Ungewisse, ins nicht Faßbare zu springen. Wer eintaucht in diesen Weltenozean, findet sich selbst auf völlig neue Weise; er findet einen neuen Zugang zu seiner Seele. Nicht Dunkelheit und Verlorenheit warten hier dann auf den Mutigen – wie er womöglich geglaubt hat –, sondern im Gegenteil Zärtlichkeit, Fürsorge und All-Verbundenheit. Ein tiefes Gefühl von Sicherheit wird solch Dimensionsreisenden dann geschenkt, das so ganz und gar neuer Art ist. Die Botschaft des Löwemondes ist also: Das Grundlose fängt dich auf. Das Nirwanische gibt dir Sicherheit. Die Transzendenz und das Unendliche verbinden dich mit anderen Wesen, mit anderen Menschen, mit den Pflanzen, den Kräutern, den Bäumen und den Sternen. Das, was du womöglich eher abgelehnt hast, sendet dir die Botschaft der Liebe. Und das, was dir grausam vorkam, nimmt dich schützend und wärmend in die Arme. Der Löwemond kann dich so ziemlich in allem genau den Gegensatz zu eingeschliffenen Denkmustern und zur Art, das Leben zu betrachten, lehren. Und bei all dem zwinkert der Löwemond der Löwesonne auch gutmütig zu, wie eine Mutter ihrem Kind: Sie läßt es gewähren und seine Flügel erproben, sich auch gelegentlich seine Knie aufschlagen, wenn es denn solches durchaus zu tun wünscht!

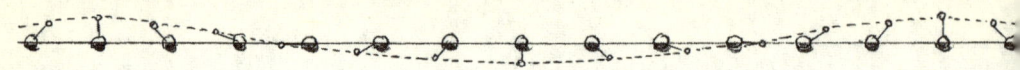

Siehe: Büchertips

So entspricht der Löwemond nicht nur der Mondsichel, die, wie es so oft auf mythischen Zeichnungen dargestellt ist, ihr Sonnenkind in ihrer eigenen »Höhlung« trägt, sondern auch der Karte III DIE KAISERIN im Crowley/Harrison-Tarot. Dieses Symbol stellt die große Himmelsmutter und Weltenkönigin dar: Sie nährt *alle* ihre Kinder mit ihrem eigenen Blut, natürlich auch ihr Löwesonnenkind. Wenngleich sie gerade für dieses besondere ihrer vielen Kinder eher in unsichtbarer Weise sorgt, so trägt sie es doch voller Liebe in ihren Armen, und ob die Welt und auch dieses Kind nun davon wissen oder nicht, ist ihr gar nicht mal *so* wichtig. Denn sie steht über der Zeit und über vielen Dimensionen und hat deshalb alle Geduld allen Lebens.

Auch du kannst – vielleicht gerade jetzt und im festlichen Spiel – ein wenig die Kluft, die sich hier zwischen Sonne und Mond hindurchzieht, in deinem eigenen Leben heilen.

WAS DIR GUTTUT ...
... UND WAS DICH STÄRKT

* Den (anfänglichen) Mut aufbringen, zauberisch verwandelnde Feste zu feiern, die Sonniges und Mondisches im Spiel verbinden und die Seele nähren.
* Vielleicht magst du jetzt eine Beziehung neu knüpfen oder eine bestehende mit neuem Feuer beleben.
* Bewegung tut dir jetzt gut, ganz besonders aber ganz einfach spazieren gehen, wandern oder Fahrradfahren. Denn: dein rechtes Bein entspricht mehr dem mondischen Prinzip und dein linkes Bein entspricht mehr dem sonnenhaften Prinzip. Durch das abwechselnd rhythmische Bewegen der Beine und durch den stetigen Wechsel dieser beiden Prinzipien wird die Hypophyse angeregt. Diese wiederum schüttet bestimmte Hormone aus, die deine rechte mit deiner linken Gehirnhemisphäre in eine ebenso wechselvolle, sich austauschende und heilsame Sonne-Mond-Verbindung bringen.
  Aber Vorsicht! Übertreibe es nicht. Mach jetzt keine ruckartigen Bewegungen, denn in dieser Zeit taucht deine schwache Stelle – die »Kluft« deines Lebens – egal wo, besonders leicht auf. Sie beschert dir dann etwa einen Hexenschuß oder

Siehe auch: *Die Elemente und ihre Beziehung zum Körper*

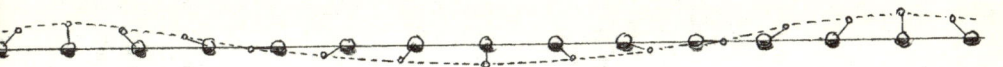

einen Bruch oder ein Aufplatzen einer Narbe, die du schon verheilt glaubtest.

Auch Beziehungen platzen leicht im Löwemond, und wenn du gerade dabei bist, eine Beziehung zu heilen, sorge für eine möglichst streßfreie und unbelastete Zeit.

* Das Haareschneiden an Löwetagen solltest du auf die Mitte des Tages legen: Deine Haare wachsen danach schneller, und wenn sie sowieso einen Schimmer ins Rötliche haben, so wird dieser verstärkt und die Haare werden leuchtend und füllig. Wenn du die Haare jedoch gegen Abend in der Dämmerung oder der Dunkelheit schneidest, so werden sie glatt, mehr strähnig und dunkler; dies wirst du wohl eher meiden wollen.

WAS DU MEIDEN SOLLTEST ...
... UND WAS DICH SCHWÄCHT

* Keinesfalls Herzoperationen, aber auch keine Nierenoperationen an Löwetagen – es sei denn, es handelt sich um eine Notoperation. Auch die Blutgefäße lieben die Löwemondtage für Eingriffe oder Operationen überhaupt nicht. Denk daran: das Gewebe ist generell brüchiger und der Heilungsverlauf entsprechend verzögert, was für alle Operationen gilt.
* Alle deine Zellen, Organe, Fließsysteme, Muskeln, Sehnen, kurz, dein gesamter Körper ist wie von Milliarden notdürftig miteinander verbundener »Miniaturbruchstellen« durchzogen. Dein gesamtes Körpergewebe besitzt somit eine gewisse Art von Brüchigkeit. Besonders dort, wo du schon einmal eine Verletzung oder eine Bruchstelle hattest, kann jetzt durch eine zu schnelle oder falsche Bewegung dieser Bruch, die Narbe, etc. erneut aufplatzen. Und wenn du zu Ischialgie oder Lendenwirbelproblemen neigst, so sieh dich jetzt besonders vor!

HEILSAMES

* Alles, was die Dinge »rund laufen« läßt und was den Stoffwechsel feurig anregt. Das ist zum Beispiel die Brennessel – als Tee oder feingehackt in deiner Salatsauce – oder das homöopathische *Sulfur*, etwa in einer D6; Sonnenbestrahlung als

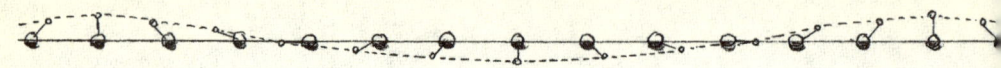

... findest du in
der Notfallapo-
theke.

Heiltherapie, möglichst draußen in der Natur, im Winter
notfalls auch mit Geräte-Sonnenlampen; Farbtherapie.
* Und falls du dich ohne Kopfbedeckung zu lange in der »Fe-
riensonne« aufgehalten und einen Sonnenstich bekommen
hast – auch dann könnte *Sulfur*, etwa in einer D30, für dich
das Heilmittel sein.
* Auch können das Sonnenmetall Gold – das homöopathische
Aurum, etwa in einer D12 – oder das Mondmetall Silber –
Argentum D12 – jetzt für dich besondere Heilkräfte entfalten.
Teste aber aus oder laß dich beraten, was für dich gut ist!
* Wenn du zu denen gehörst, die Herzprobleme haben, ver-
meide in den Löwetagen alles, von dem du weißt, daß es dein
Herz schwächt. Dazu gehören sicher, wie du weißt, auch
Streitigkeiten oder die Beschäftigung mit Dingen, die dir
Herzeleid verursachen. Hingegen ist dein Herz an diesen
Tagen für gute Herzschutzmittel, wie etwa das homöopathi-
sche *Crataegus* D3 (der Weißdorn), besonders dankbar.

... oder auch *Au-
rum D6*, das son-
nenhafte, herz-
stärkende Edel-
metall.

DIE KÖRPERZUORDNUNG

Ganz eindeutig das Herz; denn das Herz verbindet über Pulsation und Wechsel der Prinzipien das arterielle mit dem venösen
Blut, das Blut mit der Lymphe, den Kopf mit den Füßen, alle
organischen Kernzentren (in Blutkörperchen, Zellen wie Atomen) mit der Peripherie, die magnetischen mit den elektrischen
Bereichen deines Organismus und die Fülle mit der Leere. Die
Herzkraft ist in den Löwetagen ganz besonders beansprucht,
wie aber auch ganz besonders magisch. Sende doch deinem
Herzen einmal Gedanken des Dankes, freue dich, daß es dir so
treu dient, und greife es in Löwetagen keinesfalls in irgendeiner
Weise an, sondern gib ihm Schutz. Fördere es, indem du dich
bewegst, für Abwechslung sorgst oder maßvoll (!) Sport treibst.

DAS GESCHENK DER MONDGÖTTIN

Ein gutes Fest ist schon für sich selbst gesehen eine kosmische
Idee, denn die Mondgöttin sendet ihre Musen aus, die den
Menschen mit ihrem Kuß inspirieren möchten. So galt das Fest

in alten Zeiten als ein Geschenk der großen Göttin an die Menschen, um diesen ihr irdisches Los gelegentlich zu versüßen, aber auch männliche Götterfiguren, wie der griechische Apollon und Dionysos wurden den Menschen zu Festgenossen.

Die altnordische Göttin *Freya* etwa steht ja schon mit ihrem Namen ein für die *Freude* durch Spiele, die *Freiheit* von Arbeit, *fried*volle Feste und *Fraternité* (Brüderlichkeit) kosmischer mit irdischen Kräften. Mit dem Namen *Frau* ehrte Freya nur die Besten unter den Weiblichkeiten! Als strahlende und mit einem magischem Schmuck versehene Mondgöttin verschönt sie menschliche Einsamkeit mit den Gaben der Liebe und der Lust und verschenkt dazu strömende *Frucht*-barkeit. Auf ihrer Reise zu verschiedenen Völkern – so wird es erzählt – veränderte sie immer wieder ihren Namen, und damit natürlich auch ihre Gestalt. Wie wäre es, solche göttlichen Festgeschenke auch heute wieder magisch zu erspielen und die Mythen mit neuem Sinn zu erfüllen?

Ein gutes Fest wirkt noch lange nach, weil es den Menschen spielerisch mit etwas Umfassenderem und Lichtvollerem, als er selbst ist, verbindet; ein gutes Fest nährt die Seele und stärkt das Gemüt, es befriedigt die Sinne mit leuchtenden Farben, und es schenkt dem Menschen Zugang zur Prachtentfaltung solarer Kräfte wie zur zauberischen Verwandlungsfähigkeit und Allverbundenheit der großen Mondin; es läßt ihn durch Spiralen- und Kreistänze die Einheit mit den galaktischen Kräften des Universums erfühlen und es bringt ihn durch Maskenspiele und Verkleidungen mit verborgenen Anteilen seiner Selbst in Berührung. Ein gutes Fest erfüllt die Sehnsucht der Seele durch den Kontakt mit dem Magischen und Mythischen, läßt den Menschen mit seinen Urwurzeln Kontakt aufnehmen, verbindet ihn mit Naturkräften, Tiergeistern oder seiner universellen Sternenherkunft. Es verbindet Menschen untereinander, belebt den Alltag, macht Lust und Mut auf mehr und aufs spielerische Experiment beim nächsten Mal, und es schenkt Glück noch Tage und Wochen danach. Ein gutes Fest läßt den Menschen in die Tiefe wachsen.

Es gibt so viele Arten, ein besonderes Fest zu feiern, wie es Menschen gibt. Deshalb bitte ich dich, alles Nachfolgende lediglich als Anregungen zu verstehen, von welchen du dich zu *deinem* ganz besonderen Fest inspirieren lassen könntest …

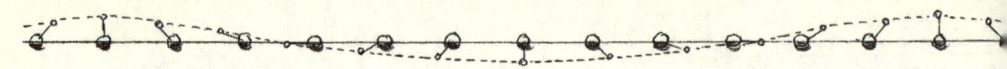

FESTE EINMAL ANDERS ...

Die »Grundausrüstung« – Farbige Tücher

Besorge dir große, leuchtende, einfarbige Tücher aus verschiedenen Stoffen: fließende Seide, schimmernden Damast, zauberischen Spitzenstoff, halbverhüllende Schleier, samtigen Plüsch, und dies alles in leuchtenden Farben, oder färbe dir die Stoffe selbst (Farben gibt's in der Drogerie; du kannst damit in der Waschmaschine färben, dann geht's ganz einfach und macht Riesenspaß!). Die Tücher sollten so groß sein, daß man sich hineinwickeln kann, einen Umhang, ein bodenlanges »Kleid«, einen Vorhang, eine Zauberhöhle, ein Zelt, eine große regenbogenfarbene Tücher-Spirale auf dem Boden, fließendes Wasser, Wind, Strömen und vielerlei mehr damit darstellen und gestalten kann.

Büchertips und Bezugsquellen findest du im Anhang.

Solche verhüllenden, magisch verwandelnden, sonnenprächtig und bunt strahlenden und mondisch *fließenden* Tücher sind das wichtigste Requisit deines Festes. Du kannst natürlich auch jeden Festteilnehmer bitten, solch ein Tuch selbst zu besorgen und mitzubringen. Dann wäre es aber gut, darauf hinzuweisen, daß es wirklich leuchtend einfarbig und wunderschön anzusehen sein soll, ein altes Bettuch oder ähnliches ist wirklich nicht geeignet! Dazu werden noch mehrere große Sicherheitsnadeln, Wäscheklammern, genügend Schnüre, Wäscheleinen und Bänder zum Befestigen gebraucht. Aus Stoff oder farbigem Kreppapier – auch Seide eignet sich sehr gut – könntest du handbreite und mehrere Meter lange Bänder schneiden, mit denen es sich zu passend fließender Musik herrlich Spiralen schwingen und im Mondschein oder beim Lagerfeuer tanzen läßt. (Dekorationszubehör, das an Fasching erinnert, sollte man aber möglichst vermeiden, denn zum Klamauk soll dein Fest ja nicht verkommen.)

Die fünf magischen Werkzeuge

Es gibt fünf Grundkräfte, die alles Leben durchwirken und mit diesen läßt es sich wunderbar magisch spielen ...

* Ein hölzerner Stab – für das Prinzip des *Feuers* und der

(magisch) handelnden Aktivität –, der groß genug ist, daß man sich darauf stützen kann, der gut und fest in der Hand liegt, den man schwingen kann, mit dem man sich verteidigen kann, mit dem man königlich regieren, in einem großen Suppenkessel herumrühren und vielleicht sogar ein wenig zaubern kann ...

* Ein rundes Holzbrett – für das Prinzip der *Erde*, der Tragkraft und des Beharrungsvermögens –, auf dem man etwas schneiden, zubereiten, vorbereiten, essen und mit dem man etwas tragen kann; notfalls ist's sogar als Schild und Schutz, als Waffe oder als Diskusscheibe zu gebrauchen. Vielleicht kannst du sie sogar mit dem Thema der Zeit und ihrer Messung in Verbindung bringen?

* Eine runde Schale oder sogar eine Art von Kessel – für das Prinzip des *Wassers* und damit der Möglichkeit, verschiedenste Energien aufzunehmen, umzuwandeln, abzugeben, etwas zuzubereiten –, aus der man trinken (hast du mal je versucht, ohne Trinkgefäß zu trinken?), essen, mit welcher man eventuell sogar kochen oder sich durch sie, als einer Art von Kohlenkessel, wärmen kann ...

* Ein Messer (mit entsprechender Vorsicht einzusetzen!) – für das spaltende luftige Prinzip des Geistes, der *Luft* – mit dem man Dinge und auch Lebendiges zerteilen und zerstören, aber auch etwas abschneiden, zubereiten, jemand retten, eine lebenserhaltende Operation durchführen kann; mit dem man – als dem symbolischen Schwert des Geistes – klar denken, analysieren, ordnen, berechnen, etwas anvisieren, klar Schiff machen, entscheiden, kurz: geistkraftvoll regieren kann. Übrigens: An der Güte und der Schärfe der Küchenmesser-»Ausrüstung« eines Haushalts kann man viel erkennen ...

Siehe: *Die Elemente und ihre Beziehung zum Körper*

* Ein starkes, haltbares, geflochtenes oder gedrehtes Seil – für das magische Prinzip der *Schlangenkraft* und auch für die *ätherische* Verbindung alles Seienden –, mit dem du Rettungsaktionen gestalten, etwas aufbauen, binden, zusammenfügen, abschleppen – nicht umsonst gehört ein Seil zur Notausrüstung in einem Kraftfahrzeug! –, fesseln, festhalten, eine Notbrücke bauen, ein (Zelt-)Dach befestigen, es schwingen, damit hüpfen und überhaupt begeisternd spielen kannst ...

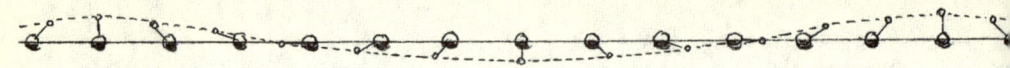

Du wirst dich wundern, was mit Hilfe solch magischer Werkzeuge auf spielerisch originelle Weise für Einsichten zu bekommen sind! Die »Einsatzmöglichkeiten« sind nahezu unendlich und führen dazu, daß jeder Festteilnehmer sich selbst auf Anhieb als ein höchst inspiratives Wesen erfährt!

Eine begeisternde Festidee finden

Als nächstes brauchst du natürlich eine zündende Festidee! Vielleicht könntest du deiner eigenen Inspiration einen kleinen Schubs geben,

* indem du in (deinen) alten Märchenbüchern blätterst,
* dich schmökernderweise mal wieder in einer Bibliothek aufhältst und dir mythische und sonstig geeignete Bücher anschaust,
* Zeitschriften, Bildbände, Postkarten auf taugliche Bildideen und eventuelle Einbeziehung in dein Fest untersuchst,
* dich mit passenden Filmgeschichten oder Theaterstücken beschäftigst,
* dich mit astrologischen Grundprinzipien, Göttinnen, Helden, Märchenfiguren, Narrengeschichten – etwa Don Quijote oder Pinocchio – beschäftigst
* dir deine Tarotkarten auf Anregungen und eventuelle Einbeziehung untersuchst, oder, falls du dieses wunderbare »Werkzeug für Lebenskunst« noch gar nicht besitzt, dir eines zulegst,
* dich mit Symbolen und Farben in ihren Bedeutungen und Zuordnungen beschäftigst,
* dir ein Buch und/oder Karten über die Bedeutungen indianischer Tiergeister anschaffst,
* dich an deine eigene Kinderzeit und deine Lieblingsspiele erinnerst,
* oder deinen Kindern über die Schulter schaust.

Den Inspirationen einen Namen geben

Wenn sich die Ideen im Laufe deines Vorbereitens so langsam verdichten, ist's dann an der Zeit, der dich gerade küssenden Festmuse einen passenden Namen zu geben! Was mir spontan so einfällt, aber wirklich nur, um dich zu Eigenem anzuregen:

218

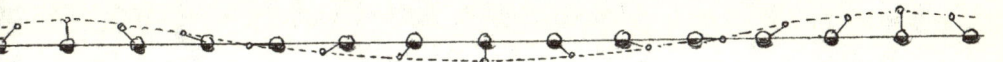

* Mythisches: Die Zauberhöhle der großen Bärin (Ursa major – das himmlische Sternbild),
* Märchenhaftes: »Mutabor« – Die Edelsteinhöhle (Ali Babas) und die Verwandlung des Kalifen Storch,
* Magisches: Warum der Goldschatz der Nibelungen verschwand und wie wir ihn wiederfinden,
* etwas suchen und wiederfinden: Die verlorene Perle – Irische Feenmärchen (da gibt's wunderschöne Geschichten) – oder als Strategiespiel: Ein verlorenes Land zurückerobern – Abenteuer: Atlantis suchen – Die magische Insel Avalon wiederentdecken,
* Symbolspiel: Ein, besser zwei Spiele Tarot so auf dem Boden ausbreiten, so daß noch genügend Platz zum Gehen zwischen den Karten ist, mit den Bildern nach oben. Jeder Gast geht über den farbig symbolbesäten Boden und läßt seine Seele sprechen: Er sucht sich drei Karten aus, die ihn heute intuitiv am stärksten ansprechen und die zum Festmotto passen. Darauf basierend werden die Energien der Karten auf individuelle Weise dargestellt und in eine gemeinsame Geschichte eingebaut,

Ein anderes Legesystem: Mit Bildkarten eine Seelenbeziehung mit dir selbst herstellen.

* die Energien der zwölf Tierkreiszeichen ausdrücken und miteinander spielen lassen,
* Tierclanspiel: Jeder Festgast sucht sich aus einem Päckchen indianischer Spielkarten samt Buch *sein* Totemtier aus, das bestimmte Eigenschaften repräsentiert und ihm bei seinen – spielerischen – Aufgaben hilft. (Schau mal ins Literaturverzeichnis.) Auch hierbei macht es große Freude, die Bildkarten nicht verdeckt, sondern offen auszulegen und die Seele wählen zu lassen; was sie ganz eindeutig tut!
* Vergiß nicht, passende Musik zu alledem auszusuchen und
* Schminksachen, Kohlestifte, Kreiden und Hüte bereitzuhalten.

Den Festraum schaffen

Für solcherart Verwandlungsspiele braucht's großzügigen Raum. Du könntest ein Zimmer leerräumen, auf der Terrasse oder im Garten feiern; zusammen mit Freunden, die Platz haben; in der Natur, möglichst mit Hütte oder Unterstand (sonst bist du zu sehr vom Wetter abhängig) oder auch dir einen

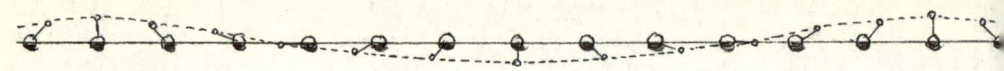

Raum mieten. Du könntest eine Art von Bühne schaffen, indem du ein Seil spannst und Tücher oder einen Vorhang darüberhängst, Zelte aufbauen. Du könntest große Kübelpflanzen integrieren. Ein (Lager-)feuer mit einem großen Suppenkessel vorbereiten, aus dem alle gemeinsam essen und sich dabei von den Geschichten inspirieren lassen, die der magische Kessel erzählt ...

Zum Fest einladen

* Überlege dir, inwieweit du deine Einladung schon so gestaltest, daß sich jeder Festteilnehmer mit genügend Zeit (mindestens zwei Wochen) vorher mit dem Motto und seiner eigenen kreativen Beteiligung beschäftigen und sich einstimmen kann. Am besten gibst du den Rahmen der Festgeschichte schon ein wenig vor und regst auch zu einer besonderen Festgabe an: einem Edelsteinchen für ein Edelsteinspiel oder einem interessanten Stein für ein Steinmandala; einer Seidenmalfarbe für ein gemeinsames Seidentuchgemälde oder Farben für ein gemeinsames oder mehrere einzelne Bilder; Natursubstanzen, Federn, Perlen für ein Gruppenmandala; interessante Photos, Karten, Bilder zum Thema – etwa interessante Frauenpersönlichkeiten der Jetztzeit und der Weltgeschichte –, die dann auf dem Fußboden im Kreis oder als Spirale ausgelegt und spielerisch erlebt werden; eine zu Hause schon zuvor selbst erstellte Maske; Räucherwerk für das Lagerfeuer, ein ätherisches Öl zur sinnlich duftenden Untermalung eines Ausdrucksspiels ...
* eßbare oder trinkbare Gaben für den – schöpferische Gemeinsamkeit entfaltenden – Suppen- oder Getränkekessel nicht zu vergessen!
* Natürlich wirst du deine Freunde und Freundinnen einladen, aber vielleicht denkst du auch an Menschen, die dir begegnet sind und bei denen du fühlst, daß eine Vertiefung der Bekanntschaft auf fruchtbaren Boden fallen könnte. In solcher Festgesellschaft müssen sich durchaus nicht alle Teilnehmer schon kennen! Oft ist es leichter, mit einem fremden Menschen neuartige und beglückende Erfahrungen zu teilen, als sich innnerhalb eingefahrener Beziehungen zu so ganz Neuem aufzuschwingen.

220

Regie führen . . .

* Die Kunst wird nun bei allem Weiteren sein, deinem Fest einen Rahmen und vielerlei Spielmöglichkeiten zu geben und doch der Kreativität des einzelnen höchstmöglichen Freiraum zu lassen. An der kaum merkbar führenden Funktion eines Spielleiters und Regisseurs, der deiner Geschichte Raum und Sinn, eine einstimmende Begrüßung, einen guten Anfang, einen Verlauf, Spannung, einen Höhepunkt und einen schönen Ausklang gibt, kommst du nicht vorüber – sonst wird das Ganze zu chaotisch.
* Auch könntest du einen dafür geeigneten Festteilnehmer bitten, Photos vom gesamten Fest – möglichst unauffällig – aufzunehmen. Du könntest auch einen schreibfreudigen Gast auswählen, um die Geschichte deines Löwemondfestes aufzuschreiben. Aus beidem kann ein magisches Festbuch entstehen, das sicher auch auf andere eine geradezu »anstekkende« Wirkung hat!

Dein eigenes Festbuch der Mondgöttin erstellen!

. . . und das Fest gestalten

* Mit etwas Besonderem begrüßen: ein Farbe auswählen lassen, ein Symbol wählen lassen, eine Bildkarte, einen Edelstein aussuchen lassen . . .
* Wenn die Gruppe vollzählig ist, sollte zu Beginn eine gemeinsame und vertrauensvolle Spieleinheit gebildet werden. Dies geschieht durch das Bilden eines Kreises und durch das Aussprechen von Vertrauen. Jeder Festteilnehmer könnte sich etwa mit seiner Farbe, seinem Stein, seinem Symbol kurz vorstellen: »Ich bin jetzt gerade ein . . . weil . . . und ich spiele heute in einem Spiel mit, das uns die Festmuse . . . schenkt . . . Ich verschenke dafür heute mein Vertrauen.« Dabei wird etwa aus einem Teekessel jeweils eine dampfende Teeschale an den nächsten in der Runde weitergereicht, eine brennende Kerze oder ein rosafarbener oder roter Edelstein weitergegeben.
* Wenn das eigentliche Spiel beginnt, könnte ein Glöckchen erklingen, ein Gong angeschlagen werden, eine Klangschale ertönen . . .
* Als Spielleiter liest du oder erzählst du die geplante Ge-

Heilsame Edelsteine findest du im Wassermannmond.

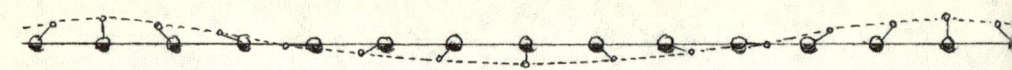

schichte, das Märchen etc. Dann werden die Spielfiguren und Spielorte ausgewählt. Die Verkleidung und das Zauberspiel beginnen . . .

* Eine wunderbare Zauberhöhle, die es zu suchen, finden und öffnen gilt, in der ein besonderer Schatz verborgen ist, wofür aber zuvor bestimmte Aufgaben gelöst werden müssen, ist ein wundersam kosmisches Urthema. Du könntest eine solche Höhle ins Sternenuniversum versetzen oder auf den Grund des Meeres, sie einmal aus dunkelblauem Stoff gestalten und mit einer Sternenlichterkette von innen beleuchten oder auch den Kristallpalast Neptuns gestalten, eine solche Höhle dann mit Fischen, Wasserpflanzen und Muscheln ausstatten und in deiner Geschichte Undinen, Nixen, eine Meeresprinzessin mit irdischen Menschen verzaubernd verbinden.

* Ein Regenbogenfarbenkreis oder eine ebensolche Spirale aus farbigen Tüchern, farbigen Edelsteinen, farbigen Hüten oder sonst etwas Farbigem könnte das Spiel – im Ablauf der Zeit – begleiten. Vielleicht gibt's in der Mitte der Spirale etwas zu gewinnen?

Einen Regenbogenfarbenkreis kreieren

Feuriges *Rot* könnte hierbei die erste und initiative Farbe sein,
leuchtendes *Goldorange* die Farbe der Verwandlung,
kräftiges *Rosé* die Farbe der Liebe und Innigkeit,
strahlendes *Gelb* die Farbe der Begeisterung,
zartes *Hellgrün* die Farbe des Neuwerdens,
mattes *Dunkelgrün* die Farbe des Schutzes und der Geborgenheit,
azurnes *Türkis* die Farbe der Verbindung mit der Mondgöttin,
strömendes *Hellblau* die Farbe der Sensibilität,
nächtliches *Dunkelblau* die Farbe verborgener Weisheit,
Purpur und *Violett* die Farben des Mystischen an sich.
Weiß und *Schwarz* sind eher Farben irdischer Begrenzungen und sollten in deinem Fest nur recht sparsam, wenn überhaupt eingesetzt werden,
Gold steht für Sonnenkönigliches und
Silber natürlich für Mondisches.

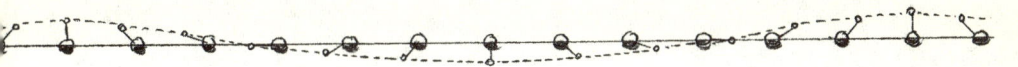

* Und nun überlaß dich der gerufenen Muse der Mondgöttin und laß dich und deine Festgäste von deiner eigenen Geschichte verzaubern. Auch Wind und Wolken, Feuer, Wasser, Holz, Metall und Stein wollen lebendig werden und ihre Kräfte – vielleicht auch tanzend – ausdrücken ...
* Und wenn du Essen und Trinken womöglich noch magisch in deine Geschichte einbauen kannst, ist's super!

Einen schönen Ausklang finden

* Wenn das Fest sich irgendwann seinem Abschluß nähert – spätestens, wenn die ersten Gäste gehen wollen – solltest du die Gruppenenergie auch wieder ein wenig rituell beenden und auflösen. Dies könnte etwa in einem kleinen Geschenkspiel geschehen – ein hierfür von jedem mitgebrachtes Edelsteinchen etwa eignet sich gut dafür –, durch einen Kreistanz, eine gemeinsame Collage aus Natursubstanzen oder etwa durch den Austausch von Gutscheinen: Du könntest Gartenerzeugnisse verschenken, gemeinsam bummeln, ins Café, Kino oder Theater gehen, babysitten, den Hund eine Woche lang ausführen, bei der Gartenarbeit helfen, ein Wissen oder eine Fähigkeit, wie Seidenmalen, nähen, Yoga, Kräuterwissen, Blütenessenzen ansetzen, die Auffrischung einer Fremdsprache mit jemand teilen oder einen gemeinsamen Ausflug zu einem besonderen (vielleicht magisch geomantischen Ort) oder in ein Planetarium verschenken ...

Und ganz zuletzt: Einen Dank an die Löwemondgöttin!

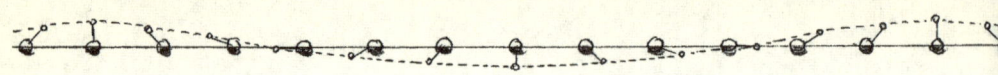

virgo

Spica

23. Aug - 23. Sept.

Die Fruchtbarkeit der Mondgöttin
Edelsteine und die Kraft der Symbole

Im Zeichen der Jungfrau haben Sonne und Mond eindeutige und höchst wirksame Aufgabenstellungen, die jedoch gemeinsam bewältigt werden müssen, wenn das Leben gelingen und Frucht tragen soll. Sonne *und* Mond, Licht-Feuer *und* Wasser wollen auf Erden miteinander wirksam sein und dein Leben wie alles Leben auf der Erde befruchten. Kristallisierende Prozesse wollen mit Lebenskraft durchglüht werden, der Samen will bewässert und besonnt werden, das Leben will sich entfalten, um Frucht zu tragen, und muß doch wieder umgewandelt und zur Erde zurückgeführt werden. Licht, Feuer und Erde umarmen sich hier, empfangen durch kristallisierte Formen höhere Ätherkräfte und wollen gemeinsam dem Leben Kraft, Fülle und Ausdruck verleihen.

IM ZEITGEIST DER JUNGFRAU

Es ist Erntezeit jetzt, und Mensch und Tier empfangen die Gaben der Erde. Die Natur trennt sich von dem, was sie reifen ließ; sie wirft ihre Früchte ab – ihre »Kinder« – und steht entblößt da. Ihre ganze Jahresarbeit gibt sie ab, sie ist ihrem Gesetz von säen und ernten auch selbst unterworfen. Ein zurückführender Kreislauf beginnt: Die Früchte dienen anderen Wesen als Nahrung, oder sie unterliegen einem alchymischen Verwesungsprozeß und werden wieder zu Erde. So sind denn der Jungfrau viele katalytische Zerfalls- und Umkehrprozesse zugeordnet (ein Katalysator aktiviert und beschleunigt chemische Reaktionen; ein Biokatalysator oder ein Enzym wird von der lebenden Zelle gebildet und aktiviert biochemische Prozesse).

Es sind die Prinzipien sowohl von Nahrung als auch die von Umwandlung, die jetzt überall in der Natur wirken. Sie führen wieder zum Anfang: Säen und Ernten reichen sich hier in der Jungfrau die Hand. Der Zeitgeist der Jungfrau und schon gar die Energie des Jungfraumondes *allein* kann das Leben nicht bewältigen, und so werden hier die Kräfte vieler anderer Zeit- und Lebensprinzipien ganz besonders benötigt: die feurig belebenden Sonnen- und Lichtkräfte des Löwezeichens, aber vor allem auch die befruchtende Seelenwelt des Krebszeichens wirken in dein Leben hinein und machen es – gerade zur Jungfrauenzeit – erst lebenswert und farbig.

Die Mondgöttin

In den Weisheitsbildern des Tarot gibt es für die Jungfrauzeit ein Bildsymbol: Es ist die Karte II – DIE HOHEPRIESTERIN. Hier sitzt die jungfräuliche Mondgöttin *zwischen* zwei gegensätzlich wirkenden Prinzipien und als Hüterin der Schwelle *vor* einer höheren Welt, die sie bewacht. Viele Mythen gibt es auf dem ganzen Erdkreis, die von der Mondgöttin erzählen. Oft hat sie, wie der Mond, einen Bezug zum Meer oder zu den Salzen. Die Saligen etwa – die weißen Frauen der Alpenländer – werden nach lat. *sal*, dem Salz so genannt.

Wenn wir das Tarotsymbol betrachten, so finden wir die Mondgöttin zwischen den zwei Begrenzungen unseres Planeten sitzend dargestellt, die meist durch eine weiße und eine schwarze Säule – höchst irdische Symbole – dargestellt werden: das irdische Leben in seinem immerwährenden Kreislauf zwischen Leben und Tod. Ihre Kraft bezieht DIE HOHEPRIESTERIN aus einem höheren Universum; für die irdische Ebene aber leitet sie die Energien herab, welche sich dann in mehrfach ineinander verwobene Polaritäten aufsplittern. Die daraus folgenden Ausdrucksformen des Irdischen, Lebensbeginn wie dessen Auflösung, Fülle wie kristallisierende Vereisung und Verkarstung, Jungfrau sein wie Frau und Mutter sein, Zeugung und Beginn neuen Lebens, Geburt wie Beendigung von Lebenszyklen, alles dies wird durch das Jungfrausymbol – zumindest als Möglichkeiten, die von dir persönlich gestaltet werden wollen – repräsentiert.

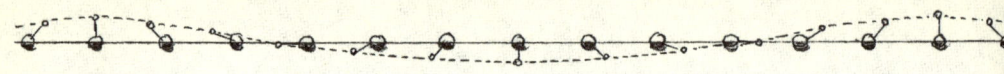

Die Hüterin der Kristalle und Mineralien

Dem Symbol und der Zeit der Jungfrau – gleichgültig, ob nun Sonne oder Mond in ihr stehen – sind daher alle Kristallisierungsprozesse zugeordnet. Die Bildung der Quarze und Edelsteine in den Tiefen der Erde kann nur deshalb geschehen, weil die Jungfrau ihre göttlichen Lichtkräfte mit der Erde verbindet und ihre Hände als Hüterin der Schwelle schützend und segnend über dieses mineralische Reich ausbreitet. Besonders der Chrysopras, die Chalzedone, der Aquamarin, die Rauchquarze, die Bergkristalle und die Rosenquarze, letztlich aber alle Kristalle und Mineralien vermitteln die Kräfte der Jungfrau an die Erde.

Die rosafarbenen Edelsteine schwingen dabei vorrangig die Liebe der Schöpfung zu uns Irdischen herab – sie wirken also eher unspezifisch –, während die blautürkisfarbenen Steine eine höchst präzise Aufgabenstellung und Zuordnung im Menschen haben: Sie berühren die Hypophyse, das dritte Auge, und stellen hier eine Verbindung von höherem Licht zu irdischen Bereichen und Kräften her. Sie haben also eine spezifische und katalytische Wirkung, was ganz besonders für den türkisfarbenen Chrysopras und den hellblauen Aquamarin gilt.

Aber auch die gesamte Salzbildung auf dem Planeten wird durch das Zeichen der Jungfrau initiiert und aufrechterhalten. Ohne Salz gibt es kein Leben. Ohne Mineralien findet keine Fruchtbarkeit statt. Salze und Mineralien sind unsere Lebensträger und Lebensvermittler. Sie wirken als eine Art von Mikromotoren und sind Grundlage des Bio-Elektromagnetismus auf unserer Erde. Das Meer ist der Urträger der Salze, und wir tragen dieses Urmeer, aus dem sich alles Leben entfaltet hat, in unserem Körper. Die Salze der Erde sorgen für Wachstum, Rotation und Fortbewegung jeglichen Lebens – denn ihre mineralischen Lebensachsen sind mit dem Lauf des Mondes verbunden –, und so sind sie Ur-Lebenskraftträger. Jeder Dünger, mit dem du deine Garten- oder Balkonpflanzen nährst, besteht aus solchen mineralischen Bausteinen und vermittelt die elektromagnetischen Kräfte der Jungfrau. Deswegen werden die Mineralsalze *Elektrolyte* genannt. Wir Menschen tragen in unseren Zellen und Geweben, in Blut und Lymphe zwölf grundsätzliche Lebenssalze. Wir fühlen uns gesund und kraftvoll –

elektromagnetisch strahlend und vital eben –, wenn diese in uns in einem ausgewogenen Gleichgewicht vorhanden sind. Darauf beruht die große Heilkraft einer Therapie mit den biochemischen Salzen nach Dr. Schüssler: Zwölf mineralische Salze sind es, die Leben möglich machen und in Gang halten. Du findest einige von diesen Salzen, die in homöopathischer Form ihre besten Heilkräfte entfalten, im Kapitel der homöopathischen Hausapotheke kurz besprochen.

DIE BOTSCHAFTEN UND KRÄFTE DES JUNGFRAUMONDES

Im Zeichen und in der Zeit der Jungfrau finden wir die polaren Grundkräfte der Existenz mehrfach ineinander verwoben. Die sonst so fließende, sich verströmende, fruchtbare Mondenergie ist in der Jungfrau auf maximale Fokussierung gebracht. Stell dir vor, man wollte einen reifen Pfirsich in eine Spritztülle für Schlagsahne pressen, die eine Spitze hat so dünn und so scharf wie eine Injektionsnadel – dann kannst du etwa den Jungfraumond und seine Energie erahnen. Die Mondgöttin kann sich deshalb zu dieser Zeit bevorzugt über Präzision, Struktur und Symbolschlüssel ausdrücken, um uns ihre Kräfte zuströmen zu lassen.

Die kühle bis kalte, manchmal gefrorene und kristalline Jungfrauzeit mit ihrer Betonung von Wissen und Verstand kann aber auch durch Herzkraft befruchtet werden, und zwar dann, wenn das Leben so sehr geliebt wird, daß der Schmerz nicht gemieden, sondern als ein Teil des Lebens akzeptiert wird. Das Eis muß erst schmelzen, bevor das Leben (wieder) fühlbar wird. Hier setzt das Menschsein ein: Die Wärme und Liebe des Lebens will die kristallinen Strukturen, ihre Botschaften und Kräfte empfangen, um sie zu verwandeln und in Lebenskraft umschmelzen. Dies ist Alchymie.

Maria, die Himmelskönigin

Das Jungfrauzeichen allein – gleichgültig ob nun der Mond oder die Sonne in ihr stehen – hat nicht genügend Lebenskraft: Die Jungfrau benötigt die Kräfte aller anderen Tierkreiszei-

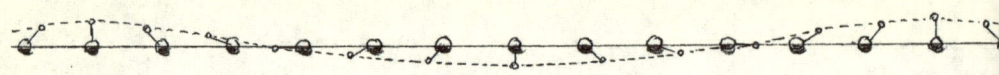

chen wie auch die übergeordneter Welten, um Leben weitergeben zu können. Sie zeigt uns damit auf, daß es – ganz besonders hier – nur bedingt möglich ist, Schöpfungsprinzipien isoliert zu betrachten.

Maria, *die Himmelskönigin* und irdische Mutter des kosmischen Christuslichts, hat eine ganz besondere symbolische Beziehung zum Zeichen der Jungfrau. Wird sie doch selbst als jungfräuliche Mutter dargestellt, was dem irdischen und Verstandesdenken heutiger Menschen natürlich recht seltsam anmutet. *Maria* – die beseelte göttliche Jungfrau – ist die Mittlerin für höchstes Licht wie für Irdisches, und sie überträgt das höhere Licht durch Mineralien, Kristalle, Edelsteine, Edelmetalle und alle Salze und ermöglicht damit die organischen Lebensprozesse. *Maria* ist die göttliche Mutter und die Kraftüberträgerin für verwandelndes Leben.

Maria wirkt als Prinzip, als Symbol, als Mensch und als Himmelsgöttin, als Jungfrau und als Frau und Mutter. Auf den Bildern alter Meister wird sie fast immer mit dem göttlichen Kind in ihren Armen dargestellt. Wer will das mit irdischem Verstand begreifen? Nur mit meditativer Hingabe an die – eben nicht rational erklärbaren – Wunder der Schöpfung können wir dieses Mysterium erahnen.

WAS DIR GUTTUT . . .

Es fällt dir jetzt leicht, Ordnung in vielerlei Angelegenheiten des täglichen Lebens zu bringen, Dinge zu strukturieren oder auch zu korrigieren. Wenn du solcher Kräfte in deinem Leben gerade bedarfst, so tut es dir gut, dich zum Jungfraumond ihrer Leichtigkeit zu bedienen. Es kann aber auch sein, daß dir gerade dann, wenn der Mond die kühle Strukturkraft der Jungfrau überträgt, dir eher nach den polaren und ergänzenden Kräften zumute ist. Gut können dir dann tun:

* Als erstes die Ruhe, als zweitwichtigstes Wärme und als drittes, dich einfach einmal in Gefühlsangelegenheiten hineinfallen zu lassen wie in ein warmes weiches Bett. Laß dir was einfallen, wenn sich dein Herz oder dein Gemüt womöglich wie in einer Eisschachtel eingesperrt fühlen – vielleicht

verursacht durch tiefen Schmerz –, um dich oder Beziehungen aufzuschmelzen. Laß dich vom Leben berühren! Vielleicht mußt du dich einem verdrängten Schmerz stellen, damit das Blut des Lebens wieder gefühlvoll in dir fließt?

* Vielleicht auch solltest du gerade während des Jungfraumondes eine Zurückgezogenheit aufgeben und dich mit dem Leben selbst austauschen, mit Freunden feiern oder irgend etwas ganz Verrücktes machen. Jedenfalls solltest du selbst etwas tun, um aufs Leben zuzugehen und um etwas von dir Getrenntes wieder mit Liebe und Freundschaft zu erwärmen.

* Vielleicht magst du dir mit FreundInnen, Kindern, dem Partner einmal – vielleicht von dir selbst auf Kassette gesprochen – im Mondlicht das Andersen-Märchen »Die Schneekönigin« anhören? Oder es lesen oder vorlesen? Darüber dann sprechen? Meditieren?

Eine eigene Tonbandaufnahme machen

* Wärmende dampfende Kräutertees, aber auch grüne frische Kräuter tun dir jetzt gut, besonders auch die *Brennessel*: sie reinigt, katalysiert (aktiviert und stößt Prozesse an) den Stoffwechsel und verbrennt Schlacken. Sie hilft dir, dich zu wehren wo notwendig, sie stärkt deinen Willen und deine Durchsetzungskräfte. Die Brennessel wärmt Gemüt und Herz, die vor Kälte (und Schmerz) wie erstarrt sind. Mach mindestens einmal im Jahr eine Vier-Wochen-Kur mit ihr – beginnend im Jungfraumond – und dein ganzer Organismus wird aufatmen!

Oder bereite dir Tee von *Rotkleeblüten*, den du dir von einer Biowiese (oder aus einem Garten, denn roter Klee wächst fast überall) sammeln, selbst trocknen oder in einer Kräuterhandlung getrocknet kaufen kannst: Rotklee wärmt und tröstet dich, er umhüllt deinen Geist und dein Gemüt mit Liebe, er hilft mit, dich »aufzutauen«, wenn du unter Gefühlspanzern leidest und er bringt unterdrückte Emotionen zum Ausdruck. Eingeschliffene Muster können leichter aufgebrochen werden, wenn du täglich einen Tee von Rotkleeblüten trinkst, solange dir danach ist. Eine Gesprächstherapie dazu oder Tagebuchschreiben können begleitend hilfreich sein. Dic drei Blätter des Klees galten früher als Sinnbild der *dreifältigen Göttin*: der göttlichen Jungfrau, der Frau und Mutter und der weisen Alten. Rotklee beru-

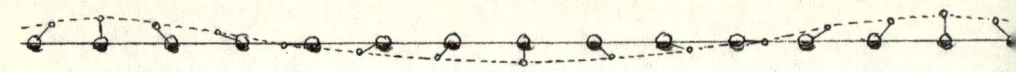

higt die Nerven, hilft bei Streß und Spannungskopfschmerzen, Krämpfen und Ängsten, ist tiefgreifend blutreinigend wirksam und findet bei gut- wie bösartigen Wucherungen der Haut und der Geschlechtsorgane Anwendung. Rotkleeblüten sind ein ausgesprochen »weibliches« Heilmittel, sie enthalten östrogenartige Substanzen und sind nützlich bei Menstruationsbeschwerden, Brustentzündung und allen weiblichen Beschwerden. Mehr zu diesen heilsamen Pflanzen und wunderschöne Rituale dazu findest du in dem Buch *Von Salbei, Klee und Löwenzahn* von Elisabeth Brooke.

Siehe: Literaturverzeichnis

. . . UND WAS DICH STÄRKT

Gerade beim Jungfraumond brauchst du die polaren Energien zur hier herrschenden Kühle und Struktur, und das sind eben besonders die lebenswärmenden Kräfte der Sonne. Deshalb stärkt es dich,

* wenn du in die Sonne und in die Wärme gehst,
* wenn du in die Sauna gehst – mit guten Kräuteraufgüssen – oder dich in einem heißen Bad mit duftenden Essenzen oder Kräutern (zum Beispiel Kamille, Lindenblüten oder Basilikum) entspannst oder dir heiße Lehmanwendungen, heiße Moorbäder, heiße Packungen (Heusack!), Wickel und Umschläge machen und dich damit verwöhnen läßt,
* wenn du Kraft tankst in Mooren oder durch Schlammbäder, in Moorlandschaften oder auf Felsen, auf Kraftplätzen mit Steinen – Steinkreise, Dolmen, Menhire – oder dich auf von der Sonne erhitzten Steinen wärmst,
* oder mal einen im Backofen erhitzten Backstein als energetisierenden Powerstein in deinem Bett ausprobierst (er ist mit Mutter Erde verbunden und gibt dir viel mehr als nur Wärme: Lebenskraft, wenn du dich ausgelaugt oder traurig fühlst, wenn du kraftlos und matt bist oder einfach, wenn du fröstelst oder kalte Füße hast! Unsere Großmütter wußten schon, warum sie einen solchen heißen Stein stets parat hatten!),
* wenn du jetzt eine gute Herztherapie beginnst oder wenn du ein herzstärkendes Mittel wie Weißdorn (Crataegus) oder die

»Herzblutsäfte«, die es in verschiedenen Ausführungen in der Apotheke gibt, für eine Zeitlang einnimmst,
* wenn du dir jetzt einmal einen warmen Sauerkirschkuchen oder einen Kirschenstrudel zubereitest oder ein Kirschkernkissen im Ofen aufheizt, um dich damit zu durchwärmen und zu energetisieren; oder die Farbe Rot, aber auch Grün in dein Leben hineinnimmst,
* wenn du einem Menschen wärmend und verbindend die Hand reichst, von dem du getrennt warst oder mit dem du womöglich Streit hattest; wenn du also eine Brücke aus Liebe baust – egal, wer vermeintlich »Recht« oder »Unrecht« hatte,
* jedenfalls alles, was das Herz wärmt und auf Seele und Gemüt befruchtend wirkt!

WAS DU MEIDEN SOLLTEST ... ... UND WAS DICH SCHWÄCHT

* Alleingänge, Einsamkeit, Kälte, Nässe, zuviel Hektik oder Streß, aber auch zuviel Ruhe oder Stagnation. Wenn es derzeit Bremsen oder Blockaden gibt, geh ihnen *jetzt* – so möglich – besser aus dem Weg und beschäftige dich derzeit nicht mit ihnen, denn sie hören oft von selbst wieder auf. Vielleicht tut es dir besser, dich jetzt einmal gehenzulassen als übergewissenhaft zu sein. Vielleicht aber auch tut es dir gut, dich einmal richtig auszuweinen und dich einem Herzeleid zu stellen, anstelle die Nähe und Hitze des Schmerzes zu meiden.
* Wundere dich nicht, wenn dir zum Jungfraumond nicht unbedingt etwas Kreatives einfällt und womöglich auch deine Intuition und deine Inspirationen wie weggeblasen sind. Dann räum eben jetzt einfach mal deinen Schrank oder sonst etwas Ordnungsbedürftiges auf, und warte die Zeit ab, bis die schöpferischen Ströme sich wieder in dein Leben ergießen.

HEILSAMES

* Wenn du dich mit den Kräften der Edelsteine, Mineralien, Metalle, Edelmetalle, vielleicht auch mit Symbolschmuck

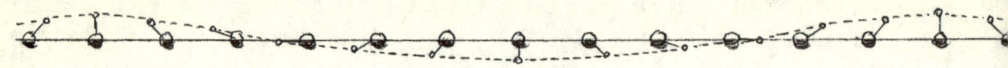

oder

* mit den biochemischen Salzen nach Dr. Schüssler beschäftigst, etwa *Magnesium phosphoricum* D12, weil es dich jetzt elektromagnetisch mit frischer Energie durchflutet und die Lebensströme in dir anregt,
* wenn du beim Naturheilpraktiker oder einem Naturheilarzt eine Eigenblut-Therapie beginnst,
* *Sulfur* D4 oder D6 , weil es über deinen Stoffwechsel allerlei Giftstoffe feurig verbrennt,
* *Hypericum* D6, weil es jetzt ganz besonders Sonnenenergie und Kraft, auch Nervenkräfte für die kühle Jungfrau spendet,
* Moxa-Anwendung vom Akupunktur-Spezialisten, weil dieses Verfahren jetzt besonders stark Energie zuführt,
* Räuchern, weil es getrennte Dimensionen heilend verbindet,
* heiße Fußbäder, weil sie über die Füße den Anschluß an die körperliche Ganzheit wieder finden lassen und weil sie dir das heilsame Gefühl, zu Mutter Natur zu gehören, zurückbringen.

Siehe auch: Deine Antistreß-, Reise- und Hausapotheke

Siehe: Praktisches Räucherwissen. Dort findest du auch vierzehn heilsame Räucherpflanzen.

Wenn du Schmerzen hast und sonst keinerlei Möglichkeit der Linderung oder Beeinflussung oder Heilung, dann probier mal dies: Verweigere dich nicht dem Schmerz, entziehe dich ihm nicht, sondern ganz im Gegenteil: geh ihm entgegen. Nimm ihn in deine Arme und komm ihm ganz nah. Verschmelze mit ihm. Dann hast du eines der ganz großen Geheimnisse des Universums durch Hingabe erfahren: Der Schmerz wird erträglicher und kann sich sogar ganz auflösen! Übe es, solange es nicht unbedingt erforderlich ist! Vergiß es nicht, denn es kann dir vielleicht einmal in einer schwierigen Situation deines Lebens sehr hilfreich sein!

DIE KÖRPERZUORDNUNG

Siehe: Die Elemente und ihre Beziehung zum Körper

Der Kopf, das Gehirn, die Hypophyse; die Unterarme und die Hände (aber auch die Füße, Knöchel und Waden haben eine Beziehung zum Jungfrauzeichen). Das rote Blut; das Herz; die gesamten Verdauungsorgane, der gesamte Darm (hier findet die alchymische Umwandlung der Nahrung statt); die Milz und die Bauchspeicheldrüse. Das Geschlecht. Das gesamte minera-

lische Reich in deinem Körper und der darauf fußende Bio-Elektromagnetismus.

SYMBOLE – TALISMANE – AMULETTE

Der Jungfraumond ist dazu prädestiniert, sich über symbolische Strukturen auszudrücken, und lehrt dich, dir die mineralischen und metallischen Kräfte verfügbar zu machen, denn er birgt die hierfür notwendige Präzision in sich. Das höhere Licht ergießt sich in der Jungfrau in vielerlei kristalline Formen und verbindet dich so heilsam mit der Natur und dem All. Die Jungfrau übermittelt das höhere Licht an die Erde, besonders auch an die ihr zugeordneten irdischen Träger, wie Silber, Gold und Edelsteine, die dann von Menschenhand veredelt, geschliffen, bearbeitet und geformt werden, um zusätzlich zu ihrem prinzipiellen Heilpotential auch die Freude an ihrer Schönheit zu wecken.

Aber auch auf besonderen Kraftplätzen, auf denen die Menschen früherer Zeiten Dolmen, Menhire oder Steinkreise errichtet hatten, oder auch in den stetig mehr auf sich aufmerksam machenden Kornkreisen – die es nicht nur in England, sondern auf dem gesamten Planeten gibt – sind die Kräfte von *Göttin Erde* besonders aktiv, wenn der Mond in der Jungfrau steht.

Symbole fokussieren Licht- und Heilkräfte einer höheren Dimension. Sie sind Ordnungsprinzipien, durch welche eine Energie präzise gelenkt wird. Ein Symbol ist ein universeller Schlüssel, das zu einem Schloß paßt, welches zu einer Tür und einem verborgenen Raum gehört, in dem sich ein kosmisches (Ur-)Prinzip samt seinen vielfältigen Energien befindet. Wir könnten etliche solcher Urprinzipien auch Archetypen nennen.

Das Urprinzip wird durch das passende Symbol energetisiert und damit geöffnet. Es wird sozusagen *abgerufen* und kann nun in die irdische Ebene, in das erkennende Bewußtsein transferiert und in Wirkung umgesetzt werden. Das Symbol ist der Brennpunkt, durch welchen und mit welchem das archetypische Prinzip und die damit verbundene Kraft sich in die irdische Ebene hineinprägt.

Symbolen wohnen deshalb große Prozeß-aktivierende Funk-

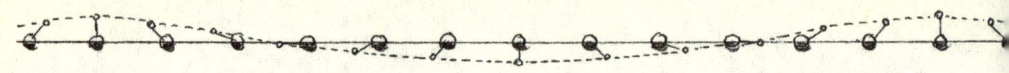

tionen inne. Wenn ein Symbol dann auch noch mit der passenden Zeit und sonstigen zu dem Archetypus oder der Zeitenergie passenden Elementen kombiniert wird, so wird der Energiefluß durch diese zusätzlichen Impulse angeregt und gekräftigt. Symbole können hohe Heil-, Veränderungs- und Schutzkräfte in sich tragen, und wir sind klug, solche Schlüssel auch zu nutzen.

Symbolische Gebilde können materiell geprägt werden, wobei die verschiedensten Materialien Verwendung finden können. Die gesamte Naturmagie beruht auf der elektromagnetischen Verbindung von höheren Kräften, die auf die irdische Ebene herabgezogen werden. Auf solchem Bio-Elektromagnetismus beruht es auch, daß Irdisches, gleich welcher Art, wenn es zu einer bestimmten Zeit berührt wird, die Kraft der jeweiligen Sternenzeit überträgt.

Siehe auch: *Berühren zum rechten Zeitpunkt*

Holz etwa kann gut für Runensymbole verwendet werden. Oft genügt es aber auch schon, ein Schutzsymbol, wie etwa die HAGAL-Rune oder das ägyptische ANKH auf ein Blatt Papier zu

Siehe: Büchertips
Siehe auch: *Farbige Kerzen*. Dort findest du Informationen über magische Farben.

zeichnen, wobei die passende Farbe (dunkles Weinrot, Gold, Dunkelblau) unterstützend wirkt, und es an der dafür vorgesehenen Stelle – schützend, heilend, segnend – etwa an die Wand zu hängen oder ein Glas mit Wasser darauf zu stellen. Ein Symbol kann aber auch einfach mit der Hand in den Raum gezeichnet oder geistig visualisiert werden und dabei ebenfalls große Kraft entfalten (wie es im System des *Reiki* geschieht).

Die Mandorla

Das kosmische Symbol der Jungfrau ist *die Mandel*. Eine annähernde Mandelform entsteht etwa, wenn zwei Kreise – die Vergangenheit und Zukunft symbolisieren könnten – so übereinander gezeichnet werden, daß sich in der Mitte eine gemeinsame Schnittmenge bildet.

Im Mandelsymbol der Jungfrau – Mandorla – fließen Vergangenheit und Zukunft, Irdisches und Überirdisches, Mensch sein und Gott sein, Urreligionen, heidnisches, keltisches, nordisches und indogermanisches Weltbild mit christlichem Gedankengut zusammen. In der gemeinsamen Schnittmenge zweier Kreise bildet sich das *Jetzt*, das wechselhafter irdischer Zeit und höherer Zeitlosigkeit zugleich unterworfen ist. In der *Mandorla* der Jungfrau kann höhere Einsicht gefunden werden.

So finden wir in der Mandelform nicht nur die Form des Auges an sich – hier des göttlichen Auges –, sondern wir finden darin auch das magische Tor zur Sexualität als der Quelle irdischer Lebenskraft. Es gibt alte astrologische Bilder, auf denen auch die Tierkreiszeichen in solch einer mandelförmigen Struktur aufgezeichnet und für uns überliefert wurden. Auch Hildegard von Bingen hat visionär ein Bild der Schöpfung empfangen, das von einer Mandelform begrenzt und umrahmt wird.

Auch wir können die Mandelform – das Auge der Einsicht – für unsere Gebete, für Meditationen, für Energiearbeit, für Glauben, klares Wissen, für Bewußtseinsreisen, für unsere ersten magischen Schritte oder für Gespräche – mit unserem hohen Selbst, mit unseren Meistern und Führern, mit Maria oder mit dem Lichtkind oder mit unseren Engeln – nutzen. Dieses Ursymbol ist magisch an sich, und vielleicht magst du es einmal zum Inhalt einer Meditation machen. Nicht umsonst entspricht es auch einem Fisch, der quer zu seiner Achse aufgeschnitten, betrachtet wird. Jesus, der Menschenfischer, hat nicht umsonst *die Fische* als Symbol seiner Mission verwendet. Die Kraft seiner irdisch-göttlichen Jungfrauenmutter ist alchymisch darin eingesiegelt.

Auch in einem Mandelkern liegen daher große entgiftende und heilende Kräfte verborgen. Mandeln sollte man deswegen nie ausgehen lassen und sie vielfältig in der Ernährung, als Mandelmilch zu heilsamen Getränken oder auch, wie das Mandelöl, zu kosmetischen Zwecken verwenden. Auch die Mangofrucht, wie manche andere Frucht, z. B. der Apfel, trägt die mandelartige Form in mehrfacher Weise in sich einprogrammiert, weswegen sie ebenfalls höchst heilsame Kräfte besitzt. Mit ihnen kannst du also ebenso heilen wie mit dem Mandelsymbol. Du kannst eine Mandel auf deine Stirn legen und mit ihr meditieren, eine Mandelform zeichnen, malen, sie aus Blumen oder Kräutern legen; du kannst eine Mandorla aus Steinen in der Natur legen und darin Energiearbeit machen; du kannst sie auf ein Seidentuch aufmalen, in einen Pullover einstricken, sie mit Edelsteinen zu einem Wandbehang oder einer sonstigen Dekoration verwenden ... immer kannst du dich so mit der Verwandlung und Umwandlung, mit Aufbau und Abbau der Kräfte, mit den Mondphasen in ihrem Zunehmen und Abneh-

Auch die Heilkräfte der Mango werden in *Die Botschaft der Früchte* besprochen. Siehe: Literaturverzeichnis

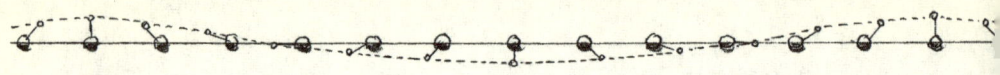

men und vielerlei mehr, kurz mit dem Pendelschlag der Schöpfung verbinden! Der Segen der Göttin ruht auf ihrem Zeichen.

Die Mandorla als Schmucksymbol

Als leuchtender Kern und Träger irdischer Schöpfung kann dieses Symbol also auf vielerlei Weise höchst nützlich verwendet werden und bildet auch als Schmuck, aus Edelsteinen und Edelmetallen gearbeitet, einen wunderschönen und zudem dauerhaften Schlüssel für vielerlei meditative Energiearbeit. Ein meertürkisfarbener Chrysopras paßt besonders gut dazu: Dieser Seelenstein ist opak – also nicht ganz durchsichtig –, und er hilft auf seine Weise mit, das Wissen deiner Seele zu erwekken, denn er ist ganz besonders innig mit den salzigen Kräften des Meeres und der Erde verbunden. Er überträgt den türkisen Strahl und hilft dir, sowohl Wissen in dein Herzbewußtsein zu senden, als auch dich mit den irdischen Kräften der Natur wie auch mit deiner eigenen Sexualität und Fruchtbarkeit zu verbinden. Der Chrysopras ist ziemlich universell einsetzbar, wenn du mit ihm meditierst und seine Kräfte nutzt.

Wählst du ein solches Symbol mit einer silbernen Umrandung, so fokussierst du deine Hypophyse – dein Auge der Einsicht – mehr auf die lunaren, die seelischen Kräfte der Schöpfung. Du kannst damit aber auch deiner eigenen Seelenschwingung, den inneren und feinen Kräften näher kommen, dich transparenter machen. Du kannst damit die Kräfte und das Wissen deiner Ahnen rufen, oder auch mit den Tiergeistern und Tierclans in Verbindung treten, wie dies in der indianischen Kultur Bestandteil des Lebens war. Die Tiere sind deine Brüder, und du kannst mit Hilfe eines Amuletts dieser Tier-Menschlichen Bruderschaft auch in ihren geistigen Aspekten näherkommen. Ein Amulett – traditionell eher aus tierischen Substanzen, wie Federn, Klauen, Nägeln, Häuten, Haaren gefertigt –, was aber heute nicht unbedingt in den Zeitgeist paßt – oder eben auch das Mandorla-Symbol wirken dann als Träger des Schutzes und der Fürsorge einer Tiergruppenseele. Du kannst, wenn du dich dazu hingezogen fühlst, eine Mandorla aber auch auf den Clan des Adlers, den Clan der Großen Bärin, den Clan der Schildkröte oder was auch immer dir nahe steht, einsegnen. Du erfährst so Fürsorge und Schutz, Begleitung und

Weisung und kannst eine Verbindung mit deinen indianischen, keltischen oder dir nahestehenden Vorfahren aufbauen.

Umrahmt von Gold kräftigt die Mandorla deinen Atem und Geist, verbindet dich mit dem Mittelpunkt der Erde und mit den sich dort befindenden hohen Geistwesen, schenkt dir Fokussierung, Zentrierung und elektromagnetische Stahlkraft und einen neuen Zugang zu deinen uralten magischen Kraftzentren. Deine Wirbelsäule richtet sich leichter auf deine Willens- und Ich-Kräfte aus, so daß du, wenn du regelmäßig mit diesem Symbol meditierst und arbeitest, auch die eigenstrahlenden Kräfte der Mondgöttin ausdrücken kannst (im Anhang findest du weiteres hierzu).

Reinigung

Bei der Energiearbeit mit Edelsteinen müssen die Steine stets nach Beendigung des Rituals oder der Meditation gereinigt werden, denn sie nehmen dir Traurigkeiten, Giftstoffe, Ärger, Dunkelheiten oder Krankheitstoffe ab, auch wenn du dich nicht besonders darauf einstellst. Hierfür gibt es vielerlei Möglichkeiten, um die die Elemente Feuer, Wasser, Erde und Licht/ Luft diese Arbeit tun lassen.

Eine Jungfrau-Mandorla jedoch wünscht sich, in Mehl gereinigt zu werden! Denn das Mehl von Weizen – das Brot der Erde – ist durch das Christuslicht auf besondere Weise gesegnet. (Nicht umsonst ist das Mysterium der *Wandlung* an Weizenbrot geknüpft.) Mehl wirkt auf ein mit negativen Schwingungen beladenes Mandorla-Symbol (aber auch anderen Schmuck und Edelsteine) entgiftend, durchlichtend, vergebend und segnend ein.

Zehn Minuten Verweildauer der Mandorla in einem Schälchen Mehl genügen. Natürlich mußt du das Mehl anschließend der Natur wieder übergeben, es also wegschütten, und darfst es nicht zur Ernährung weiterverwenden.

Anschließend steht dir die Mandorla für die Erprobung deiner schöpferischen Kräfte oder einfach aus der Freude, sie zu tragen, wieder zur Verfügung!

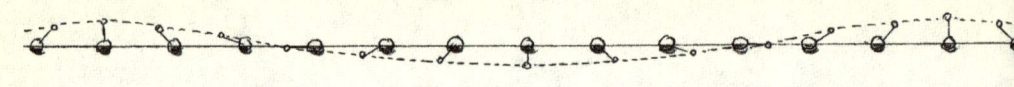

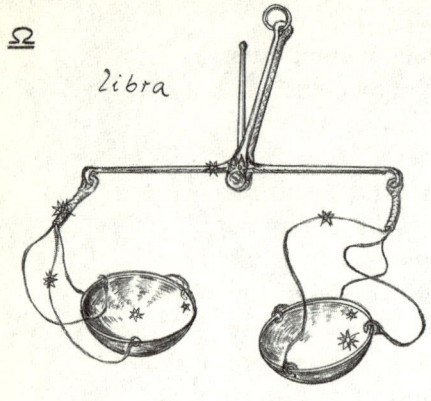

Ω

libra

23. Sept. – 23 Okt.

**Der Klang der Schöpfung
und die Heilkräfte von
Planetenton-Schalen**

Zwei Waagschalen hat das himmlische Waage-Sternzeichen, genauso wie wir dies auch in irdischen Waagen finden, selbst bei Präzisionswaagen, mit denen im Labor winzige Milligramm-Gewichte austariert werden. Die Sternenwaage will uns etwas dazu erzählen, wie wir als Menschen diese Anordnung des Wägens, des Austarierens und des In-Übereinstimmung-Bringens sinnvoll nutzen können. Vielleicht will sie uns darauf hinweisen, daß es einer Gegenseitigkeit bedarf, eines zweifachen Ausdrucks von Leben, eines inneren und eines äußeren, eines *Ich* und eines *Du* und eines Lauschens auf die Resonanzen, auch in menschlichen Beziehungen?

Die Sterne der kosmischen Waage am Himmel sind allerdings nicht mit Aufhängungen sichtbar: Die beiden Waageschalen strahlen sozusagen ohne sichtbare Führung zu uns Menschen herab. Vielleicht will uns dies Zeichen – neben all den vielen anderen Energien und Botschaften, die es für uns bereithält – damit auch noch dies mitteilen: daß wir uns unserer eigenen höheren Führung unterstellen sollen, wenn wir zum kosmischen Menschen erwachen wollen?

Siehe: *Strömend
und lustvoll leben.*
Hier beim Zeichen des Widder findest du die zugehörigen Energiefelder besprochen.

Im Zeitgeist der Waage

Die Waagezeit beginnt mit der Herbst-Tagundnachtgleiche, und sie bildet eine Zeitachse zur Frühlings-Tagundnachtgleiche am 21. März. Während sich im Frühlingspunkt alle inneren Energien in einer geradezu orgasmischen Fülle, hüpfend, springend, pulsierend in die äußere Welt hinein ergießen, um

dort Erfahrungen zu sammeln, finden wir in der Waagezeit nun einen umgekehrten Prozeß: Die schöpferischen Energiefelder haben sich auf dem irdischen Plan der Formenbildung und der Manifestation »ausgetobt« – sie haben sich selbst bis zu einem maximalen Fülle- und Reifepunkt erlebt und kehren anschließend zur Erde, ihrem Ausgangspunkt zurück.

Die Schöpfung schwingt und klingt zwischen den beiden Zeitpolen hin und her und webt sich aus dieser Zeitachse ihre Lieder. Diese Achse findet auch im seelischen Bereich ihre Ergänzung, ihren Ausgleich und ihr *Zusammenschwingen* und zeigt – etwa in einem Horoskop – auf, wie ein individuelles Ich auf das Du zugeht und mit diesem kommuniziert. So findet sich diese *Zeit- und Klangachse* auch in allen polaren Erscheinungen des menschlichen Körpers, ganz besonders in den beiden Ohren, den Nieren und den Augen. Nieren-, Augen- und Ohrenprobleme sind somit dem Ausgleichsbestreben zwischen Widder- und Waageenergien unterstellt und weisen auch stets auf den Bereich zwischenmenschlicher Interkommunikation hin.

Wenn sich die Ideenkräfte sammeln

In der Waage finden sich die Kräfte der Widderzeit mit ihrem schöpferischer Neubeginn auf der irdischen Ebene in einem maximalen Entdichtungszustand und in einem Auflöseprozeß. Die schöpferischen Ideen haben sich in der irdischen Natur, in Pflanze, Tier und Mensch, nun ihrer Vitalkräfte entladen und benötigen anschließend eine Wiederaufladung in ihren ursprünglichen himmlischen Bereichen, aus denen sie einmal hergekommen sind. So suchen sie einen Ausgang aus der irdischen Welt in ihre Urheimat.

Dieser Ausgang und der Weg zurück ist nur über den Zerfall der Materie, über Alchymie und über vollständige Auflösung zu erreichen. Erst wenn die Schwelle der Auflösung molekularer Bindungen überwunden wurde, können die in der Materie gefangen gewesenen schöpferischen Ideen und die damit verbundenen Bewußtsein wieder in ihre Welt zurückkehren. Die Bewußtsein sehnen sich mittlerweile nach ihrer Heimat, denn den irdischen Prozeß haben sic durchlaufen. Sie haben einen Lebenszyklus vollständig durchlebt und sind müde geworden dabei. Sie sehnen sich nun danach, sich wieder aufzuwärmen und

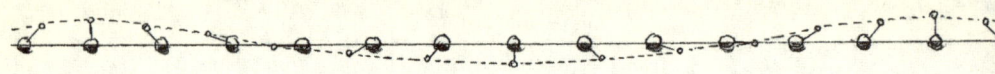

aufzutanken in der höheren Heilssonne, aus der sie gekommen sind und von der sie alle ihre Gaben, ihre Identität, ihr Wissen und ihr Leben haben.

Wer deshalb aufmerksam und mit offenen Sinnen durch die herbstlichen Tage der Waage geht, wird es nachempfinden können: daß alle Energien nun nach innen gerichtet sind; daß ein warmes Glühen die Natur erfüllt; daß die Heimat – eine innere Heimat eben – ihre wärmenden Sonnenstrahlen ausschickt, um alle ihre müden Kinder, ihre ausgetobten Schöpfungsideen wieder einzufangen.

Er wird entdecken, daß der Himmel sein herrlichstes Blau entfaltet, um *die Göttin* einer inneren Welt zu grüßen und zu beglücken. Er wird finden, daß die flammenden Farben herbstlicher Wälder und Bäume in der gesamten Natur ihre Pracht entfalten, um die Heimat zu grüßen, um die Rückkehr anzukündigen und die Freude darüber anzuzeigen, daß es nun wieder heimwärts geht.

Wenn die Sonne oder auch der Mond in der Waage steht, ist also eine Zeit des *Einsammelns* gekommen. Und so, wie die Menschen jetzt die letzten Früchte der Natur sammeln und sich durch deren Verzehr mit den innewohnenden schöpferischen Ideen aufladen, so *sammeln* sich auch die vereinzelt gewesenen schöpferischen Ideen wieder. Denn sie können nur gemeinsam in ihre ursprüngliche Heimat zurückkehren. Du kannst dir dies ein wenig so vorstellen wie die Zugvögel, die sich von den verschiedensten Orten her auf den Bäumen sammeln, um große Schwärme zu bilden. Erst dann, wenn solch ein Vogelschwarm *ein Wesen* gebildet hat, fliegt er als eine Einheit – in den Süden, und nur so kann ein einzelner Zugvogel die Strapazen der Reise überstehen.

Ähnlich »sammeln« sich in der Zeit der Waage auch die schöpferischen Ideen eines jeweiligen »Schöpferschwarmes«. Auch sie warten aufeinander, um eine in sich abgeschlossene Einheit zu bilden, innerhalb derer die Reise zurück leichter fällt, entsprechende Kraft gibt und auch mehr Freude macht. Einzelreisende würden diesen beschwerlichen Rückweg kaum schaffen.

So »sitzen« also in der Waagezeit die verschiedenartigsten heilsamen Schöpferkräfte und Bewußtsein wartend bereit und laden sich Schritt für Schritt auf. Sie füllen die himmlische

Waageschale mit ihrem ätherischen Gewicht, bis ihre »Einheit« komplett ist. Die ganze Natur bis hinaus in unser Sonnensystem und sogar noch darüber hinaus in unsere Galaxie ist während der Waagezeit mit diesem universellen Prozeß beschäftigt. Ein großes Glück durchströmt den Kosmos und die Natur. Transzendent ist alles, wonach der Sinn sich richtet. Die Alchymie hat hier ihren Ursprung und ihren Ausgangspunkt, und so kann sie jetzt auch besonders heilsam gehandhabt werden. Waagezeit ist deshalb eine Heilszeit ohnegleichen. Spagyrische Präparate entfalten, wenn sie während Waagezeit reifen dürfen, besonders hohe Heilkräfte. (In speziellen spagyrischen Aufbereitungsmethoden werden die Kräfte von Wildpflanzen, Mineralien und Metallen von ihren materiellen Schlacken und Giftstoffen gelöst und veredelt. Der Geist der Pflanze wird wirksam und führt zu erhöhten Heilkräften gegenüber anderen Zubereitungsmethoden derselben Pflanze.) Alchymische und ein Thema veredelnde schöpferische Werke – gleich welcher Art auch immer – entfalten eine hohe Glühkraft, ähnlich den flammenden Farben in der Natur. Stoffwechselprozesse verlaufen intensiver und leichter in dieser Zeit. Und wenn wir als Menschen unseren eigenen alchymischen Prozessen – Veränderung, Durchlichtung, Transformation – näherkommen wollen, so können wir diese Zeit ebenfalls entsprechend heilsam nutzen.

DIE BOTSCHAFTEN UND KRÄFTE DES WAAGEMONDES

Der Mond bildet, wenn er im Zeichen der Waage steht, ein mystisches Sammelbecken, eine Sammelstelle für die vorher beschriebenen Phänomene und Kräfte. Die Mondgöttin selbst trägt hier die Gralsschale, und sie sammelt in ihr jetzt die Schöpferideen und Bewußsein ein.

Die Gralsschale und Himmelswaage der Mondgöttin ist es auch, die den ätherischen Füllungszustand der sich sammelnden Bewußtsein selbsttätig kontrolliert, bemißt und abwägt und die auch entscheidet, wann ein genügender Füllungszustand erreicht ist. Wie in einem Wasserrad gibt die Mondgöttin dann die Schale, wenn sie gefüllt ist, weiter an die kosmischen Hier-

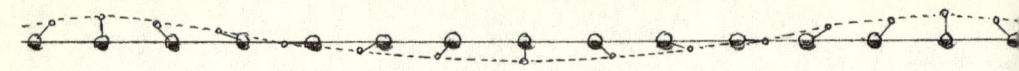

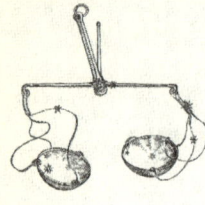

archien. Wir können deshalb, wenn der Mond im Zeichen der Waage steht, diese Kräfte ganz besonders heilsam zu bewußtseinsverändernden Prozessen benutzen. Wir können etwa eine Schale aus mondischem Material – aus Kristall, Bergkristall, Rosenquarz, Milchquarz, Silber, aber auch solche, die Kupfer, Gold, Silber oder Mangan enthalten – mit Wasser gefüllt im Mondlicht aufstellen. (Kristallglas oder einfach ein schönes Weinglas tun es jedoch auch.) Hierzu eignen sich der Vollmond, aber auch der zunehmende Waagemond besonders gut. Wir legen einen Kiesel oder sonst einen die Kräfte zentrierenden Stein hinein, füllen die Schale mit Quellwasser, besprechen sie in einem Ritual mit unseren Wünschen, Gedanken, Vorhaben, Bitten, mit einem Dank, Gebet, einer Fürbitte oder was auch immer und stellen sie draußen auf. Ein Tisch oder der pure Erdboden ist hierbei am besten geeignet.

Siehe auch: *Ein Vollmond- und Wasserritual mit Edelsteinen.* Dort findest du Edelsteine besprochen, die Mondkräfte übertragen.

Dadurch, daß sich die Natur jetzt in diesem ständig veränderlichen alchymischen Prozeß befindet, ist die irdische, die planetare, die galaktische äußere Welt, aber auch die transzendente und innere Welt in viel größerer Bewegung als sonst. Es geht wie auf einem Bahnhof zu, wo die verschiedensten Gruppen, voller Ferienfreude, mit Lachen, Klingen, Singen und Heiterkeit sich sammeln. All diese ätherischen Kräfte entdecken sofort die Schale der Mondgöttin, und sie machen sich eine Freude daraus, dort hinein zu hüpfen, darin zu baden, die rituelle Bitte, den Wunsch eines Menschenwesens, seine Botschaft zu *erfüllen* oder diese weiterzuleiten an noch höhere Geistwelten und Engelmächte, um dort die Erfüllung zu initiieren.

Wenn die Geistkräfte genug »gebadet« und die Botschaften erfüllt oder weitergeleitet haben, hüpfen sie wieder aus der mondischen Gralsschale heraus, um auf die anderen »Mitglieder« und Reisenden ihrer Gruppe zu warten. Mondwasser angesetzt während Waagezeit ist deshalb allerhöchst heiliges und heilsames magisches Wasser. Es kann für vielerlei Zwecke als Segenswasser verwendet werden.

WAS DIR GUTTUT . . .

* Das Gesichtsfeld erweitern durch Beschäftigung mit spirituellen Dingen, die aber danach wieder in etwas Pragmatisches

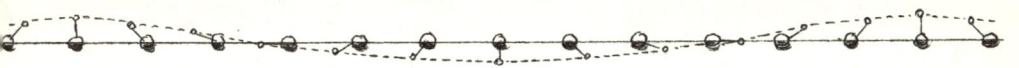

einmünden müssen, denn spirituelle Alleingänge sind wirklich *megaout* in der neuen Zeit!

* In die Natur gehen und vielleicht sogar dort mit den sich wie ein Vogelschwarm sammelnden Bewußtsein eine meditativenergetische oder heilsame Kommunikation aufbauen.

* Nicht nur der Mond, sondern auch die Sonne ist zu dieser Zeit besonders heilsam, denn auch sie hat jetzt alchymische und besonders heilende Kräfte. Dies gilt besonders für die zweieinhalb Tage, in denen der Mond in der Waage steht, aber auch für die zugeordnete Tageszeit: etwa achtzehn Uhr, und die Sonne wandert in Richtung Westen. Die Sonne wandert aber nicht nur nach Westen in Richtung ihres eigenen Untergangs, sondern von Westen her öffnet sich – sozusagen gegenlaufend – eine innere Sonne und die neuartige *Radio-Aktivität* des beginnenden uranischen Zeitalters. Denk also daran, dir täglich etwas von diesen Sonnenstrahlen zuzuführen – und wenn es nur fünf Minuten sind! Setze dich dann – bevorzugt zu dieser Zeit (etwa zwischen 15 und 17 Uhr Blasenzeit – und 17 und 19 Uhr Nierenzeit) – mit unbedecktem Kopf und schalenartig geöffneten Händen für einige Minuten in diese Sonne und empfange ihre Heilsstrahlung. Du kannst, falls du ein Blasen- oder Nierenthema hast, diese Zeit auch noch optimal mit der Einnahme eines passenden Heilmittels verbinden. Sonnetanken wie Zeitzuordnung gilt übrigens für alle Tage, nicht nur für die Waagetage!

Siehe auch: *Die Elemente und ihre Beziehung zum Körper*

Siehe auch: *Sonne und Mond auf ihrer Zeitreise durch den Körper*

* Genauso wie die Sonne mit ihren Strahlen einen gegenströmenden Zeitgeist öffnet, öffnest du mit deinen Sonnenstrahlen – das sind im irdischen Bereich unter anderem auch deine Haare – ebenfalls diesen Zeitgeist, wenn du diese jetzt mit veredelnden Substanzen pflegst oder dir die Haare neu schneiden läßt. Gib in dein Shampoo z. B. einige Tropfen ätherisches Öl von Basilikum, Dill, Kümmel und Kreuzkümmel, Anis, Rose oder eine Kombination davon. Mit Mandelöl, Weizenkeimöl oder Kreuzkümmelöl kannst du eine Pflegeanwendung machen. Du kannst auch Sonnenwasser (Wasser für dreißig Minuten bis drei Stunden in die Sonne gestellt) oder Mondwasser verwenden.

Siehe auch: *Geist, übertragen in deine persönliche Lichtapotheke*

* Jetzt tut es dir auch gut, in die Sauna zu gehen, eine Wanderung oder eine Fahrradtour zu machen, einen Berg zu besteigen, Höhenluft zu atmen, ins Gebirge zu fahren, dich auf

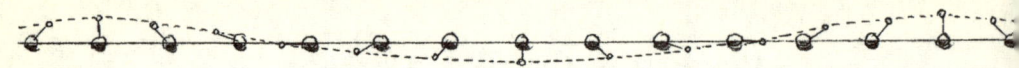

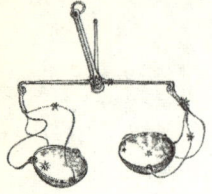

einem Paß oder auf einer Wasserscheide aufzuhalten, zu einem heiligen Ort, einem geomantischen Platz zu gehen oder an einem See ein der Erdgöttin geweihtes Wasserritual durchzuführen.

. . . UND WAS DICH STÄRKT

* Loslassen, dich entgrenzen, bisherige Grenzen aufgeben, etwas verlassen und verändern,
* dich mit transzendenten Dingen beschäftigen, esoterische und spirituelle Literatur lesen, eine magische Reise oder eine Wallfahrt unternehmen, zum Beispiel zu einer Schwarzen Madonna, etwa in Einsiedeln, Montserrat oder in La Palma – der so besonders magischen Vukaninsel, die zudem prädestiniert ist für alchymische Veränderungsprozesse.
* Wenn die Sonne oder der Mond in der Waage stehen, ist ein guter Beginn für Seminare oder Aktivitäten, die zu Zusammenschlüssen im neuen Zeitgeist führen, für Gründungen – nicht mit Schwerpunkt auf der Gemeinschaft, sondern auf dem Bewußtsein, welches entsteht und für den
* Zusammenschluß von spirituell orientierten Partnerschaften.
* Zu solcher Zeit begonnen, sind die spirituellen Ziele von dem besonderen Segen der Erdgöttin – der Schwarzen Göttin, der Schwarzen Madonna – durchdrungen, und dieser Segen wirkt sich auch in finanzieller Hinsicht aus.
* Ein Talisman oder Amulett, in der Jungfrauzeit begonnen oder fertiggestellt, kann im Waagemond nochmals ganz besonders aufgeladen und geweiht werden.

WAS DU MEIDEN SOLLTEST . . .
. . . UND WAS DICH SCHWÄCHT

Auseinandersetzungen und Beschäftigung mit Niederziehendem, mit rein Irdischem; rein verstandliche Denkprozesse ohne geistige Überschau; dich während dieser Tageszeit in dunklen Räumen aufzuhalten, oder während dieser Zeit Dinge zu essen, die schwer, dicht und müde machen.

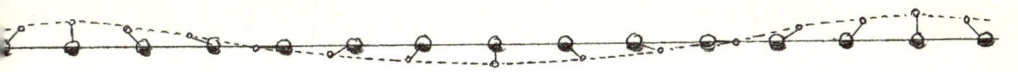

HEILSAMES

* Alles was den Körper heilt, denn der Körper ist im Waagezeichen das magische Instrument per se. Im Widderzeichen geschieht die Verkörperlichung – Inkarnation und *Ich*-Bildung –, und in der Waage geschieht die Entkörperlichung – Exkarnation und *Ich*-Auflösung. Beides zusammen bildet das Inkarnationsmuster des Lebens auf diesem Planeten. Jede deiner Körperzellen ist diesem Geburts- wie auch dem *Demagnetisierungs*- und Dematerialisierungsprozeß unterworfen. In der Waagezeit kannst du deshalb besonderen Einfluß nehmen, gerade was die Entgiftung und energetische Bestrahlung mit heilsamen Informationen angeht.

Siehe: *Selbststrahlende Atome und neues Bewußtsein.* Hier kannst du weiteres zum Thema *Demagnetisierung* nachlesen.

Siehe in der homöopathischen Hausapotheke

* Entgiftungsmaßnahmen jeglicher Art, zum Beispiel *Pulsatilla* D6, *Berberis* D4, Brennesseltee oder eine Brennesselkur mit frischen Brennesseln; *Solidago virgaurea* (virga aurea, die goldene Rute oder die Goldrute), etwa in einer D6 oder D12, und überhaupt alle nierenwirksamen Kräuter, Nierentees oder homöopathischen Mittel (besonders heilsam in der Zeit von etwa 15 bis 19 Uhr). Weiterhin wirken heilsam:
* *Zincum metallicum* D3, das viele Stoffwechselabläufe besondes heilsam in der neuen Zeit katalysiert (beschleunigt),
* einige Tage lang kurmäßig ungesalzenen Weizen oder Hafer mit frischen Kräutern zu essen, eine Kombination, die stärkste *Demagnetisierungs*- und Entgiftungseigenschaften hat,
* Lavendel- und Lindenblüten, besonders in Fußbädern zu nutzen, die dir jetzt besonders gut tun, oder auch baden und schwitzen.

DIE KÖRPERZUORDNUNG

Der Waagemond beleuchtet die Hüften und die Nieren, aber auch die Schilddrüse und das Dritte Auge und damit die Hypophyse;
weiterhin die Ohren, besonders das rechte Ohr und auch die Augen, besonders das rechte Auge.
Auch die Füße haben eine starke Beziehung zur Waage, ferner alle Umkehr-, Informations-, Übertragungs- und Rückkopplungs-Prozese, also auch die gesamte hormonelle Situa-

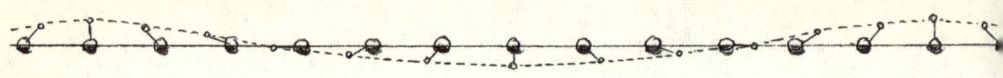

tion und viele enzymatische (Enzyme sind Biokatalysatoren) Abläufe im Körpergeschehen.

Ein Mensch etwa, der Augenprobleme hat, ist gut beraten, auch seinen Nieren Aufmerksamkeit zu schenken, oder wer Nierenprobleme hat, sollte auch seinen Ohren Achtsamkeit zukommen lassen. So können etwa auch homöopathische Nierenmittel eine Auswirkung auf Ohren oder Augen haben und umgekehrt.

DIE WELT IST KLANG

Dieser Planet Erde und alles was auf ihm ist und in Form manifestiert ist, ist durch Klang erschaffen. Klang ist das Wort Gottes, das Wort der Göttin. Klang erschuf die sichtbare Welt. Klang erschuf die Planeten, die Galaxien und das gesamte Universum. Klang hält das Geschaffene an seinem Platz, in seinem Raum und in seiner Ordnung, und er bewirkt – in Zusammenarbeit mit anderen Klängen – Spiralbewegungen, Rotation und auch die Bewegungen der Planeten um unsere Sonne. Klang ist Wissen. Und wenn wir schöpferisches Wissen haben und dieses anwenden, so verwenden wir ebenfalls Klang. Ein Klang entsteht durch Resonanz. Wenn wir also Resonanzphänomene benutzen, können wir dem ursprünglichen Klang, den wir initiieren, eine zusätzliche magische Ausrichtung oder Komponente geben. Die einfachste magische Resonanzkomponente entsteht durch das Summen.

Summen durchdringt alle Welten. Es durchdringt unsere eigenen Organfelder, die Felder unserer Zellen und Atome, die Felder unserer Knochen, Muskeln und Blutgefäße. Natürlich hat jede Zelle, jedes Atom, jeder Knochen, jeder Muskel, jedes Organ sein eigenes Resonanzfeld und schwingt mit seinem Feld mit den Resonanzfeldern anderer Organe in einem Konzert. Darauf beruht die Heilwirkung von Homöopathie und auch die von Klangschalen. Ein Konzert kann harmonische, aber auch dissonante Klänge entfalten, wodurch körperliches, seelisches und geistiges Wohlbefinden oder Unwohlbefinden, Auflösung aber auch Verschlimmerung einer Krankheit ausgelöst werden. Durch Summen können wir solche organischen oder auch planetaren Resonanzfelder durchdringen. Wir können sie verän-

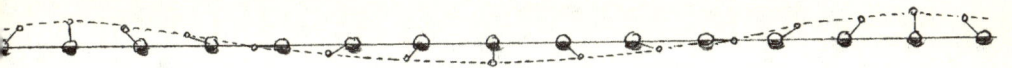

dern oder heilsam auf sie einwirken. Dies geschieht durch segnende Gedankenkräfte und durch präzise Visualisierung während des Summens oder durch den heiligen Laut OM.

Auch durch rhythmische, mehr monotone Gesänge oder instrumentale Klänge geschieht eine solche Durch-Tönung. Diese Durchdringung wirkt grenzauflösend, auch auf zellulare und organische Grenzen – weswegen etwa auch Trommeln seit uralten Zeiten *das* magische Element an sich ist. Trancen und Ekstasen können damit initiiert und begleitet werden.

Die verschiedenen Tonhöhen mit entsprechenden Frequenzen hingegen haben eine Beziehung zu den Planeten und einen unmittelbaren Zugang zu unseren Chakren. Wird – etwa durch eine meisterlich gefertigte Klangschale, die ein vollkommenes Waageprinzip darstellt – ein reiner und harmonisch schwingender (Planeten-)Ton erzeugt, so wird die *Schale* des zugehörigen Chakras erregt und öffnet sich ebenfalls harmonisch. Darum haben die Töne und Schwingungen von Klangschalen, die auf die Frequenzen von Sonne, Mond und Planeten gestimmt sind eine unmittelbare reinigende, öffnende und heilsame Auswirkung auf uns (über diese Klangschalen findest du im folgenden Näheres). Wir können sie deswegen ganz gezielt benutzen, zum Beispiel zur Harmonisierung eines gestörten Chakras, einschließlich der zugeordneten Hormondrüsen und deren hormoneller Ausschüttung, zur Steuerung bestimmter Stoffwechselaufgaben und für vielerlei klärende, energetisierende oder auch heilende Zwecke.

Die planetare und universelle Zuordnung ist auch der Grund für die Wirkkräfte von Musik, die anregend, energetisierend, beruhigend, zentrierend oder sonstwie heilsam sind – nehmen wir hier nur einmal die Musik großer Meister wie Bach, Mozart, Beethoven, Bruckner, Haydn. Jeder, der sich schon einmal in entsprechend harmonischer Umgebung und geöffnetem Bewußtsein solcher Musik hingegeben hat, wird diese heilsamen Kräfte, die alle Chakren immer wieder neu miteinander vernetzen, in seinem eigenen Gemüt und Seelenzustand gefühlt haben.

Und sicherlich wirst auch du dich an zerstörerische Kräfte von Tönen erinnern können, die durch dissonante Klänge aller möglichen Art erzeugt werden und meist schmerzlich im eigenen Körper und stressig an Gemüt und Seele erfahren werden.

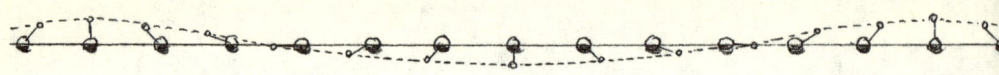

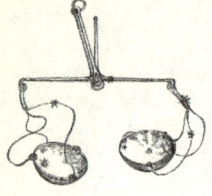

So ist auch Singen ein höchst heilsames und magisches Instrument der Beeinflussung unseres eigenen Körpers und unserer Seele. Wir können durch die Auswahl der Töne und Klänge, des Liedes, der musikalischen Begleitung usw. bestimmen, auf welche Chakren wir hier Einfluß zu nehmen wünschen. Hohe, helle, heitere Töne »bemühen« sich um das Schilddrüsenchakra und bewirken hier eine mehr oder minder ausgeprägte Öffnung. Sie wirken dann mehr in den Kopf, in die Arme und Hände hinein. Tiefe, getragene Klänge wirken auf die der Erde zugeordneten Chakren und verursachen dort – je nach ihrer Ausrichtung – Bodenständigkeit, materielles Wachstum und das Gefühl von Sicherheit; sie können aber auch Trauer, sogar Depressionen auslösen. Dur-Tonarten wirken dabei mehr solar, sind mehr ins äußere Leben hinaus orientiert und haben zentrierende, festigende Eigenschaften und Qualitäten. Moll-Tonarten hingegen wirken auflösend, transzendent; sie sind mehr lunar und sind nach innen hin ausgerichtet. Sie fördern das seelische Erleben und das Gemüt.

Keiner von uns – außer echten Meistern natürlich – hat nur harmonische und ausgeglichene Chakren – die *Klangschalen*, die unseren irdischen Körper mit den himmlischen Resonanzen der Waage-Mondgöttin verbinden –, denn wir alle haben zu lernen und uns zu entwickeln. Jeder Mensch hat irgendwo seine besondere »Bruchstelle«, seine ganz spezielle Disharmonie mit dem Leben. Es ist deshalb sinnvoll, die Töne der harmonisch funktionierenden Chakren als Ausgangspunkt persönlicher Entfaltung oder therapeutischer Arbeit zu verwenden und sich von diesen aus sanft über die mittleren Töne in den Bereich der schwach ausgeprägten Chakren und Töne hineinzuarbeiten. Als Positiv empfundene Töne geben hier ganz eindeutige Antwort.

Auf den als stark empfundenen Tönen können dann auch immer wieder die Ruhe- und Nähr- und Erholungsphasen eingebaut werden. Der Bereich der schwachen Chakren und Töne darf nicht zu massiv angegangen werden, sonst wird nur das Gegenteil der therapeutischen Absicht erreicht: die chakrischen Klangschalen schließen sich vor dem Ansturm so vieler fremder neuer Energien, auch wenn sie noch so harmonisch sind. Die *Dosis* ist dann sozusagen zu groß. Deshalb solltest du auch, wenn du mit Klang arbeitest, dich sehr sensibel auf Ge-

fühl und Empfindung einstimmen, weil wir hierüber alle Antworten bekommen, die wir benötigen. (Alles das gilt auch für Homöopathie.)

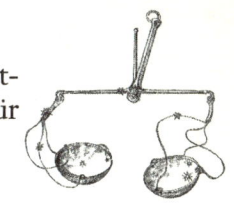

KLANGSCHALEN DER WAAGE-MONDGÖTTIN

Alte Klangschalen haben etwas Faszinierendes und dies auch schon, wenn wir sie nur betrachten, denn sie vermitteln uns ein Gefühl von Wahrheit und von Kraft. Irgendwann geschieht es, daß ein Mensch vom Thema der Klangschalen berührt wird. Dann macht er sich auf, »seine« Schale zu finden. Wer sie gefunden hat, dem wird sie zum Freund.

Berührt eine Klangschale deine Seele und dein Herz, dann teilt sie deine Leiden und deine Freuden mit dir. Sie klärt dich im Geistigen und berührt dich doch sinnlich – und sie gibt vielleicht auch einmal einen mißtönenden Klang von sich, wenn du mit dir uneins bist, einen »schlechten« Tag hast oder »Blödsinn gebaut« hast. Auch dann spricht die Mondgöttin magisch zu dir und ruft dich zu dir selbst.

Über die Herstellung alter tibetischer Klangschalen und über ihre ursprüngliche Verwendung ist sehr wenig bekannt; sie sind Jahrzehnte bis Jahrhunderte alt, und die Menschen, die sie einmal hergestellt haben, können nicht mehr darüber mit uns sprechen. Vielleicht können wir aber über den Klang einer Schale auch dem Geheimnis ihrer Herkunft auf die Spur kommen. Jede der alten Klangschalen trägt ein solches Geheimnis in sich, und ich glaube, daß sie auf »ihren« Besitzer wartet, um dieses mit ihm zu teilen. Viele Möglichkeiten gibt es, mit einer Schale Freund zu werden, mit ihr zu spielen, vielleicht ganz Neues zu entdecken, sie mit Wasser zu füllen und den Klangwellen beim Anschlag zuzuschauen, sie mit Kräutern oder Homöopathie zu füllen und sie so, zusätzlich heilsam gemacht, vielleicht auf deinem Nabel erklingen zu lassen oder sie zum Zentrum einer Gruppe oder Zusammenkunft zu machen. Du kannst »deine« Mondschale auf verschiedenen Chakren – im Liegen oder Sitzen – plazieren, mit verschiedenen Klöppeln experimentieren und lauschen und fühlen, was sie dir heute sagen will und welche geheimen Botschaften sich für dich derzeit öffnen wollen. Denn sie wächst ja sozusagen mit dir, die

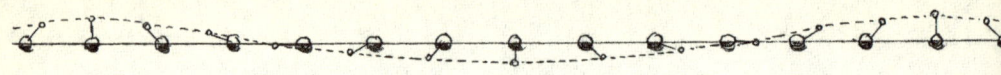

Schale der Mondgöttin, ähnlich einem meisterlichen Buch, aus dem du über Jahre hinweg immer wieder neue Einsichten gewinnen kannst. Manchmal wunderst du dich dann, wie du die *jetzt* in dir als Resonanz erklingenden Botschaften eines solchen Buches je überlesen konntest! Genauso geschieht dies mit dir und der Schale der Mondgöttin, nur liest deine Seele die Botschaften direkt und ohne den Umweg über Worte zu machen!

Alte tibetische Klangschalen – die vermutlich auch in Assam, Bengalen und anderen buddhistischen Zentren geschaffen wurden – sind jedenfalls ein magisches Konzept, das auf die heilsame Nutzung in unserer besonderen Zeit und auf ihren Freund, ihre Freundin wartet. Eine Klangschale geht in Resonanz mit deiner Persönlichkeit, die Mondgöttin schwingt sich auf dich ein und verändert ihr eigenes kristallines Gefüge dabei. Sie wirkt in erster Linie auf die Gehirnschale und auf die Knochenstrukturen ein. Die mineralischen Strukturen innerhalb eines Knochens, die Knochenbälkchen, sind in einer Art Dom geschaffen und sind ein ganz spezielles magisches Resonanzfeld.

Hier klingt das Göttliche der Natur. Hier wird gewoben, gemischt, geistig neu gestaltet, hier ist das *Mischpult* magischer Anrufungen und schöpferischer Naturmagie. Hier werden die Kräfte von vielerlei Tonschwingungen gemischt und gestaltet. Dieser »Dom« ist ein reines urschöpferisches Feld und trägt in sich Möglichkeiten geistiger Entfaltung.

Dieser Raum ist der Raum Gottes und der Klang des Göttlichen als schöpferische Möglichkeit. Mit dem Gedanken, dem Wort und dem Ton ist dem Menschen damit schöpferische Macht gegeben. Schon jeder Gedanke bringt die Knochenstrukturen in Schwingung und erzeugt entsprechende Resonanzfelder in diesem Schöpfungsraum. Jedes Wort, jeder Ton, jeder Klang eines Menschen bewirkt dasselbe. Die Magie der Sonne, des Mondes und aller Planeten schwingen hier in Resonanz.

Klangschalen sind meisterlich bereitete Instrumente, die auch ganz spezielle magische »Straßen«, bezogen auf die Sonne, den Mond und die Planeten, öffnen, welche dann vielfältig zu Meditationen, Anrufungen, Energiearbeit, für karmische Arbeit und zu vielem anderen genutzt werden. In die geöffneten Dimensionspfade können auch zusätzliche heilsame

Informationen eingegeben werden: hier vor allem magisch und erneuernd sind Gerüche und Düfte, im offenen Feuer verbrannte Substanzen und Räucherungen.

Schön ist es auch, wenn du die kosmischen Klänge der Mondgöttin als Begleitung in deinen Schlaf und in deine Träume mit hineinnimmst, aber du kannst sie auch zur Einstimmung in deine täglichen Aufgaben ertönen lassen, je nachdem, welcher Klang für dich paßt.

Nachfolgend gebe ich dir aus der Vielzahl der Möglichkeiten von Klang-, Mond- und Planetenschalen die Beschreibung für eine siderische Mondklangschale, die weniger Pfade öffnende, dafür aber höchst irdisch wirkende Kräfte vermittelt, und die Beschreibung einer Venus-Klangschale, beide bezogen auf ihre Wirkung vom Stirnchakra aus. (Weiteres zu Klang- und Planetentonschalen findest du im Anhang.)

Der siderische Mondton

Das ist ein Ton, der wie eine Posaune aus der Tiefe kommt und in ihm sind kosmische Ideen enthalten. Der siderische Mondton verbindet sich mit allen Kernkräften deines Organismus und stärkt somit alles Körpergewebe an sich; er vermittelt Halt, Ursächliches, Zentrierung, Zuversicht, Vertrauen in die schöpferischen Kräfte, vor allen Dingen solche, die sich aus der eigenen Persönlichkeit und deren Schaffenskraft ergießen, dazu Vertrauen ins Leben. Eine zuversichtliche Wärme, die den Dingen Grund und Boden gibt, wird hier unterstützt. Wer schwache Nerven hat oder sich haltlos fühlt, wer traurig ist, sich schwach oder zeitweilig minderwertig fühlt, für den ist der Ton dieser Mondschale heilsam.

Diese Klangschale fördert zudem, wenn sie längere Zeit, etwa täglich einmal angewendet wird, den Aufbau eines festen Rükkens und einer geraden Wirbelsäule, die Bildung eines festen Willens und auch das Wissen um die Dinge, die man magisch erreichen will. Die Handlungskraft und Handlungsvollmacht wird gestärkt. Der Mensch steht mitten in den Dingen, mitten in seinen Handlungen, mitten in seinen Aufgaben in dieser Welt. Er steht mitten darin in dem, was er inkarnationsbedingt zu erfüllen hat. Mit einer feinen, nicht vordergründig erkennbaren

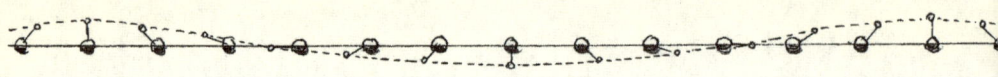

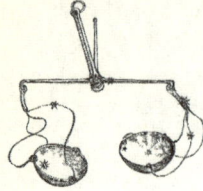

Heiterkeit durchwebt dabei die Mondgöttin seine Gedanken, seinen Willen und seine Handlungen. Dieser Ton stärkt zudem die Zähne, den Kiefer und alle Knochen, besonders die Knochen der Halswirbelsäule und auch die Gelenke.

Der siderische Mondton macht den Menschen etwas schwerer, und er ist nicht vorrangig geeignet, um Ausflüge in geistige Welten oder irgendwelche Höhenflüge zu machen oder um Visionen und Inspirationen auf den Erdenplan herabzuziehen. Aber um diese umzusetzen, dazu ist solch eine Schale nützlich, denn der Mensch lebt ja schließlich nicht von Inspirationen allein ...

DER VENUSTON

Der Planet Venus ist dem Waagezeichen und seinen Energien zugeordnet. Mit Hilfe einer Venuston-Schale stimmt die Mondgöttin in dir einen Klang an, der dich in kosmische Weiten führt. Diese Schwingung führt dich aus dir selbst und deinen Begrenzungen heraus. Sie gewährt damit Einblicke in eine heitere transzendente Welt, in der die Dinge heil sind und auch wir auf neue Weise heilsam zusammengefügt werden können. Dieser Planetenklang wärmt den Solarplexus, die Blase und die Nieren und den gesamten Unterleibsbereich in einem. Ein einheitliches Heilsfeld, ein göttlicher Plan, eine hohe Ordnung schwingt sich in dein Wesen ein.

Der kosmische Klang dieser Schale kann deshalb gut zur ordnenden Einstimmung auf heilende Felder überhaupt eingesetzt werden, denn er öffnet den Zugang zu dem Heilenden in Substanzen, in Kräutern, in Geschichten, in Magie, in anderen Tönen und dem Heilen an sich. Eine Zuversicht entsteht dabei, und zwar vor allen Dingen im Gewebe, also im Körperlichen. Die Zellen und Gewebe erwachen aus ihren Routinetätigkeiten und heben sozusagen den Kopf und lauschen in die Richtung, aus der diese wärmenden, alles durchdringenden Botschaften kommen. Sie öffnen sich dann in der Folge einer spezifischen Heilsbotschaft ganz besonders. So kann der Ton der Venusschale zu Heilungsritualen aller möglichen Art verwendet werden: allein, zu zweien oder auch in Gruppen zur Einstimmung. Mit dieser Schwingung wird ein universeller Pfad für eine

heilende Substanz, ein Heilkraut, ein Gebet oder eine heilende Botschaft vorbereitet – und die Waage-Mondgöttin schmunzelt zu diesem ihrem Werk!

So wie Mutter Natur für jeden Hilfsbedürftigen ein passendes Kräutlein wachsen läßt, sorgt die Waage-Mondgöttin für alle ihre »Kinder« und stellt ihnen den Klang der Schöpfung als »Wegzehrung« auf ihrem irdischen Pfad bereit.

Die Göttin in vielerlei Gesichtern – Mondmagie und Rituale

Allende, Isabel: *Aphrodite, eine Feier der Sinne*. Suhrkamp, Frankfurt 1998.
Literatur und Bilder vom Feinsten – mit aphrodisischen Rezepten!

Braem, Harald: *Magische Riten und Kulte: Das dunkle Europa*. Weitbrecht Verlag im K. Thienemanns Verlag, Stuttgart und Wien 1995.

Budapest, Zsuzsanna Emese: *Das magische Jahr*. Heinrich Hugendubel Verlag, 2. Aufl., München 1996.
. . . gewidmet der *Festgöttin*: von Mythen, Mondfesten und Ritualen, von »Mondzaubern« und weiblicher Magie für viele praktische Gelegenheiten und von zwölf Geschichten aus dem Leben.

Budapest, Zsusanna Emese: *Mondmagie: Kreative Begegnung mit der dunklen Seite der Weiblichkeit*. Goldmann, München 1993.
. . . von den dreizehn *Mondinnen*, den Kräften der Göttin, Mondfesten im Jahreskreislauf (aus vielen Kulturen) und von Mondgeschichten . . .

Endres, Klaus-Peter/Schad, Wolfgang: *Biologie des Mondes*. S. Hirzel Verlag, Stuttgart und Leipzig 1997.
. . . von Mondperiodik und rhythmischen Mondbeziehungen zu Pflanzen, Tieren und Menschen und von der Qualität der Zeit.

Estés, Clarissa Pinkola: *Die Wolfsfrau*. Wilhelm Heyne Verlag, München 1993.
. . . von der Kraft der urgründigen Seele, der *Wolfsfrau* in dir und vom *Gesang der Knochenfrau*.

Francia, Luisa: *Mond – Tanz – Magie*. Verlag Frauenoffensive, München 1986.
. . . von praktischer Mondmagie und Ritualen für Frauen.

Green, Marian: *Das geheime Wissen der Hexen*. Droemer Knaur, München 1996.
. . . von 13 Monden, um Meisterschaft in natürlicher Magie zu erlangen und von magischem Naturwissen.

Hausen, Monika Helmke: *Die Botschaft der Früchte*. Verlag Hermann Bauer, Freiburg 1998.
. . . Göttinnenwissen über heilsame Früchte und -kuren.

Hausen, Monika Helmke: *Die Lichtkräfte unserer Nahrung*. Verlag Hermann Bauer, Freiburg 1997.
Göttinnentexte pur . . . vom Ende des Zeitalters der Fische und vom Ende des weiblichen Dienens, von geistigen Urbildern für Seelenmagie, vom Befreien von Fesseln und deiner magischen Kraft, von Alchymie, vom Zusammenspiel von Körper und Mond . . . und auch von heilsamer Nahrung aus dem Garten von *Göttin* Natur.

Heim, Heidi: *Die Feste der Adlerfrau*. Walter Verlag, Zürch 1994.
. . . wenn du inspirierende Feste feiern willst . . .

Marciniak, Barbara: *Plejadische Schlüssel zum Wissen der Erde*. Verlag Hermann Bauer, 6. Aufl., Freiburg 1997.
. . . von der *Göttin*, die du in dir erwecken kannst, von Meisterzah-

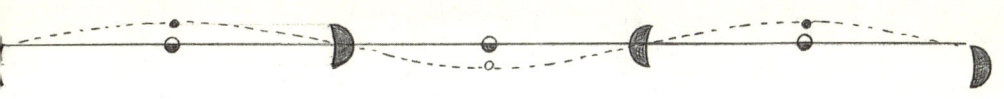

len und von der Initiation der Erde.

Starhawk (Simos, Miriam): *Der Hexenkult als Ur-Religion der Großen Göttin.* Verlag Hermann Bauer, 5. Aufl., Freiburg 1991 (vergriffen).

Ulbrich, Björn: *Im Tanz der Elemente: Kult und Ritus der heidnischen Gemeinschaft.* Arun-Verlag, Vilsbiburg 1990.
... und auch Feste im Jahreslauf!

Was die Seele stärkt und loslassen hilft

Aivanhov, Omraam Mikhael: *Gedanken für den Tag.* Prosveta Verlag, Rottweil 1998.
Ein kleines Büchlein, so richtig geeignet, um es auch bei Problemen und Lebensfragen einfach irgendwo aufzuschlagen.

Beattie, Melody: *Kraft zum Loslassen.* Wilhelm Heyne Verlag, 18. Aufl., München 1990.
... für ein Jahr lang, eben dafür!

Beattie, Melody: *Kraft zur Selbstfindung.* Wilhelm Heyne Verlag, 2. Aufl., München 1996.
... einfach aufschlagen und ein Stückchen weiterkommen.

Beattie, Melody: *Mut zu sich selbst.* Hazelden Meditationsbücher. Wilhelm Heyne Verlag, München 1993.
... genau das!

Brandl, Karin: *Ich kann doch ohne dich nicht leben!* Verlag Hermann Bauer, 3. Aufl., Freiburg 1998.
... sich nicht länger als Opfer fühlen und sich aus Abhängigkeiten befreien.

Wallimann, Silvia: *Erwache in Gott.* Verlag Hermann Bauer, 6. Aufl., Freiburg 1996.
Ein lebendiger Kanal, aus dem lebendige (Sonnen-, Mond- und andere Engel-)Energien des großen *Weltengeistes* strömen: Sie aktivieren deine Lebenskräfte, vermitteln Wissen für die neue Zeit

und wirken heilend, entgiftend, schützend und stärkend.
Eine wunderschöne und hochwirksame Schutzmeditation in diesem Buch ist *Der Schutz des Ätherleibs!*

Biochemische Lebenssalze nach Dr. Schüssler und Homöopathie

Grüger, Wolfgang: *Biochemie nach Dr. Schüssler.* Karl F. Haug Verlag, Heidelberg 1997.

Harnisch, Günther: *Die Dr. Schüssler-Mineraltherapie.* Turm-Verlag, Bietigheim 1996.

Mezger, Julius: *Gesichtete Homöopathische Arzneimittellehre.* Karl F. Haug Verlag, 5. Aufl., Heidelberg 1981.

Zu unserem Universum und seiner Chemie, dem Geist der neuen Zeit, Astronomie und Astrologie ...

Baltin, Max-Michael: *Astrosomatik: Aspekte ganzheitlicher Heilung im Spiegel des Geburtsbildes.* Papyrus Verlag, Hamburg 1987.

Braunger, Günther: *Lehrbuch der Astromedizin.* Hugendubel, München 1984.
... von mondischer Bewegung in Flüssigkeiten, genetischen Prägungen und von Sonne, Mond und Planeten mit Zuordnungen von Pflanzenheilmitteln und Homöopathie. Ein fundiertes Werk für alle, die sich mit medizinischer Astrologie beschäftigen.

Dickerson, Richard E./Geis, Irving: *Chemie – eine lebendige und anschauliche Einführung.* VCH Verlagsgesellschaft, Weinheim 1986.
... für alle, die vom Lebenslauf eines Universums, von Galaxien und Atomkernen, vom Beginn des Lebens, von universellen Größenordnungen, Katalysatoren, Enzymen, Mitochondrien, Strategien

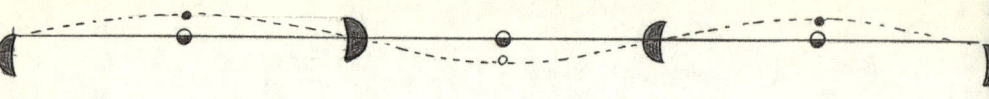

der Zellen, Molekülen als Informationsträgern, Nucleinsäuren und der DNS (Desoxyribonucleinsäure, englisch auch „DNA" genannt) – *den messengern des Lebens* – lesen und über die geradezu *magische Bildhaftigkeit* dieses Werkes hier und da Wundersames begreifen oder auch das Wundern wieder lernen wollen.

Hürlimann, Gertrud: *Astrologie*. Novalis Verlag, 3. Aufl., Schaffhausen 1984.
Gut verständliches, mit Zeichnungen und Graphiken schön ausgestattetes Grundlagenwerk.

Keller, Hans-Ulrich: *Kosmos Himmelsjahr 1998, Sonne Mond und Sterne im Jahreslauf*. Franckh-Kosmos, Stuttgart 1997.
Planetarien-Adressen und Astronomisches für ein Jahr. Ein ständiger Begleiter für jeden, der sich orientieren und sich mit den Bewegungen der himmlischen Körper anfreunden will. Hier findest du – neben vielerlei Interessantem – auch die Zeiten für den aufsteigenden und den absteigenden Mondknoten angegeben.

Marciniak, Barbara: *Boten des neuen Morgens*. Verlag Hermann Bauer, 11. Aufl., Freiburg 1997.
. . . vom Zeitgeist pur, von Botschaftern aus einer anderen Zeit, vom Reich des freien Willens, von (natürlich mondischen) Emotionen, unseren kostbarsten Schätzen und davon, wie man eine Realität magisch *erschafft!*

Schulman, Martin: *Karmische Astrologie 1, Mondknoten und Reinkarnation*. Urania Verlag, 2. Aufl., München 1983.
. . . von deinen ganz persönlichen Mondknoten in den zwölf Tierkreiszeichen, sowie in den zwölf Häusern. Hilfreich in Lebensthemen, zeitlos und etwas ganz Besonderes.

Räucherwissen – Räucherwerk – aphrodisische und andere Duftöle

Brandl, Karin: *Räucherduft und Feuerzauber*. Alchima, Augsburg 1998.

Fischer-Rizzi, Susanne: *Botschaft an den Himmel. Anwendung, Wirkung und Geschichten von duftendem Räucherwerk*. Heinrich Hugendubel Verlag, München 1996.

Fischer-Rizzi, Susanne: *Poesie der Düfte*. Joy Verlag, Isny 1989.

Von heilsamen Früchten und magischen Kräutern

Briemle, Gottfried: *Farbatlas Kräuter und Gräser in Feld und Wald*. Ulmer, Stuttgart 1996.
. . . mit Hinweisen auch zu magisch-mythischem Gebrauch.

Brooke, Elisabeth: *Von Salbei, Klee und Löwenzahn. Praktisches Kräuterwissen für Frauen*. Verlag Hermann Bauer, 2. Aufl., Freiburg 1996.
. . . von Sonnen-, Mond- und Planetenkräutern, von der Sternengöttin und Feenzauber, von Festen, Mythen und magischen Kräuterritualen. Poetisch und nährend für Körper und Seele.

Magister Botanikus: *Magisches Kreutherkompendium*. Die Sanduhr – Fachverlag für altes Wissen, 2. Aufl., Speyer 1995.
. . . von Kräuter- und »Hexen«-Wissen, vom Kräutermesser und sonstigen magischen Utensilien, dem magischen Umgang mit Pflanzen, Zubereitungsformen und Aufbewahrung, von Runen, Pflanzen und Bäumen. 204 Kräuter in Stichworten, mit einem Geistpflanzenzauberkräuter-Anhang, mit Sonne, Mond- und Planetenzuordnungen.

Schultes, Richard Evans/Hofmann, Albert: *Pflanzen der Götter. Die magischen Kräfte der Rausch- und Giftgewächse*. AT Verlag, Aarau 1995.

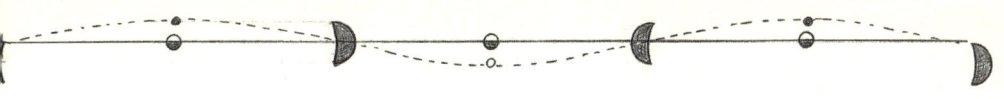

Simonsohn, Barbara: *Die sagenhafte Heilkraft der Ananas*. Windpferd Verlag, Aitrang 1998.
. . . von der Königin der Früchte, die zu ihrer hohen Heilkraft auch noch so aphrodisische Wirkungen hat!

Simonsohn, Barbara: *Papaya – Heilen mit der Wunderfrucht*. Windpferd Verlag, Aitrang 1998.
. . . von der »Zauberfrucht«, die mit ihren Bioenzymen ein so großes heilkräftiges Wirkungsspektrum hat.

Edelsteine – Runen – Tarot – Indianische Bildkarten

Klinger-Raatz, Ursula: *Die Geheimnisse edler Steine*. Reihe Schangrila, 3. Aufl., Windpferd Verlag, Aitrang 1987.

Thorsson, Edred: *Handbuch der Runenmagie*. Urania Verlag, Neuhausen (Schweiz) 1987.

Wa-Na-Nee-Che: *Das White Eagle Medizinrad: Indianische Weisheit als Lebensweg*. Verlag Hermann Bauer, Freiburg 1997.
Mit wunderschön gestalteten Bild-Ritualkarten für lebendige Zeremonien, um mit dem Geist der Natur ins Gespräch zu gelangen.

Ziegler, Gerd: *Tarot, Spiegel der Seele*. Urania Verlag, 31. Aufl., Neuhausen (Schweiz) 1996.
. . . vom TAROT und seiner praktischen Seelenhilfe.

Yoga

Yesudian, Selvarajan/Haich, Elisabeth: *Sport und Yoga*. Drei-Eichen-Verlag, 29. Aufl., Hammelburg 1984.

Von Erdkräften

Bachler, Käthe: *Direktsuche des guten Platzes*. Veritas Verlag, 2. Aufl., Linz (Öster.) 1995.

Bachler, Käthe: *Erfahrungen einer Rutengängerin*. Droemer Knaur, München 1994.

Landspurg, Adolphe: *Orte der Kraft*. Edition DNA, Straßburg 1994.

Machalett, Walther: *Lichtenstein*. Hallonen-Verlag, Maschen 1970.

Möller, Jens Martin: *Geomantie in Mitteleuropa*. Edition 2000 im Aurum Verlag, Freiburg 1988.

Tiggelkamp, Gerhard: *Die Externsteine im Teutoburger Wald*.
Eigenverlag, Bad Kreuznach 1985.

Tachyonen – Energie des neuen Zeitalters

Bochnik, Martina: *Terra Tachyon*. Cassioeder Verlag, 2. Aufl., Oberuzwil (Schweiz) 1997.

Opitz, Christian: *Unbegrenzte Lebenskraft durch Tachyonen*. Hans Nietsch-Verlag, 2. Aufl., Freiburg 1997.

Reich, Wilhelm: *Die Entdeckung des Orgons II: Der Krebs*. Fischer, Frankfurt 1981.
Das Grundlagenwerk des Entdeckers.

Von Blütenessenzen

Scheffer, Mechthild/Storl, Wolf-Dieter: *Die Seelenpflanzen des Edward Bach*. Heinrich Hugendubel Verlag, München 1991.
. . . mit seelenmagischen großformatigen Farbphotograpien, aus denen du die *Devas* der Blüten erahnen kannst . . .

Von Weltenklängen und Klangschalen

Cousto, Hans: *Die kosmische Oktave: Der Weg zum universellen Einklang*. Synthesis-Verlag, Essen 1984.

Cousto, Hans: *Die Oktave: Das Urgesetz der Harmonie*. Verlag Simon & Leutner, Berlin 1987.

Jansen, Eva Rudy: *Klangschalen, Zimbeln, Donnerkeile und Glocken*. Ver-

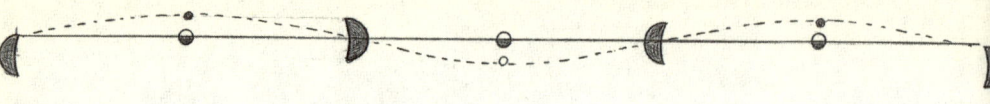

lag Binkey Kok, 3. Aufl., Diever (Niederlande) 1996.

Von Fußreflexzonen
Steiner, Ingeborg: *So spricht die Seele durch die Füße*. Peter Erd Verlag, 6. Aufl., München 1993.

Bezugsquellen – Adressen – Ausbildung
Begegnungs- und Gesundheitszentren, esoterische Abteilungen von Buchhandlungen, Reform-, Bio- und esoterische Zeitschriften sind gute Quellen von Adressen für alle in diesem Buch angesprochenen Themenkreise und Heilmöglichkeiten, für Ausbildung, Seminare und für Austausch von Gleichgesinnten. Wer Seelenstärkung oder heilsame Hilfe sucht, ist gut beraten, sich im Bekanntenkreis nach persönlichen Empfehlungen umzuhören. Die nachfolgenden Adressen entstammen meinen ganz persönlichen Erfahrungen und erheben natürlich keinerlei Anspruch auf Vollständigkeit.

Arven, Schule für ganzheitliche Aromatherapie und Aromapflege
Susanne Fischer-Rizzi
87477 Sulzberg

Baubiologie Maes, Wolfgang Maes
Schorlemerstraße 87
41464 Neuss
Tel. 0 21 31 / 4 37 41
Fax 0 21 31 / 4 41 27
Meßtechnik SBM und Umweltmedizin
(Kooperation mit Ärzten)

Volker Bechert
Dipl.-Päd., Psychotherapeut und Heilpraktiker
Hofmannstr. 21
91052 Erlangen
Tel. 0 91 31 / 2 23 57
Institut für integrative Therapie,

auch Methoden ganzheitlicher Therapie durch die Füße.

Blauetikett-Bornträger GmbH
Postfach 225
67591 Offstein
Tel. 0 62 43 / 90 53 26
Fax 0 62 43 / 90 53 28
Heilkräuter und Pflanzen aller Art; Versandhandel.

Essential Nature Großhandel
Andreas Neugebauer
Freibergstraße 53
70376 Stuttgart
Tel. 07 11 / 59 17 05
Fax 07 11 / 59 36 17
email: Andreas.Neugebauer@t-online.de

Gärtnerei Kräuterzauber (Versand)
Auf dem Berg
27367 Horstedt
Tel. 0 42 88 / 22 84

Haus der Begegnung
(Weiterbildung)
Gärtnerweg 62
60322 Frankfurt a. M.
Tel. 0 69 / 72 88 39

Institut für Baubiologie & Ökologie
Prof. Dr. Anton Schneider
Holzham 25
83115 Neubeuern
Tel. 0 80 35 / 20 39
Fax 0 80 35 / 81 64
Fachzeitschrift: *Wohnung & Gesundheit* (Probeheft) mit vielen weiterführenden Adressen, Baubiologische Beratungsstellen (regional gegliedert) auch zu Rutengängern und Verbänden, zu Elektrobiologie (Netzfreischalter), Seminaren und Lehrgängen.

Magick
Indisch-tibetischer Versand
Friedrichstraße 9
74 379 Ingersheim

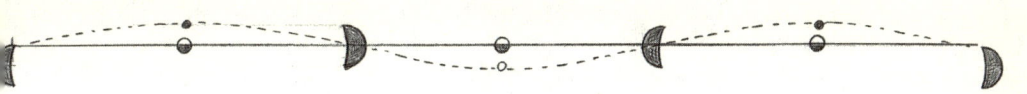

Tel. 0 71 42 / 5 67 61
Fax 0 71 42 / 5 67 62
Tibetisches und indisches Räucherwerk, Planetenklangschalen und anderes Magisches.

Hanne Marquardt
78126 Königsfeld-Burgberg
Tel. 0 77 25 / 71 17

Barbara Simonsohn
Dipl.-Politologin
Holbeinstr. 26
22607 Hamburg
Tel. 0 40 / 89 53 38
Fax 0 40 / 89 34 97
e-Mail: Basim@t-online.de
Vorträge und Seminare im authentischen Reiki, einer sehr wirksamen Methode für Tiefenentspannung, Streßabbau und Persönlichkeitsentwicklung. Vorträge zum Thema enzymreicher Früchte und heilsamer Lebens-Mittel.

Margareta Süßenguth
Heilpraktikerin
Falkensteinerstraße 19 c
61350 Bad Homburg v. d. H.
Tel. 0 61 72 / 3 22 90
Fußreflexzonentherapie (nach Hanne Marquardt), Fußchakren, Fußmetamorphose.

Rainbow
Weiterbildung
Stadtgasse 46
I – 39031 Bruneck
Tel. 00 39 / 4 74 / 55 58 19
Fax 00 39 / 4 74 / 55 47 01
Heilendes und Kreatives für Körper, Geist und Seele: Aus- und Weiterbildungen, Vorträge, Seminare, Kurse, Selbsthilfegruppen: ganzheitliche Massage (auch über die Füße), Aromatherapie, Kosmetik, Bachblüten,

Edelsteine, Lebensenergie und *emotionale Intelligenz*, Baubiologie, Farben, Malen und anderes.

Tachionisierte Produkte erhalten Sie:
– in den angegebenen Büchern,
– in der Zeitschrift *Raum & Zeit, Die neue Dimension der Wissenschaft*, Ehlers Verlag GmbH, Poazlgasteig 5, 83 623 Dietramszell,
– in esoterischen Buchhandlungen und Bioläden.

Team M.H.Hausen & K. H. Kimmel
Concordiastraße 18
36088 Hünfeld
Tel. 0 66 52 / 91 82 20
Fax 0 66 52 / 91 82 21
Die *Mandorla*, der Schmuck der Mondgöttin, Mond- und Planetenklangschalen, ayurvedische Kräutertraumkissen, Seidentücher für Mondfeste und weiteres im Aufbau.

Cornelia Wiegand
Heilpraktikerin
Concordiastraße 18
36088 Hünfeld
Tel. 0 66 52 / 89 82
Ganzheitliche Therapie über die Füße, von Bachblüten, Düften und Edelsteinen begleitet. Seminare.

Elisabeth Westerhaus
Goldschmiedemeisterin und Heilpraktikerin
An der Landwehr 44
63477 Maintal
Tel. 0 61 81 / 49 71 72
Symbolschmuck und Talismane, ganz persönlich, mit Herz und Charisma angefertigt. Und: den ganzen Menschen über die Füße behandeln. Fußreflexzonentherapie nach Hanne Marquardt. Vorträge und Seminare über die Heilkräfte edler Steine.

259

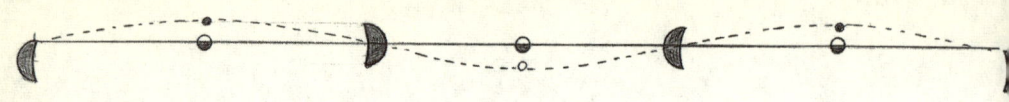

Weitere Informationen . . .

* **zu unseren Workshops und Seminaren**,
* und für alle, die Freunde einer echten alten *Tibetischen Klangschale*
mit Schlüsselwissen über Planetenklänge werden wollen,
* wie auch zu den Mondknotendaten sende ich Ihnen
gegen Rückporto von DM 3,00 in Briefmarken gerne zu.

Monika Helmke Hausen
Postfach 12 29
75402 Mühlacker
email: Mhh@Monika-Helmke-Hausen.de
www.Monika-Helmke-Hausen.de

. . . und zuletzt einen Dank

an die große *Göttin Natur* für den Strom der Kraft, das Wissen und die Unterstützung, die sie mir zuteil werden läßt, so daß auch ich diese Gaben weiterströmen lassen kann,

an Sonne, Mond und Sterne, die wundersamen Naturwesen, die Steine und Edelsteine, Pflanzen, Bäume und die Tiere, die mich auf meiner Reise, dieses Buch zu schreiben, begleitet haben,

an Erwin Müller, der meine Meditationen und Gespräche mit *Göttin Natur* begleitet und aufgeschrieben hat und mich beim Schreiben dieses Buches mit Humor und seinem sonnigen Wesen auf so vielerlei Weise tatkräftig unterstützt hat,

meiner Lektorin Karin Vial für ihren liebevollen *Adlerblick* und weitere bewundernswerte Fähigkeiten, mit denen sie das Wachsen und Werden dieses Buches begleitet hat, Wolfgang Schüller für sein freundschaftliches und trotz zeitlicher Engpässe niemals stressiges Wirken bei der Herstellung dieses Buches, und meinem Verleger Friedrich Kirner für sein Vertrauen, mit dem er dieses dritte meiner »Bücherkinder« aus der Taufe gehoben hat!

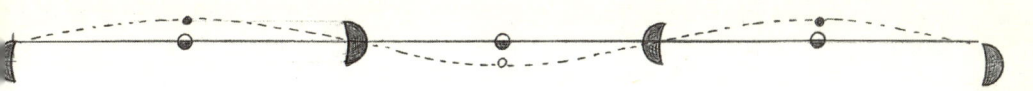

WISSENSWERTES ZUR BENUTZUNG DES MONDKALENDERS

Du findest in diesem Kalender für jeden Tag des Jahres die Symbole der Tierkreiszeichen eingetragen, die der Mond gerade durchläuft. An den Tagen, an denen der Mond ein Zeichen verläßt, um in das folgende hineinzulaufen, sind beide Zeichen angegeben. Die Zuordnungen der Tierkreiszeichen zu den Symbolen findest du in der Erklärungsleiste am oberen Rand.

Meine persönliche Beobachtung und Erfahrung ist, daß man im Lauf einiger Monate, in welchen man sich zunehmend auf die wechselnden Mondstimmungen einstimmt, deren Kräfte und auch das Umschalten von einem zum nächstfolgenden Zeichen immer eindeutiger, oft sogar minutengenau erspüren kann. Das hängt damit zusammen, daß die Energien aufeinanderfolgender Tierkreiszeichen außerordentlich unterschiedlich sind, ja, man könnte sagen, daß es keine größeren Extreme gibt als dort, wo die Energie *eines* Tierkreiszeichens von der des folgenden Zeichens abgelöst wird. Deshalb kann auch besonders der Zeitpunkt, an welchem der Wechsel stattfindet, in seinen unterschiedlichen seelischen und körperlichen Resonanzen wahrgenommen werden. Vielleicht kannst auch du gerade dann sehr persönliche Erfahrungen mit den mondischen Energiefeldern machen?

* Die »Umschaltzeiten« von einem Zeichen ins jeweils nächste sind in diesem Mondkalender exakt angegeben. Zu dieser Zeit verläßt der Mond das Zeichen, in dem er sich auch am Vortage befand, und tritt in das Zeichen ein, welches auch für den folgenden Tag eingetragen ist.
* Bitte hierbei beachten: Die angegebenen Zeiten sind Mitteleuropäische Zeit (MEZ), die Sommerzeit ist nicht berücksichtigt.
* Die Zeitangaben für Vollmond und Neumond befinden sich jeweils im rechten Bereich des entsprechenden Tages.

Für die Daten wurde das Werk *The Complete Ephemerides* von Aureas Editions, Paris, zugrunde gelegt.

1999

Tierkreiszeichen:

♏ – Skorpion ≈ – Wassermann ♉ – Stier
♐ – Schütze   ♓ – Fische   ♊ – Zwilling
♑ – Steinbock ♈ – Widder   ♋ – Krebs

Januar

| 1 Fr ♋ 09.16 |
| 2 Sa ♋ 03.51 ○ |
| 3 So ♋♌ 11.32 |
| 4 Mo ♌ |
| 5 Di ♌ 16.50 |
| 6 Mi ♍ |
| 7 Do ♍ |
| 8 Fr ♍ 01.54 |
| 9 Sa ♎ ☾ |
| 10 So ♎♏ 13.50 |
| 11 Mo ♏ |
| 12 Di ♏ |
| 13 Mi ♏♐ 02.24 |
| 14 Do ♐ |
| 15 Fr ♐♑ 13.30 |
| 16 Sa ♑ |
| 17 So ♑≈ 22.12 16.47 ● |
| 18 Mo ≈ |
| 19 Di ≈ |
| 20 Mi ≈♓ 04.41 |
| 21 Do ♓ |
| 22 Fr ♓♈ 09.26 |
| 23 Sa ♈ |
| 24 So ♈♉ 12.53 ☽ |
| 25 Mo ♉ |
| 26 Di ♉♊ 15.30 |
| 27 Mi ♊ |
| 28 Do ♊♋ 17.58 |
| 29 Fr ♋ |
| 30 Sa ♋♌ 21.17 |
| 31 So ♌ 17.08 ○ |

Februar

| 1 Mo ♌ |
| 2 Di ♌♍ 02.38 |
| 3 Mi ♍ |
| 4 Do ♍♎ 10.57 |
| 5 Fr ♎ |
| 6 Sa ♎♏ 22.07 |
| 7 So ♏ |
| 8 Mo ♏ ☾ |
| 9 Di ♐ 10.39 |
| 10 Mi ♐ |
| 11 Do ♐♑ 22.11 |
| 12 Fr ♑ |
| 13 Sa ♑ |
| 14 So ♑≈ 06.58 |
| 15 Mo ≈ |
| 16 Di ≈♓ 12.41 07.40 ● |
| 17 Mi ♓ |
| 18 Do ♓♈ 16.07 |
| 19 Fr ♈ |
| 20 Sa ♈♉ 18.30 |
| 21 So ♉ |
| 22 Mo ♉♊ 20.55 |
| 23 Di ♊ ☽ |
| 24 Mi ♊♋ 05.34 |
| 25 Do ♊♋ 00.10 |
| 26 Fr ♋ |
| 27 Sa ♋♌ 04.45 |
| 28 So ♌ |

März

| 1 Mo ♍ 11.06 |
| 2 Di ♍ 08.00 ○ |
| 3 Mi ♍♎ 19.35 |
| 4 Do ♎ |
| 5 Fr ♎ |
| 6 Sa ♎♏ 06.23 |
| 7 So ♏ |
| 8 Mo ♏♐ 18.47 |
| 9 Di ♐ |
| 10 Mi ♐ ☾ |
| 11 Do ♐♑ 06.55 |
| 12 Fr ♑ |
| 13 Sa ♑≈ 16.33 |
| 14 So ≈ |
| 15 Mo ≈♓ 22.31 |
| 16 Di ♓ |
| 17 Mi ♓ 19.49 ● |
| 18 Do ♓♈ 01.14 |
| 19 Fr ♈ |
| 20 Sa ♈♉ 02.10 |
| 21 So ♉ |
| 22 Mo ♉♊ 03.06 |
| 23 Di ♊ ☽ |
| 24 Mi ♊♋ 05.34 |
| 25 Do ♋ |
| 26 Fr ♋♌ 10.23 |
| 27 Sa ♌ |
| 28 So ♌♍ 17.35 |
| 29 Mo ♍ |
| 30 Di ♍ |
| 31 Mi ♍♎ 02.50 23.50 ○ |

April

| 1 Do ♎ |
| 2 Fr ♎♏ 13.50 |
| 3 Sa ♏ |
| 4 So ♏ |
| 5 Mo ♏♐ 02.08 |
| 6 Di ♐ |
| 7 Mi ♐♑ 14.40 |
| 8 Do ♑ |
| 9 Fr ♑ ☾ |
| 10 Sa ♑≈ 01.25 |
| 11 So ≈ |
| 12 Mo ≈♓ 08.36 |
| 13 Di ♓ |
| 14 Mi ♓♈ 11.47 |
| 15 Do ♈ |
| 16 Fr ♈♉ 12.08 05.23 ● |
| 17 Sa ♉ |
| 18 So ♉♊ 11.40 |
| 19 Mo ♊ |
| 20 Di ♊♋ 12.28 |
| 21 Mi ♋ |
| 22 Do ♋♌ 16.07 ☽ |
| 23 Fr ♌ |
| 24 Sa ♌♍ 23.05 |
| 25 So ♍ |
| 26 Mo ♍ |
| 27 Di ♍♎ 08.47 |
| 28 Mi ♎ |
| 29 Do ♎♏ 20.14 |
| 30 Fr ♏ 15.56 ○ |

Mai

| 1 Sa ♏ |
| 2 So ♏♐ 08.37 |
| 3 Mo ♐ |
| 4 Di ♐♑ 21.13 |
| 5 Mi ♑ |
| 6 Do ♑ |
| 7 Fr ♑≈ 08.41 |
| 8 Sa ≈ ☾ |
| 9 So ≈♓ 17.17 |
| 10 Mo ♓ |
| 11 Di ♓♈ 21.54 |
| 12 Mi ♈ |
| 13 Do ♈♉ 22.57 |
| 14 Fr ♉ |
| 15 Sa ♉ 22.08 13.06 ● |
| 16 So ♊ |
| 17 Mo ♊♋ 21.40 |
| 18 Di ♋ |
| 19 Mi ♋♌ 23.38 |
| 20 Do ♌ |
| 21 Fr ♌ |
| 22 Sa ♌♍ 05.16 ☽ |
| 23 So ♍ |
| 24 Mo ♍♎ 14.30 |
| 25 Di ♎ |
| 26 Mi ♎ |
| 27 Do ♎♏ 02.06 |
| 28 Fr ♏ |
| 29 Sa ♏♐ 14.38 |
| 30 So ♐ |
| 31 Mo ♐ 07.41 ○ |

Juni

| 1 Di ♐ 03.07 |
| 2 Mi ♑ |
| 3 Do ♑≈ 14.38 |
| 4 Fr ≈ |
| 5 Sa ≈ |
| 6 So ≈♓ 00.02 |
| 7 Mo ♓ ☾ |
| 8 Di ♓♈ 06.09 |
| 9 Mi ♈ |
| 10 Do ♈♉ 08.45 |
| 11 Fr ♉ |
| 12 Sa ♉♊ 08.49 |
| 13 So ♊ 20.04 ● |
| 14 Mo ♊♋ 08.15 |
| 15 Di ♋ |
| 16 Mi ♋♌ 09.09 |
| 17 Do ♌ |
| 18 Fr ♌♍ 13.13 |
| 19 Sa ♍ |
| 20 So ♍♎ 21.11 ☽ |
| 21 Mo ♎ |
| 22 Di ♎ |
| 23 Mi ♎♏ 08.19 |
| 24 Do ♏ |
| 25 Fr ♏♐ 20.52 |
| 26 Sa ♐ |
| 27 So ♐ |
| 28 Mo ♐♑ 09.13 22.39 ● |
| 29 Di ♑ |
| 30 Mi ♑≈ 20.20 |

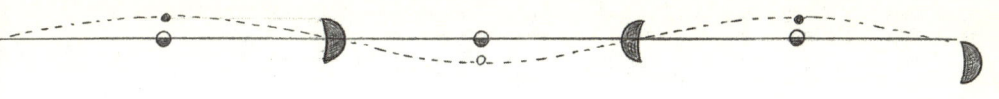

♌ – Löwe
♍ – Jungfrau   ○ – Vollmond   ☽ – zunehmender Mond   **1999**
♎ – Waage   ● – Neumond   ☾ – abnehmender Mond

Juli	August	September	Oktober	November	Dezember
1 Do ≈	1 So ♓ 17.48	1 Mi ♉	1 Fr ♊ 14.32	1 Mo ♌	1 Mi ♎ 18.30
2 Fr ≈	2 Mo ♈	2 Do ♉ 06.26 ☾	2 Sa ♋ ☾	2 Di ♍ 05.08	2 Do ♎
3 Sa ♓ 05.35	3 Di ♈ 22.10	3 Fr ♊	3 So ♌ 18.14	3 Mi ♍	3 Fr ♎
4 So ♓	4 Mi ♉ ☾	4 Sa ♋ 09.11	4 Mo ♌	4 Do ♎ 12.58	4 Sa ♏ 04.36
5 Mo ♓ 12.22	5 Do ♉	5 So ♋	5 Di ♍ 23.41	5 Fr ♎	5 So ♏
6 Di ♈ ☾	6 Fr ♉ 00.58	6 Mo ♌ 12.30	6 Mi ♍	6 Sa ♏ 22.47	6 Mo ♐ 16.28
7 Mi ♉ 16.23	7 Sa ♊	7 Di ♌	7 Do ♍	7 So ♏	7 Di ♐ 23.33 ●
8 Do ♉	8 So ♊ 02.54	8 Mi ♍ 16.58	8 Fr ♎ 06.53	8 Mo ♏ 04.54 ●	8 Mi ♐
9 Fr ♊ 18.01	9 Mo ♋	9 Do ♍ 23.03 ●	9 Sa ♎ 12.35 ●	9 Di ♏ 10.16	9 Do ♐ 05.15
10 Sa ♊	10 Di ♌ 04.56	10 Fr ♎ 23.17	10 So ♏ 16.02	10 Mi ♐	10 Fr ♑
11 So ♈ 18.28	11 Mi ♌ 12.10 ●	11 Sa ♎	11 Mo ♏	11 Do ♐ 23.01	11 Sa ♑ 18.00
12 Mo ♋	12 Do ♍ 08.23	12 So ♎	12 Di ♏	12 Fr ♑	12 So ♒
13 Di ♋ 19.27 03.25 ●	13 Fr ♍	13 Mo ♎ 08.09	13 Mi ♐ 03.19	13 Sa ♑	13 Mo ≈
14 Mi ♌	14 Sa ♎ 14.25	14 Di ♏	14 Do ♐	14 So ♑ 11.47	14 Di ♒ 05.19
15 Do ♌ 22.40	15 So ♎	15 Mi ♏ 19.36	15 Fr ♐ 16.05	15 Mo ≈	15 Mi ♓
16 Fr ♍	16 Mo ♎ 23.41	16 Do ♐	16 Sa ♑	16 Di ♒ 22.22 ☽	16 Do ♓ 13.31
17 Sa ♍	17 Di ♏	17 Fr ♐ ☽	17 So ♑ ☽	17 Mi ♓	17 Fr ♈
18 So ♎ 05.20	18 Mi ♏	18 Sa ♐ 08.15	18 Mo ♑ 04.18	18 Do ♓	18 Sa ♈ 17.46
19 Mo ♎	19 Do ♐ 11.33	19 So ♑	19 Di ≈	19 Fr ♓ 04.58	19 So ♉
20 Di ♏ 15.31 ☽	20 Fr ♐	20 Mo ♑ 19.39	20 Mi ≈ 13.34	20 Sa ♈	20 Mo ♉ 18.40
21 Mi ♏	21 Sa ♐	21 Di ♑	21 Do ♓	21 So ♈ 07.27	21 Di ♊
22 Do ♏	22 So ♑ 00.00	22 Mi ≈	22 Fr ♓ 18.43	22 Mo ♈	22 Mi ♊ 17.53 18.32 ○
23 Fr ♐ 03.49	23 Mo ♑	23 Do ≈ 03.52	23 Sa ♈	23 Di ♉ 07.15 08.05 ○	23 Do ♋
24 Sa ♐	24 Di ♑ 10.50	24 Fr ♓	24 So ♈ 20.26 22.03 ○	24 Mi ♊	24 Fr ♋ 17.53
25 So ♑ 16.09	25 Mi ≈	25 Sa ♓ 08.35 11.52 ○	25 Mo ♉	25 Do ♋ 06.30	25 Sa ♌
26 Mo ♑	26 Do ≈ 18.51	26 So ♈	26 Di ♉ 20.34	26 Fr ♋	26 So ♌ 19.35
27 Di ♑	27 Fr ♓ 00.49 ○	27 Mo ♈ 10.52	27 Mi ♉	27 Sa ♌ 07.20	27 Mo ♍
28 Mi ♑ 02.55 12.26 ○	28 Sa ♓	28 Di ♉	28 Do ♊ 21.10	28 So ♌	28 Di ♍
29 Do ≈	29 So ♓ 00.10	29 Mi ♉ 12.22	29 Fr ♋	29 Mo ♌ 11.12	29 Mi ♍ 01.15 ☾
30 Fr ≈ 11.78	30 Mo ♈	30 Do ♊	30 Sa ♋ 23.48	30 Di ♍ ☾	30 Do ♎
31 Sa ♓	31 Di ♉ 03.42		31 So ♌ ☾		31 Fr ♎ 10.37
Juli	**August**	**September**	**Oktober**	**November**	**Dezember**

2000

Zeichenerklärung:
- ♏ – Skorpion
- ♐ – Schütze
- ♑ – Steinbock
- ♒ – Wassermann
- ♓ – Fische
- ♈ – Widder
- ♉ – Stier
- ♊ – Zwilling
- ♋ – Krebs

Januar

Tag		Zeichen	Zeit	Mond
1	Sa	♏		
2	So	♏	22.33	
3	Mo	♐		
4	Di	♐		
5	Mi	♑	11.25	
6	Do	♑	19.15	●
7	Fr	♑	23.54	
8	Sa	♒		
9	So	♒		
10	Mo	♓	11.00	
11	Di	♓		
12	Mi	♓→♈	19.49	
13	Do	♈		
14	Fr	♈		
15	Sa	♈→♉	01.39	☽
16	So	♉		
17	Mo	♉	04.26	
18	Di	♊		
19	Mi	♊	05.02	
20	Do	♋		
21	Fr	♋→♌	04.59 / 05.42	○
22	Sa	♌		
23	So	♌→♍	06.08	
24	Mo	♍		
25	Di	♍	10.10	
26	Mi	♎		
27	Do	♎→♏	18.02	
28	Fr	♏		☾
29	Sa	♏		
30	So	♏	05.19	
31	Mo	♐		

Februar

Tag		Zeichen	Zeit	Mond
1	Di	♑	18.11	
2	Mi	♑		
3	Do	♑		
4	Fr	♒	06.32	
5	Sa	♒	14.04	●
6	So	♒	17.03	
7	Mo	♓		
8	Di	♓		
9	Mi	♓	01.18	
10	Do	♈		
11	Fr	♈→♉	07.22	
12	Sa	♉		
13	So	♉→♊	11.24	☽
14	Mo	♊		
15	Di	♊→♋	13.46	
16	Mi	♋		
17	Do	♋→♌	15.12	
18	Fr	♌		
19	Sa	♌→♍	16.54 / 17.28	○
20	So	♍		
21	Mo	♍→♎	20.22	
22	Di	♎		
23	Mi	♎		
24	Do	♎→♏	02.59	
25	Fr	♏		
26	Sa	♏→♐	13.11	
27	So	♐		☾
28	Mo	♐		
29	Di	♐→♑	01.46	

März

Tag		Zeichen	Zeit	Mond
1	Mi	♑		
2	Do	♑→♒	14.15	
3	Fr	♒		
4	Sa	♒		
5	So	♒→♓	00.31	
6	Mo	♓	06.18	●
7	Di	♓→♈	07.55	
8	Mi	♈		
9	Do	♈→♉	13.02	
10	Fr	♉		
11	Sa	♉	16.47	
12	So	♊		
13	Mo	♊	19.52	☽
14	Di	♋		
15	Mi	♋	22.44	
16	Do	♌		
17	Fr	♌		
18	Sa	♌→♍	01.49	
19	So	♍	05.45	○
20	Mo	♍→♎	05.58	
21	Di	♎		
22	Mi	♎→♏	12.18	
23	Do	♏		
24	Fr	♏→♐	21.44	
25	Sa	♐		
26	So	♐		
27	Mo	♐→♑	09.52	
28	Di	♑		☾
29	Mi	♑→♒	22.35	
30	Do	♒		
31	Fr	♒		

April

Tag		Zeichen	Zeit	Mond
1	Sa	♓	09.13	
2	So	♓		
3	Mo	♓→♈	16.23	
4	Di	♈	19.13	●
5	Mi	♈→♉	20.30	
6	Do	♉		
7	Fr	♉→♊	22.59	
8	Sa	♊		
9	So	♊		
10	Mo	♋	01.17	
11	Di	♋		☽
12	Mi	♋→♌	04.17	
13	Do	♌		
14	Fr	♌→♍	08.20	
15	Sa	♍		
16	So	♍→♎	13.37	
17	Mo	♎		
18	Di	♎→♏	20.36 / 18.43	○
19	Mi	♏		
20	Do	♏→♐		
21	Fr	♐	05.59	
22	Sa	♐		
23	So	♐→♑	17.48	
24	Mo	♑		
25	Di	♑		
26	Mi	♑→♒	06.43	☾
27	Do	♒		
28	Fr	♒→♓	18.07	
29	Sa	♓		
30	So	♓		

Mai

Tag		Zeichen	Zeit	Mond
1	Mo	♈	01.56	
2	Di	♈		
3	Mi	♈→♉	05.55	
4	Do	♉	05.13	●
5	Fr	♉→♊	07.24	
6	Sa	♊		
7	So	♊	08.15	
8	Mo	♋		
9	Di	♋	10.02	
10	Mi	♌		☽
11	Do	♌	13.42	
12	Fr	♍		
13	Sa	♍	19.28	
14	So	♎		
15	Mo	♎		
16	Di	♎→♏	03.17	
17	Mi	♏		
18	Do	♏→♐	13.10 / 08.35	○
19	Fr	♐		
20	Sa	♐		
21	So	♐→♑	01.02	
22	Mo	♑		
23	Di	♑→♒	14.01	
24	Mi	♒		
25	Do	♒		
26	Fr	♒→♓	02.08	☾
27	Sa	♓		
28	So	♓→♈	11.09	
29	Mo	♈		
30	Di	♈→♉	16.03	
31	Mi	♉		

Juni

Tag		Zeichen	Zeit	Mond
1	Do	♊	17.35	
2	Fr	♊	13.14	●
3	Sa	♊→♋	17.31	
4	So	♋		
5	Mo	♋→♌	17.46	
6	Di	♌		
7	Mi	♌→♍	19.58	
8	Do	♍		
9	Fr	♍		☽
10	Sa	♍→♎	01.00	
11	So	♎		
12	Mo	♎→♏	08.56	
13	Di	♏		
14	Mi	♏→♐	19.19	
15	Do	♐		
16	Fr	♐	23.28	○
17	Sa	♐→♑	07.28	
18	So	♑		
19	Mo	♑→♒	20.27	
20	Di	♒		
21	Mi	♒		
22	Do	♒→♓	08.53	
23	Fr	♓		
24	Sa	♓→♈	18.57	
25	So	♈		☾
26	Mo	♈→♉		
27	Di	♉	01.20	
28	Mi	♉		
29	Do	♉→♊	04.00	
30	Fr	♊		

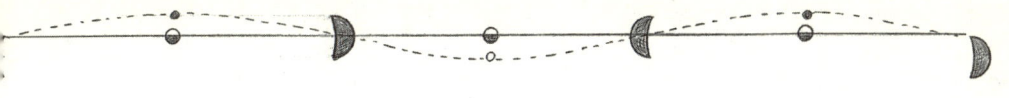

2000

Juli	August	September	Oktober	November	Dezember
1 Sa ♊♋ 04.10 20.21●	1 Di ♍ 14.28	1 Fr ♎	**1 So** ♏♐ 23.51	1 Mi ♑	**1 Fr** ♒
2 So ♋	2 Mi ♍	2 Sa ♎♏ 06.56	2 Mo ♐	2 Do ♑	**2 Sa** ♒
3 Mo ♋♌ 03.39	3 Do ♍♎ 16.32	**3 So** ♏♐	3 Di ♐	3 Fr ♑♒ 07.42	**3 So** ♒♓ 04.24
4 Di ♌	4 Fr ♎	4 Mo ♏♐ 15.09	4 Mi ♐♑ 10.43	4 Sa ♒ ☽	4 Mo ♓ ☽
5 Mi ♌♍ 04.20	5 Sa ♎♏ 22.05	5 Di ♐ ☽	5 Do ♑ ☽	**5 So** ♒♓ 20.14	5 Di ♓♈ 15.18
6 Do ♍	**6 So** ♏♐	6 Mi ♐	6 Fr ♑♒ 23.34	6 Mo ♓	6 Mi ♈
7 Fr ♍♎ 07.48	7 Mo ♏♐ ☽	7 Do ♐♑ 02.48	7 Sa ♒	7 Di ♓	7 Do ♈♉ 22.28
8 Sa ♎ ☽	8 Di ♏♐ 07.31	8 Fr ♑	**8 So** ♒	8 Mi ♓♈ 06.03	8 Fr ♉
9 So ♎♏ 14.49	9 Mi ♐	9 Sa ♑♒ 15.46	9 Mo ♒♓ 11.37	9 Do ♈	9 Sa ♉
10 Mo ♏	10 Do ♐♑ 19.45	**10 So** ♒	10 Di ♓	10 Fr ♈♉ 12.13	**10 So** ♉♊ 01.51
11 Di ♏♐	11 Fr ♑	11 Mo ♒	11 Mi ♓♈ 20.52	11 Sa ♉ 22.16○	11 Mo ♊ 09.04○
12 Mi ♏♐ 01.07	12 Sa ♑	12 Di ♒♓ 03.35	12 Do ♈	**12 So** ♉♊ 15.28	12 Di ♊♋ 02.50
13 Do ♐	**13 So** ♑♒ 08.44	13 Mi ♓ 20.38○	13 Fr ♈ 09.54○	13 Mo ♊	13 Mi ♋
14 Fr ♐♑ 13.29	14 Mo ♒	14 Do ♓♈ 13.01	14 Sa ♈♉ 03.07	14 Di ♊♋ 17.22	14 Do ♋♌ 03.10
15 Sa ♑	15 Di ♒ 20.42 06.14○	15 Fr ♈	**15 So** ♉	15 Mi ♋	15 Fr ♌
16 So ♑ 14.56○	16 Mi ♓	16 Sa ♈♉ 20.06	16 Mo ♉♊ 07.20	16 Do ♋♌ 19.20	16 Sa ♌♍ 04.31
17 Mo ♑♒ 02.28	17 Do ♓	**17 So** ♉	17 Di ♊	17 Fr ♌	**17 So** ♍
18 Di ♒	18 Fr ♓♈ 06.45	18 Mo ♉	18 Mi ♊♋ 10.38	18 Sa ♌♍ 22.16 ☾	18 Mo ♍♎ 08.02 ☾
19 Mi ♒♓ 14.45	19 Sa ♈	19 Di ♉♊ 01.23	19 Do ♋	**19 So** ♍	19 Di ♎
20 Do ♓	**20 So** ♈♉ 14.32	20 Mi ♊	20 Fr ♋♌ 13.43 ☾	20 Mo ♍	20 Mi ♎♏ 14.13
21 Fr ♓	21 Mo ♉	21 Do ♊♋ 05.17 ☾	21 Sa ♌	21 Di ♍♎ 02.36	21 Do ♏
22 Sa ♓♈ 01.10	22 Di ♉♊ 19.56 ☾	22 Fr ♋	**22 So** ♌♍ 16.53	22 Mi ♎	22 Fr ♏♐ 22.58
23 So ♈	23 Mi ♊	23 Sa ♋♌ 08.01	23 Mo ♍	23 Do ♎♏ 08.34	23 Sa ♐
24 Mo ♈♉ 08.45 ☾	24 Do ♊♋ 23.01	**24 So** ♌	24 Di ♍♎ 20.31	24 Fr ♏	**24 So** ♐
25 Di ♉	25 Fr ♋	25 Mo ♌♍ 10.03	25 Mi ♎	25 Sa ♏♐ 16.34	25 Mo ♐♑ 09.55 18.23●
26 Mi ♉♊ 13.03	26 Sa ♋	26 Di ♍	26 Do ♎	**26 So** ♐ 00.12●	26 Di ♑
27 Do ♊	**27 So** ♋♌ 00.18	27 Mi ♍♎ 12.23 20.54●	27 Fr ♎♏ 01.24 08.59●	27 Mo ♐	27 Mi ♑♒ 22.26
28 Fr ♊♋ 14.31	28 Mo ♌	28 Do ♎	28 Sa ♏♐	28 Di ♐♑ 02.58	28 Do ♒
29 Sa ♋	29 Di ♌♍ 00.26 11.20●	29 Fr ♎♏ 16.31	**29 So** ♏♐ 08.41	29 Mi ♑	29 Fr ♒
30 So ♋♌ 14.25	30 Mi ♍	30 Sa ♏	30 Mo ♐	30 Do ♑♒ 15.27	30 Sa ♒♓ 11.28
31 Mo ♌ 03.26●	31 Do ♍♎ 02.34		31 Di ♐♑ 19.03		**31 So** ♓

| Juli | August | September | Oktober | November | Dezember |

2001

♏ – Skorpion	♒ – Wassermann
♐ – Schütze	♓ – Fische
♑ – Steinbock	♈ – Widder

♉ – Stier	
♊ – Zwilling	
♋ – Krebs	

Januar	Februar	März	April	Mai	Juni
1 Mo ♑ 23.15	1 Do ♉ ☽	1 Do ♉	1 So ♋ ☽	1 Di ♌	1 Fr ♎
2 Di ♈ ☽	2 Fr ♊ 21.57	2 Fr ♉ 04.37	2 Mo ♋ 18.55	2 Mi ♌ 03.17	2 Sa ♏ 15.57
3 Mi ♈	3 Sa ♊	3 Sa ♊ ☽	3 Di ♌	3 Do ♍	3 So ♏
4 Do ♉ 07.58	4 So ♋	4 So ♋ 09.25	4 Mi ♌ 20.47	4 Fr ♎ 05.51	4 Mo ♐ 21.59
5 Fr ♉	5 Mo ♋ 01.01	5 Mo ♋	5 Do ♍	5 Sa ♎	5 Di ♐
6 Sa ♊ 12.45	6 Di ♋	6 Di ♋ 11.31	6 Fr ♍ 21.58	6 So ♏ 09.02	6 Mi ♐ 02.40
7 So ♊	7 Mi ♌ 01.22	7 Mi ♌	7 Sa ♎	7 Mo ♏ 14.54 ○	7 Do ♑ 06.24
8 Mo ♋ 14.10	8 Do ♌ 08.13 ○	8 Do ♌ 11.45 ○	8 So ♎ 04.23 ○	8 Di ♐ 14.06	8 Fr ♑
9 Di ♋ 21.25 ○	9 Fr ♍ 00.36	9 Fr ♍ 18.24 ○	9 Mo ♏ 00.02	9 Mi ♐	9 Sa ♒ 17.21
10 Mi ♌ 13.45	10 Sa ♍	10 Sa ♍ 11.48	10 Di ♏	10 Do ♑ 22.11	10 So ♒
11 Do ♌	11 So ♍ 00.47	11 So ♎	11 Mi ♐ 04.48	11 Fr ♑	11 Mo ♒
12 Fr ♌ 13.27	12 Mo ♎	12 Mo ♎ 13.44	12 Do ♐	12 Sa ♑	12 Di ♓ 05.54
13 Sa ♍	13 Di ♎ 03.52	13 Di ♏	13 Fr ♑ 13.22	13 So ♒ 09.21	13 Mi ♓
14 So ♍ 15.06	14 Mi ♏	14 Mi ♏ 19.18	14 Sa ♑	14 Mo ♒	14 Do ♓ 18.04 ☾
15 Mo ♎	15 Do ♏ 11.03 ☾	15 Do ♐	15 So ♑ ☾	15 Di ♓ 22.02	15 Fr ♈
16 Di ♎ 20.03 ☾	16 Fr ♐	16 Fr ♐ ☾	16 Mo ♒ 01.12	16 Mi ♓	16 Sa ♈
17 Mi ♏	17 Sa ♐ 22.00	17 Sa ♐ 05.03	17 Di ♒	17 Do ♓	17 So ♈ 03.40
18 Do ♏	18 So ♑	18 So ♑	18 Mi ♓ 14.01	18 Fr ♈ 09.42	18 Mo ♉
19 Fr ♏ 04.37	19 Mo ♑	19 Mo ♑ 17.37	19 Do ♓	19 Sa ♈	19 Di ♉ 09.43
20 Sa ♐	20 Di ♑ 10.55	20 Di ♒	20 Fr ♓	20 So ♈ 18.30	20 Mi ♊
21 So ♐ 15.58	21 Mi ♒	21 Mi ♒	21 Sa ♈ 01.19	21 Mo ♉	21 Do ♊ 12.42 12.59 ●
22 Mo ♑	22 Do ♓ 23.46	22 Do ♓ 06.29	22 So ♈	22 Di ♉	22 Fr ♋
23 Di ♑	23 Fr ♓ 09.22 ●	23 Fr ♓	23 Mo ♈ 09.57 16.27 ●	23 Mi ♊ 00.13 03.47 ●	23 Sa ♋ 13.56
24 Mi ♒ 04.44 14.08 ●	24 Sa ♓	24 Sa ♓ 17.45	24 Di ♉	24 Do ♊	24 So ♌
25 Do ♒	25 So ♓ 11.21	25 So ♈ 02.22 ●	25 Mi ♉ 16.12	25 Fr ♋ 03.43	25 Mo ♌ 14.59
26 Fr ♓ 17.40	26 Mo ♈	26 Mo ♈	26 Do ♊	26 Sa ♋	26 Di ♍
27 Sa ♓	27 Di ♉ 21.07	27 Di ♉ 02.52	27 Fr ♊ 20.50	27 So ♌ 06.13	27 Mi ♍ 17.12
28 So ♓	28 Mi ♉	28 Mi ♉	28 Sa ♋	28 Mo ♌	28 Do ♎
29 Mo ♓ 06.36		29 Do ♉ 10.02	29 So ♋	29 Di ♍ 08.39 ☽	29 Fr ♎ 21.30 ☽
30 Di ♈		30 Fr ♊	30 Mo ♌ 00.26 ☽	30 Mi ♍	30 Sa ♏
31 Mi ♉ 15.22		31 Sa ♊ 15.24		31 Do ♎ 11.42	

Januar	Februar	März	April	Mai	Juni

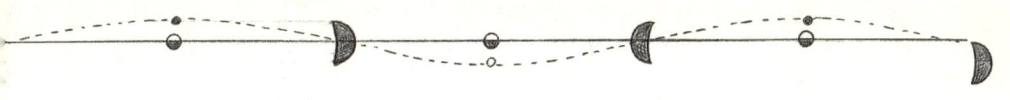

♌ – Löwe	○ – Vollmond	☽ – zunehmender Mond	
♍ – Jungfrau	● – Neumond	☾ – abnehmender Mond	**2001**
♎ – Waage			

Juli	August	September	Oktober	November	Dezember
1 So ♐	1 Mi ♉	1 Sa ♒	1 Mo ♓ 20.09	1 Do ♉ 06.42 ○	1 Sa ♓
2 Mo ♍ 04.14	2 Do ♉	**2 So** ♓ 01.33 22.44 ○	2 Di ♈ 14.50 ○	2 Fr ♉ 22.14	**2 So** ♊ 11.31
3 Di ♐	3 Fr ♉ 06.54	3 Mo ♓	3 Mi ♈	3 Sa ♊	3 Mo ♊
4 Mi ♐ 13.23	4 Sa ♒ 06.57 ○	4 Di ♈ 13.59	4 Do ♉ 07.02	**4 So** ♊	4 Di ♋ 15.17
5 Do ♑ 16.05 ○	**5 So** ♒ 19.31	5 Mi ♈	5 Fr ♉	5 Mo ♊ 04.45	5 Mi ♌
6 Fr ♑	6 Mo ♓	6 Do ♈	6 Sa ♊ 16.13	6 Di ♋	6 Do ♍ 18.12
7 Sa ♑ 00.34	7 Di ♓	7 Fr ♉ 01.19	**7 So** ♊	7 Mi ♌ 09.35	7 Fr ♍ ☾
8 So ♒	8 Mi ♓ 08.06	8 Sa ♉	8 Mo ♋ 23.20	8 Do ♌ ☾	8 Sa ♍ 20.58
9 Mo ♓ 13.06	9 Do ♈	**9 So** ♉ 10.42	9 Di ♋	9 Fr ♍ 12.50	**9 So** ♎
10 Di ♓	10 Fr ♈ 19.24	10 Mo ♊ ☾	10 Mi ♋ ☾	10 Sa ♍	10 Mo ♎
11 Mi ♓	11 Sa ♉	11 Di ♊ 17.10	11 Do ♌ 03.55	**11 So** ♍ 14.54	11 Di ♍ 00.10
12 Do ♈ 01.37	**12 So** ♉ ☾	12 Mi ♋	12 Fr ♌	12 Mo ♎	12 Mi ♏
13 Fr ♈ ☾	13 Mo ♉ 04.00	13 Do ♋ 20.17	13 Sa ♌ 05.59	13 Di ♎ 16.46	13 Do ♏ 04.31
14 Sa ♈ 12.14	14 Di ♊	14 Fr ♌	**14 So** ♍	14 Mi ♏	14 Fr ♐ 21.48 ●
15 So ♉	15 Mi ♊ 08.56	15 Sa ♌ 20.40	15 Mo ♍ 06.27	15 Do ♏ 19.52 07.41 ●	15 Sa ♐ 10.49
16 Mo ♉ 19.27	16 Do ♋	**16 So** ♍	16 Di ♎ 20.24 ●	16 Fr ♐	**16 So** ♑
17 Di ♊	17 Fr ♋ 10.26	17 Mo ♍ 20.01 11.28 ●	17 Mi ♎ 07.04	17 Sa ♐	17 Mo ♑ 19.44
18 Mi ♊ 22.57	18 Sa ♌	18 Di ♎	18 Do ♏	**18 So** ♐ 01.41	18 Di ♒
19 Do ♋	**19 So** ♌ 09.54 03.56 ●	19 Mi ♎ 20.28	19 Fr ♏ 09.48	19 Mo ♑	19 Mi ♒
20 Fr ♋ 23.44 20.45 ●	20 Mo ♍	20 Do ♏	20 Sa ♐	20 Di ♑ 10.56	20 Do ♓ 07.10
21 Sa ♌	21 Di ♍ 09.20	21 Fr ♏	**21 So** ♐ 16.12	21 Mi ♒	21 Fr ♓
22 So ♌ 23.30	22 Mi ♎	22 Sa ♏ 00.03	22 Mo ♑	22 Do ♒ 22.53	22 Sa ♓ 19.46 ☽
23 Mo ♍	23 Do ♎ 10.51	**23 So** ♐	23 Di ♑	23 Fr ♓ ☽	**23 So** ♓
24 Di ♍	24 Fr ♏	24 Mo ♑ 07.49 ☽	24 Mi ♒ 02.27 ☽	24 Sa ♓	24 Mo ♈
25 Mi ♍ 00.09	25 Sa ♏ 16.00 ☽	25 Di ♑	25 Do ♒	**25 So** ♓ 11.22	25 Di ♉ 07.13
26 Do ♎	**26 So** ♐	26 Mi ♑ 19.06	26 Fr ♓ 14.57	26 Mo ♈	26 Mi ♉
27 Fr ♏ 03.18 ☽	27 Mo ♐	27 Do ♒	27 Sa ♓	27 Di ♈ 22.07	27 Do ♉ 15.40
28 Sa ♏	28 Di ♑ 01.03	28 Fr ♒	**28 So** ♓	28 Mi ♉	28 Fr ♊
29 So ♏ 09.45	29 Mi ♑	29 Sa ♒ 07.51	29 Mo ♈ 03.16	29 Do ♉	29 Sa ♊ 20.41
30 Mo ♐	30 Do ♑ 12.49	**30 So** ♓	30 Di ♈	30 Fr ♉ 06.05 21.50 ○	**30 So** ♋ 11.42 ○
31 Di ♑ 19.17	31 Fr ♒		31 Mi ♈ 13.49		31 Mo ♋ 23.10
Juli	**August**	**September**	**Oktober**	**November**	**Dezember**

2002

♏	– Skorpion	♒	– Wassermann	♉	– Stier
♐	– Schütze	♓	– Fische	♊	– Zwilling
♑	– Steinbock	♈	– Widder	♋	– Krebs

Januar	Februar	März	April	Mai	Juni
1 Di ♌	1 Fr ♍♎ 09.45	1 Fr ♎	1 Mo ♏♐ 07.49	1 Mi ♑	1 Sa ♒
2 Mi ♌	2 Sa ♎	2 Sa ♎♏ 19.52	2 Di ♐	2 Do ♑	2 So ♒♓ 00.38
3 Do ♌♍ 00.35	3 So ♎♏ 11.36	3 So ♏	3 Mi ♐♑ 12.59	3 Fr ♑♒ 05.45	3 Mo ♓
4 Fr ♍	4 Mo ♏	4 Mo ♏♐ 22.56	4 Do ♑ ☾	4 Sa ♒ ☾	4 Di ♓♈ 12.52
5 Sa ♍♎ 02.25	5 Di ♏♐ 16.22	5 Di ♐	5 Fr ♑♒ 22.08	5 So ♒♓ 16.47	5 Mi ♈
6 So ♎ ☾	6 Mi ♐	6 Mi ♐	6 Sa ♒	6 Mo ♓	6 Do ♈
7 Mo ♎♏ 05.42	7 Do ♐	7 Do ♐♑ 05.49	7 So ♒	7 Di ♓	7 Fr ♈♉ 01.08
8 Di ♏	8 Fr ♐♑ 00.09	8 Fr ♑	8 Mo ♒♓ 09.59	8 Mi ♓♈ 05.23	8 Sa ♉
9 Mi ♏♐ 10.58	9 Sa ♑	9 Sa ♑♒ 15.57	9 Di ♓	9 Do ♈	9 So ♉♊ 11.30
10 Do ♐	10 So ♑♒ 10.16	10 So ♒	10 Mi ♓♈ 22.42	10 Fr ♈♉ 17.33	10 Mo ♊
11 Fr ♐♑ 18.19	11 Mo ♒	11 Mo ♒	11 Do ♈	11 Sa ♉	11 Di ♊♋ 19.16 00.48 ●
12 Sa ♑	12 Di ♒♓ 21.54 08.42 ●	12 Di ♒♓ 03.57	12 Fr ♈ 20.22 ●	12 So ♉ 11.46 ●	12 Mi ♋
13 So ♑ 14.30 ●	13 Mi ♓	13 Mi ♓	13 Sa ♈♉ 10.56	13 Mo ♉♊ 04.05	13 Do ♋
14 Mo ♑♒ 03.42	14 Do ♓	14 Do ♓♈ 16.35 03.04 ●	14 So ♉	14 Di ♊	14 Fr ♋♌ 00.40
15 Di ♒	15 Fr ♓♈ 10.27	15 Fr ♈	15 Mo ♉♊ 21.57	15 Mi ♊♋ 12.34	15 Sa ♌
16 Mi ♒♓ 15.01	16 Sa ♈	16 Sa ♈	16 Di ♊	16 Do ♋	16 So ♌♍ 04.25
17 Do ♓	17 So ♈♉ 22.59	17 So ♈♉ 05.02	17 Mi ♊	17 Fr ♋♌ 18.53	17 Mo ♍
18 Fr ♓	18 Mo ♉	18 Mo ♉	18 Do ♊♋ 07.02	18 Sa ♌	18 Di ♍♎ 07.12
19 Sa ♓♈ 03.36	19 Di ♉	19 Di ♉♊ 16.21	19 Fr ♋	19 So ♌♍ 23.02 ☽	19 Mi ♎
20 So ♈	20 Mi ♉♊ 09.51 ☽	20 Mi ♊	20 Sa ♋♌ 13.22 ☽	20 Mo ♍	20 Do ♎♏ 09.43
21 Mo ♈♉ 15.48 ☽	21 Do ♊	21 Do ♊	21 So ♌	21 Di ♍	21 Fr ♏
22 Di ♉	22 Fr ♊♋ 17.17	22 Fr ♊♋ 01.07 ☽	22 Mo ♌♍ 16.36	22 Mi ♍♎ 01.20	22 Sa ♏♐ 12.43
23 Mi ♉	23 Sa ♋	23 Sa ♋	23 Di ♍	23 Do ♎	23 So ♐
24 Do ♉♊ 01.29	24 So ♋♌ 20.37	24 So ♋♌ 06.14	24 Mi ♍♎ 17.23	24 Fr ♎♏ 02.39	24 Mo ♐♑ 17.02 22.43 ○
25 Fr ♊	25 Mo ♌	25 Mo ♌	25 Do ♎	25 Sa ♏	25 Di ♑
26 Sa ♊♋ 07.18	26 Di ♌♍ 20.48	26 Di ♌♍ 07.45	26 Fr ♎♏ 17.16	26 So ♏♐ 04.21 12.52 ○	26 Mi ♑♒ 23.37
27 So ♋	27 Mi ♍ 10.18 ○	27 Mi ♍	27 Sa ♏ 04.01 ○	27 Mo ♐	27 Do ♒
28 Mo ♋♌ 09.32 23.52 ○	28 Do ♍♎ 19.48	28 Do ♍♎ 07.05 19.26 ○	28 So ♏♐ 18.14	28 Di ♐♑ 07.55	28 Fr ♒
29 Di ♌		29 Fr ♎	29 Mo ♐	29 Mi ♑	29 Sa ♒♓ 09.02
30 Mi ♌♍ 09.41		30 Sa ♎♏ 06.22	30 Di ♐♑ 22.04	30 Do ♑♒ 14.36	30 So ♓
31 Do ♍		31 So ♏		31 Fr ♒	

| Januar | Februar | März | April | Mai | Juni |

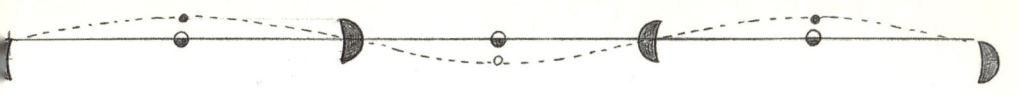

♌ – Löwe	○ – Vollmond	☽ – zunehmender Mond
♍ – Jungfrau	● – Neumond	☾ – abnehmender Mond
♎ – Waage		

2002

Juli	August	September	Oktober	November	Dezember
1 Mo ♓ ♈ 20.50	1 Do ♉ ☾	**1 So** ♊♊ 22.15	1 Di ♋ ♌ 12.59	1 Fr ♍	**1 So** ♎ ♏ 12.16
2 Di ♈ ☾	2 Fr ♉	2 Mo ♋	2 Mi ♌	2 Sa ♍ ♎ 02.29	2 Mo ♏
3 Mi ♈	3 Sa ♉ ♊ 04.48	3 Di ♋	3 Do ♌ ♍ 15.53	**3 So** ♎	3 Di ♏ ♐ 12.59
4 Do ♈ ♉ 09.17	**4 So** ♊	4 Mi ♋ ♌ 03.38	4 Fr ♍	4 Mo ♎ ♏ 02.11 21.36 ●	4 Mi ♐ 08.35 ●
5 Fr ♉	5 Mo ♊ ♋ 13.03	5 Do ♌	5 Sa ♍ ♎ 15.52	5 Di ♏	5 Do ♐ ♑ 14.40
6 Sa ♉ ♊ 20.02	6 Di ♋	6 Fr ♌ ♍ 05.17	**6 So** ♎ 12.19 ●	6 Mi ♏ ♐ 02.02	6 Fr ♑
7 So ♊	7 Mi ♋ ♌ 17.28	7 Sa ♍ 04.11 ●	7 Mo ♎ ♏ 14.58	7 Do ♐	7 Sa ♑ ♒ 18.55
8 Mo ♊	8 Do ♌ 20.16 ●	**8 So** ♍ ♎ 04.58	8 Di ♏	8 Fr ♐ ♑ 04.00	**8 So** ♒
9 Di ♊ ♋ 03.38	9 Fr ♌ ♍ 19.04	9 Mo ♎	9 Mi ♏ ♐ 15.22	9 Sa ♑	9 Mo ♒
10 Mi ♋ 11.27 ●	10 Sa ♍	10 Di ♎ ♏ 04.49	10 Do ♐	**10 So** ♑ ♒ 09.28	10 Di ♒ ♓ 02.47
11 Do ♋ ♌ 08.09	**11 So** ♍ ♎ 19.39	11 Mi ♏	11 Fr ♐ ♑ 18.46	11 Mo ♒ ☽	11 Mi ♓ ☽
12 Fr ♌	12 Mo ♎	12 Do ♏ ♐ 06.45	12 Sa ♑	12 Di ♒ ♓ 18.43	12 Do ♓ ♈ 13.59
13 Sa ♌ ♍ 10.42	13 Di ♎ ♏ 21.02	13 Fr ♐ ☽	**13 So** ♑ ☽	13 Mi ♓	13 Fr ♈
14 So ♍	14 Mi ♏	14 Sa ♐ ♑ 11.49	14 Mo ♑ ♒ 01.52	14 Do ♓	14 Sa ♈
15 Mo ♍ ♎ 12.40	15 Do ♏ ☽	**15 So** ♑	15 Di ♒	15 Fr ♓ ♈ 06.39	**15 So** ♈ ♉ 02.44
16 Di ♎	16 Fr ♏ ♐ 00.26	16 Mo ♑ ♒ 19.55	16 Mi ♒ ♓ 12.08	16 Sa ♈	16 Mo ♉
17 Mi ♎ ♏ 15.14 ☽	17 Sa ♐	17 Di ♒	17 Do ♓	**17 So** ♈ ♉ 19.25	17 Di ♉ ♊ 14.44
18 Do ♏ ♐	**18 So** ♐ ♑ 06.16	18 Mi ♒	18 Fr ♓	18 Mo ♉	18 Mi ♊
19 Fr ♏ ♐ 19.03	19 Mo ♑	19 Do ♒ ♓ 06.19	19 Sa ♓ ♈ 00.15	19 Di ♉	19 Do ♊ 20.11 ○
20 Sa ♐	20 Di ♑ ♒ 14.18	20 Fr ♓	**20 So** ♈	20 Mi ♉ ♊ 07.26 02.35 ○	20 Fr ♊ 00.31
21 So ♐	21 Mi ♒	21 Sa ♓ ♈ 18.12 15.00 ○	21 Mo ♈ ♉ 12.58 08.21 ○	21 Do ♊	21 Sa ♊ ♋
22 Mo ♐ ♑ 00.27	22 Do ♒ 23.30 ○	**22 So** ♈	22 Di ♉	22 Fr ♊ ♋ 17.49	**22 So** ♋ ♌ 07.50
23 Di ♑	23 Fr ♒ ♓ 00.12	23 Mo ♈	23 Mi ♉	23 Sa ♋	23 Mo ♌
24 Mi ♑ ♒ 07.41 10.08 ○	24 Sa ♓	24 Di ♈ ♉ 06.56	24 Do ♉ ♊ 01.18	**24 So** ♋	24 Di ♌ ♍ 13.06
25 Do ♒	**25 So** ♓ ♈ 11.49	25 Mi ♉	25 Fr ♊	25 Mo ♋ ♌ 02.01	25 Mi ♍
26 Fr ♒ ♓ 17.05	26 Mo ♈	26 Do ♉ ♊ 19.28	26 Sa ♊ 12.11	26 Di ♌	26 Do ♍ ♎ 16.54
27 Sa ♓	27 Di ♈	27 Fr ♊	**27 So** ♋	27 Mi ♌ ♍ 07.43 ☾	27 Fr ♎ ☾
28 So ♓	28 Mi ♈ ♉ 00.33	28 Sa ♊	28 Mo ♋ ♌ 20.21	28 Do ♍	28 Sa ♎ ♏ 19.42
29 Mo ♓ ♈ 04.40	29 Do ♉	**29 So** ♊ ♋ 06.03 ☾	29 Di ♌ ☾	29 Fr ♍ ♎ 10.55	**29 So** ♏
30 Di ♈	30 Fr ♉ ♊ 12.46	30 Mo ♋	30 Mi ♌	30 Sa ♎	30 Mo ♏ ♐ 22.02
31 Mi ♈ ♉ 17.18	31 Sa ♊ ☾		31 Do ♌ ♍ 01.09		31 Di ♐

Juli	August	September	Oktober	November	Dezember

2003

♏ – Skorpion	≈ – Wassermann	♉ – Stier
♐ – Schütze	♓ – Fische	♊ – Zwilling
♑ – Steinbock	♈ – Widder	♋ – Krebs

Januar	Februar	März	April	Mai	Juni
1 Mi ♐	1 Sa ≈ 11.49 ●	1 Sa ≈	1 Di ♈ 20.20 ●	1 Do ♉ 13.16 ●	1 So ♊♋ 22.28
2 Do ♑ 00.44 21.24 ●	2 So ≈♓ 20.56	2 So ≈♓ 04.27	2 Mi ♈	2 Fr ♉	2 Mo ♋
3 Fr ♑	3 Mo ♓	3 Mo ♓ 03.36 ●	3 Do ♈♉ 09.21	3 Sa ♊ 04.28	3 Di ♋
4 Sa ♑ 04.58	4 Di ♓	4 Di ♓♈ 14.31	4 Fr ♉	4 So ♊	4 Mi ♋♌ 08.26
5 So ≈	5 Mi ♓♈ 06.45	5 Mi ♈	5 Sa ♉ 22.25	5 Mo ♊♋ 16.43	5 Do ♌
6 Mo ♓ 11.58	6 Do ♈	6 Do ♈	6 So ♊	6 Di ♋	6 Fr ♌♍ 15.52
7 Di ♓	7 Fr ♈♉ 19.00	7 Fr ♈♉ 02.37	7 Mo ♊	7 Mi ♋	7 Sa ♍ ☽
8 Mi ♓♈ 22.16	8 Sa ♉	8 Sa ♉	8 Di ♊♋ 10.37	8 Do ♋♌ 02.47	8 So ♍♎ 20.31
9 Do ♈	9 So ♉ ☽	9 So ♊ 15.39	9 Mi ♋	9 Fr ♌ ☽	9 Mo ♎
10 Fr ♈ ☽	10 Mo ♉♊ 07.46	10 Mo ♊	10 Do ♋ 19.55 ☽	10 Sa ♌♍ 09.32	10 Di ♎♏ 22.40
11 Sa ♈♉ 10.49	11 Di ♊	11 Di ♊ ☽	11 Fr ♌	11 So ♍	11 Mi ♏♐
12 So ♉	12 Mi ♊♋ 18.20	12 Mi ♋ 03.13	12 Sa ♌	12 Mo ♍♎ 12.43	12 Do ♏♐ 23.13
13 Mo ♉ 23.09	13 Do ♋	13 Do ♋	13 So ♌♍ 01.08	13 Di ♎	13 Fr ♐
14 Di ♊	14 Fr ♋	14 Fr ♋♌ 11.07	14 Mo ♍	14 Mi ♎♏ 13.15	14 Sa ♐♑ 23.38 12.17 ○
15 Mi ♊	15 Sa ♋♌ 01.05	15 Sa ♌	15 Di ♍ 02.43	15 Do ♏	15 So ♑
16 Do ♊♋ 08.57	16 So ♌	16 So ♌♍ 14.53	16 Mi ♎ 20.37 ○	16 Fr ♏♐ 12.44 04.37 ○	16 Mo ♑♒
17 Fr ♋	17 Mo ♌♍ 04.24 00.52 ○	17 Mo ♍	17 Do ♎♏ 02.17	17 Sa ♐	17 Di ♒ 01.42
18 Sa ♋♌ 15.30 11.49 ○	18 Di ♍	18 Di ♍♎ 15.44 11.36 ○	18 Fr ♏	18 So ♐♑ 13.04	18 Mi ♒
19 So ♌	19 Mi ♍♎ 05.49	19 Mi ♎	19 Sa ♏ 01.53	19 Mo ♑	19 Do ♒♓ 06.58
20 Mo ♌♍ 19.33	20 Do ♎	20 Do ♎♏ 15.39	20 So ♐	20 Di ♑♒ 16.02	20 Fr ♓
21 Di ♍	21 Fr ♎♏ 07.10	21 Fr ♏	21 Mo ♐♑ 03.21	21 Mi ♒	21 Sa ♓♈ 16.07
22 Mi ♍♎ 22.24	22 Sa ♏	22 Sa ♏♐ 16.34	22 Di ♑	22 Do ♒♓ 22.42	22 So ♈
23 Do ♎	23 So ♏♐ 09.47 ☾	23 So ♐	23 Mi ♑♒ 07.59 ☾	23 Fr ♓ ☾	23 Mo ♈
24 Fr ♎	24 Mo ♐	24 Mo ♐	24 Do ♒	24 Sa ♓	24 Di ♈♉ 04.16
25 Sa ♎♏ 01.10 ☾	25 Di ♐♑ 14.12	25 Di ♑ 19.49	25 Fr ♒♓ 16.03	25 So ♓♈ 09.00	25 Mi ♉
26 So ♏	26 Mi ♑	26 Mi ♑ ☾	26 Sa ♓	26 Mo ♈	26 Do ♉♊ 17.14
27 Mo ♏♐ 04.27	27 Do ♑♒ 20.26	27 Do ♑♒ 01.52	27 So ♓	27 Di ♈♉ 21.33	27 Fr ♊
28 Di ♐	28 Fr ♒	28 Fr ♒	28 Mo ♓♈ 02.55	28 Mi ♉	28 Sa ♊
29 Mi ♐♑ 08.31		29 Sa ♒♓ 10.27	29 Di ♈	29 Do ♉	29 So ♊♋ 04.53 19.40
30 Do ♑		30 So ♓	30 Mi ♈♉ 15.27	30 Fr ♉♊ 10.33	30 Mo ♋
31 Fr ♑♒ 13.45		31 Mo ♓♈ 20.06		31 Sa ♊ 05.21 ●	

Januar	Februar	März	April	Mai	Juni

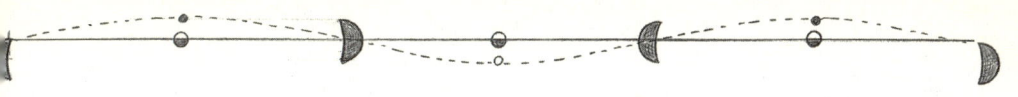

| ♌ – Löwe ♍ – Jungfrau ♎ – Waage | ○ – Vollmond ● – Neumond | ☽ – zunehmender Mond ☾ – abnehmender Mond | 2003 |

Juli	August	September	Oktober	November	Dezember
1 Di ♋ 14.14	1 Fr ♍	1 Mo ♏	1 Mi ♐	1 Sa ♒ ☽	1 Mo ♓
2 Mi ♌	2 Sa ♍ 07.49	2 Di ♏ 19.33	2 Do ♐♑ 04.22 ☽	**2 So ♒♓ 20.53**	2 Di ♓♈ 11.57
3 Do ♍ 21.17	**3 So ♎**	3 Mi ♐ ☽	3 Fr ♑	3 Mo ♓	3 Mi ♈
4 Fr ♍	4 Mo ♎♏ 11.13	4 Do ♐ 22.52	4 Sa ♑ 08.46	4 Di ♓	4 Do ♈♉ 23.31
5 Sa ♍	5 Di ♏ ☽	5 Fr ♑	**5 So ♒**	5 Mi ♓♈ 06.04	5 Fr ♉
6 So ♎ 02.21	6 Mi ♏♐ 14.12	6 Sa ♑	6 Mo ♒♓ 15.21	6 Do ♈	6 Sa ♉
7 Mo ♎ ☽	7 Do ♐	**7 So ♑ 03.16**	7 Di ♓	7 Fr ♈♉ 17.30	**7 So ♉♊ 12.27**
8 Di ♎♏ 05.45	8 Fr ♐♑ 17.03	8 Mo ♒	8 Mi ♓	8 Sa ♉	8 Mo ♊ 21.38 ○
9 Mi ♏	9 Sa ♑	9 Di ♒♓ 09.08	9 Do ♓♈ 00.08	**9 So ♉ 02.14 ○**	9 Di ♊
10 Do ♏ 07.49	**10 So ♑ 20.24**	10 Mi ♓ 17.37 ○	10 Fr ♈ 08.29 ○	10 Mo ♉♊ 06.14	10 Mi ♊♋ 01.12
11 Fr ♐	11 Mo ♒	11 Do ♓♈ 17.09	11 Sa ♈♉ 11.06	11 Di ♊	11 Do ♋
12 Sa ♐♑ 09.22	12 Di ♒ 05.49 ○	12 Fr ♈	**12 So ♉**	12 Mi ♊♋ 19.11	12 Fr ♋♌ 12.41
13 So ♑ 20.22 ○	13 Mi ♒♓ 01.20	13 Sa ♈	13 Mo ♉♊ 23.46	13 Do ♋	13 Sa ♌
14 Mo ♒ 11.39	14 Do ♓	**14 So ♈♉ 03.51**	14 Di ♊	14 Fr ♋	**14 So ♌ 22.08**
15 Di ♒	15 Fr ♓♈ 09.01	15 Mo ♉	15 Mi ♊	15 Sa ♌ 06.49	15 Mo ♌
16 Mi ♒♓ 16.15	16 Sa ♈	16 Di ♉♊ 16.32	16 Do ♊♋ 12.42	**16 So ♌**	16 Di ♍ ☾
17 Do ♓	**17 So ♈ 19.54**	17 Mi ♊	17 Fr ♋	17 Mo ♌♍ 15.37 ☾	17 Mi ♍ 04.48
18 Fr ♓	18 Mo ♉	18 Do ♊ ☾	18 Sa ♋♌ 23.42 ☾	18 Di ♍	18 Do ♎
19 Sa ♓ 00.21	19 Di ♉	19 Fr ♊♋ 05.08	**19 So ♌**	19 Mi ♍♎ 20.43	19 Fr ♎♏ 08.21
20 So ♈	20 Mi ♉♊ 08.42 ☾	20 Sa ♋	20 Mo ♌	20 Do ♎	20 Sa ♏
21 Mo ♈ 11.49 ☾	21 Do ♊	**21 So ♋♌ 15.04**	21 Di ♍ 07.02	21 Fr ♎♏ 22.25	**21 So ♏♐ 09.17**
22 Di ♉	22 Fr ♊ 20.45	22 Mo ♌	22 Mi ♍	22 Sa ♏	22 Mo ♐
23 Mi ♉	23 Sa ♋	23 Di ♌♍ 21.06	23 Do ♍♎ 10.28	**23 So ♏♐ 22.04**	23 Di ♐♑ 08.56 10.44 ●
24 Do ♊ 00.42	**24 So ♋**	24 Mi ♍	24 Fr ♎	24 Mo ♐ 00.01 ●	24 Mi ♑
25 Fr ♊	25 Mo ♋♌ 05.49	25 Do ♍ 23.49	25 Sa ♎♏ 11.11 13.50 ●	25 Di ♐♑ 21.32	25 Do ♑♒ 09.14
26 Sa ♊ 12.24	26 Di ♌	26 Fr ♎ 04.10 ●	**26 So ♏**	26 Mi ♑	26 Fr ♒
27 So ♋	27 Mi ♌♍ 11.48 18.26 ●	27 Sa ♎	27 Mo ♏♐ 10.56	27 Do ♑♒ 22.49	27 Sa ♒♓ 12.11
28 Mo ♋ 21.18	28 Do ♍	**28 So ♎♏ 00.53**	28 Di ♐	28 Fr ♒	**28 So ♓**
29 Di ♌ 07.53 ●	29 Fr ♍ 14.42	29 Mo ♏	29 Mi ♐ 11.38	29 Sa ♒	29 Mo ♓♈ 19.09
30 Mi ♌	30 Sa ♎	30 Di ♏♐ 01.58	30 Do ♑	**30 So ♒♓ 03.26 ☽**	30 Di ♈ ☽
31 Do ♌♍ 03.28	**31 So ♎♏ 17.01**		31 Fr ♑ 14.42		31 Mi ♈

| Juli | August | September | Oktober | November | Dezember |

Von Monika Helmke Hausen sind im Verlag Hermann Bauer erschienen:

Die Lichtkräfte unserer Nahrung

Gemüse, Salate, Fisch, Milch, Ei, Fleisch

576 Seiten mit 10 Abbildungen, gebunden, ISBN 3-7626-0529-7

Die Autorin führt den Leser auf bislang unerschlossenes Gebiet: die Lichtbotschaften der Nahrung. Spannend und mit Begeisterung beschreibt sie die heilenden Kräfte unserer Nahrung aus der Sicht des »Neuen Morgens«.
Den Botschaften der Göttin Erde zufolge sind die hier beschriebenen Nahrungsmittel heilsame und durchlichtete Geschenke der Erde. Sie sind machtvolle Helfer in den bereits laufenden energetischen und materiellen Veränderungen.
Ein mit viel Power geschriebenes Buch, das voll im Trend der Zeit liegt. Mit praktischen Tips für ein ganz anderes Kochen und mit einer Fülle verlockender Rezepte.

Die Botschaft der Früchte

Einheimische und exotische Früchte

320 Seiten, gebunden, ISBN 3-7626-0530-0

Die Lichtbotschaften der Früchte und der schöpferische Umgang damit stehen im Mittelpunkt dieses Buches. Von Ananas über Granatapfel, Holunder und Mango bis zu Weintraube und Zitrone – jede dieser Früchte öffnet uns ein Schlüsselwissen, das uns hilft, alte Muster loszulassen und die Herausforderungen der neuen Zeit zu bewältigen.
Neben vielen köstlichen Rezepten finden die Leserinnen und Leser vielfältige Anregungen, wie sie sich die Heilkraft der Früchte erschließen können.

Verlag Hermann Bauer · Freiburg im Breisgau